福建工程学院科研启动基金项目（GY-S20042）、
金项目（GY-Z22070）资助

前沿·学术·经典
经管文库
·管理类

中小企业数据管理能力构建研究

Research on Data Management Capability
Construction of Chinese SMEs

江　明／著

经济管理出版社
ECONOMY & MANAGEMENT PUBLISHING HOUSE

图书在版编目（CIP）数据

中小企业数据管理能力构建研究 / 江明著 .—北京：经济管理出版社，2022.5
ISBN 978-7-5096-8692-8

I.①中… Ⅱ.①江… Ⅲ.①中小企业 – 企业管理 – 数据管理 – 研究 – 中国 Ⅳ.① F276.3

中国版本图书馆 CIP 数据核字（2022）第 152049 号

组稿编辑：杨国强
责任编辑：杨国强
责任印制：黄章平
责任校对：王淑卿

出版发行：经济管理出版社
　　　　　（北京市海淀区北蜂窝 8 号中雅大厦 A 座 11 层　　100038）
网　　址：www.E-mp.com.cn
电　　话：（010）51915602
印　　刷：唐山玺诚印务有限公司
经　　销：新华书店
开　　本：710 mm × 1000 mm/16
印　　张：15.75
字　　数：292 千字
版　　次：2022 年 5 月第 1 版　　2022 年 5 月第 1 次印刷
书　　号：ISBN 978-7-5096-8692-8
定　　价：98.00 元

随着数智时代的到来，很多企业已经认识到，数据对于它们的业务来说是一种至关重要的资产。随着数字信息技术的发展，企业在开发、设计、生产、销售等各种企业活动中产生并积累了大量数据，信息量的增长速度呈指数上升，在即将到来的"万物互联"世界中表现得更为突出。这些海量数据中隐藏着大量具有潜在价值的信息，传统获取和分析知识的方法已远远不能满足企业获取这些信息的需要。"数据丰富，知识贫乏"的矛盾进一步加剧。如何从数据中发现有价值的知识或信息，成为企业一项非常艰巨的任务，这在中小企业中尤为突出。

数据能使企业洞察顾客、产品和服务，帮助它们创新并实现其战略目标。尽管如此，却很少有企业能将它们的数据作为一项资产进行积极管理，并从中获取持续价值。从数据中获取的价值不可能凭空产生或依赖于偶然性，需要有目标、规划、协作和保障，也需要管理和领导。

数据是企业为获取未来价值而投资的资产，它们对大多数企业的日常运营至关重要，因而被称为信息经济的"货币""生命之血"，甚至"新的石油"。一个企业可能没有从数据分析中获得价值，但绝对无法在没有数据的情况下开展业务。

数据管理活动的范围十分广泛，包括从对如何利用数据的战略价值做出一致性决定，到数据库的技术部署和性能提升等所有方面。因此，数据管理需要技术的和非技术的双重技能。管理数据的责任必须由业务人员和信息技术人员两类角色共同承担，这两个领域的人员需要相互协作，才能确保企业拥有满足战略需求的高质量数据。

目　录

第一章　中小企业数据管理

第一节　基本概念

一、数据

　　长期以来，对数据的定义主要强调其在反映客观事实方面的作用。在新信息技术中，数据也被理解为是以数字形式存储的信息。但今天人们可以获得如此之多的信息，与这些早期不可能被称为"数据"的数据，如姓名、地址、生日、周六晚餐吃的东西、最近买的书等有关。诸如此类的个人事实信息可以被汇总、分析并用于营利，以及改善健康或影响公众政策等。此外，技术可以测量各种事件和活动，可以收集、存储并分析从前不被视为数据的各种事物的电子版本，这超越了人们将这些数据合成为可用信息的能力。若要利用各种数据而不被其容量和增长速度所压倒，需要可靠的、可扩展的数据管理实践。

　　大多数人认为数据代表事实，数据是这个世界中与某个事实结合在一起的真实表达。但"事实"并不总是简单的或直接的。数据是一种表示方法，它代表的是除自身以外的事物。数据既是对其所代表对象的解释，也是必须解释的对象。这是人们需要语境或上下文使数据有意义的另一种说法。语境可被视为数据的表示系统，该系统包括一个公共词汇表和一系列组件之间的关系，如果知道这个系统的约定，就可解释其中的数据。这些数据通常记录在一种特殊类型的数据——元数据中。

　　可是，由于人们经常在表达概念时会做出不同选择，他们创造了表示相同概念的不同方式。从这些不同的选择中，数据呈现出不同的形态，参考人们对日期数据的多种表示方法就可以理解，因此对这个概念要有约定好的定义。现在考虑一些更复杂的概念，其中，需要表示内容的颗粒度和详细程度并不总是显而易见的，表示过程也会变得更加复杂。随着时间的推移，管理这些信息的过程也会变得更加复杂。

　　在一个企业中，也常有同一概念的多种表示方法。因此，需要对数据架构、建模、治理、管理制度以及元数据和数据质量进行管理，所有这些都有助于人们理解和使用数据。当数据跨越多个企业时，各种各样的问题会成倍增加。因此，需要行业级的数据标准，以提高数据的一致性。

企业总是需要管理其数据，但技术变化扩展了管理的需求范围，因为它们已改变了人们对数据是什么的理解。这些变化让企业能以新方法使用数据创造产品、分享信息、创造知识并提高企业的成功概率。随着技术的迅速发展，以及人类产生、获取和挖掘有意义数据能力的提升，加强有效管理数据变得十分必要。

二、数据和信息

关于数据和信息的描述早已汗牛充栋。数据被称为"信息的原材料"，而信息也被称为"在上下文语境中的数据"。通常，金字塔模型用于分层描述位于底层的数据、信息、知识与位于顶层的智慧之间的关系。虽然金字塔有助于描述数据需要良好管理的原因，但这种表示方式为数据管理带来了几个异议。

（1）基于数据是简单存在的假设。但数据并不是简单存在，而是要被创造出来的。

（2）人们将数据到智慧描述为一个自下而上的逐级序列，但未认识到创建数据首先需要知识。

（3）金字塔模型意味着数据和信息是分开的，但事实上这两个概念是相互交织并相互依赖的。数据是信息的一种形式，信息也是数据的一种形式。

企业内部在数据和信息之间画一条线，可能有助于清晰地了解不同利益相关方对不同用途的需求和期望。如，成果基于数据仓库中的数据。而下一季度，这些结果将用于生成季度绩效指标。为不同的目的准备数据和信息，将使数据管理形成一个核心原则：数据和信息都需要被管理。如果将两者的使用和客户的需求结合在一起进行管理，则两者会具有更高的质量。

三、数据是一种企业资产

资产是一种经济资源，能被拥有或控制、持有或产生价值。资产可以转化为货币。尽管将数据作为资产进行管理的理解仍在不断发展，但数据已被广泛认为是一种企业资产。20 世纪 90 年代初，一些企业认为商誉的价值是否应该被赋予货币价值是值得怀疑的，而现在，"商誉价值"通常显示为损益表上的一个项目。同样，虽然数据的资产化还没有得到普遍认可，但越来越常见，不久的将来会被看作损益表上的一个特征。

如今的企业依靠数据资产做出更高效的决定，并拥有更高效的运营。企业运用数据去理解它们的客户，创造出新的产品和服务，并通过削减成本和控制风险的手段来提高运营效率。政府代理机构、教育机构以及非营利企业也需要高质量的数据来指导它们的运营和战略活动。随着大量企业越来越依赖数据，可以更清楚地看到数据资产的价值。

许多企业把自己定义为"数据驱动"型企业。想要保持竞争力的企业必须停止基于直觉或感觉做出决策，而是使用事件触发和应用分析来获得可操作的洞察力。数据驱动包括认识到必须通过业务领导和技术专业知识的合作关系，以专业的规则去高效地管理数据。

此外，当今的业务发展速度意味着变革不再是可选项，数字化转型已经成为共识。为了做出反应，业务部门必须与技术数据专业人员共同创建信息解决方案，并与相应的业务团队一起工作。他们必须计划如何获取并管理那些用来支持业务战略的数据。

四、数据管理原则

数据管理和其他形式的资产管理具有共同的特性。它涉及企业拥有什么数据以及可以用它完成什么，然后确定利用数据资产来实现企业目标的最佳方式。同其他管理流程一样，数据管理也必须平衡战略和运营需求。这种平衡最好是遵循一套原则，即根据数据管理的特征来指导数据管理实践。

（一）数据是有独特属性的资产

数据是一种资产，但相比其他资产，其在管理方式的某些方面有很大差异。对比金融和实物资产，数据资产最明显的特点是在使用过程中不会产生消耗。

（二）数据的价值可以用经济术语表示

将数据称为资产意味着它有价值。虽然有技术手段可以测量数据的数量和质量，但还未有标准能衡量其价值。想要对其数据做出更好决策的企业，应该开发一致的方法来量化该价值。它们还应该衡量低质量数据的成本和高质量数据的好处。

（三）管理数据意味着对数据的质量管理

确保数据符合应用的要求是数据管理的首要目标。为了管理质量，企业必须了解利益相关方对质量的要求，并根据这些要求度量数据。

（四）管理数据需要元数据

管理任何资产都需要首先拥有该项资产的数据。用于管理和使用的数据都称为元数据。因为数据无法拿在手中或触摸到，要理解它是什么以及如何使用它，需要以元数据的形式定义这些知识。元数据源于与数据创建、处理和使用相关的一系列流程，包括架构、建模、管理、治理、数据质量管理、系统开发、IT 和业务运营以及分析。

（五）数据管理需要规划

即便是中小型企业，也可能有复杂的技术和业务流程蓝图。数据在多个地方被创建，且因为使用需要在很多存储位置间移动，因而需要做一些协调工作以保持最终结果的一致，需要从架构和流程的角度进行规划。

（六）数据管理须驱动信息技术决策

数据及其管理、信息技术及其管理紧密结合。管理数据需要一种方法，确保技术服务于企业而不是驱动企业的战略数据。

（七）数据管理是跨职能的工作

数据管理需要一系列的技能和专业知识，因此单个团队无法管理企业的所有数据。数据管理需要技术能力、非技术技能以及协作能力。

（八）数据管理需要企业级视角

数据管理存在很多专用的应用程序，它必须能够有效地被应用于整个企业。这是为什么数据管理和数据治理交织在一起的原因之一。

（九）数据管理需要多角度思考

数据是流动的，数据管理必须不断发展演进，以跟上数据创建的方式、应用的方式和消费者的变化。

（十）数据管理需要全生命周期的管理，不同类型数据有不同的生命周期特征

数据是有生命周期的，因此数据管理需要管理它的生命周期。因为数据又将产生更多的数据，所以数据生命周期本身可能非常复杂。数据管理实践活动需要考虑数据的整个生命周期。不同类型数据有不同的生命周期特征，因此它们有不同的管理需求。数据管理实践需要基于这些差异，保持足够的灵活性，以满足不同类型数据的生命周期需求。

（十一）数据管理需要纳入与数据相关的风险

数据除了是一种资产外，还代表着企业的风险。数据可能丢失、被盗或误用，企业必须考虑其使用数据的伦理影响。数据相关风险必须作为数据生命周期的一部分进行管理。

（十二）有效的数据管理需要领导层承担责任

数据管理涉及一些复杂的过程，需要协调、协作和承诺。为了达到目标，不仅需要管理技巧，还需要来自领导层的愿景和使命。

五、中小企业数据管理的挑战

由于数据管理具有源自数据本身属性的特性，因此遵循这些原则也带来了很多挑战。下面将讨论这些挑战的细节，而其中许多挑战涉及多个原则。

（一）数据与其他资产的区别

实物资产是看得见、摸得着、可以移动的，在同一时刻只能被放置在一个地方。如金融资产必须在资产负债表上记账。数据却不同，它不是有形的。尽管数据的价值经常随着时间的推移而变化，但它是持久的、不会磨损的。数据很容易被复制和传送，但它一旦被丢失或销毁，就不容易重新产生了。因为它在使用时不会被消耗，所以它甚至可以在不损耗的情况下被偷走。数据是动态的，可以被用于多种目的。同样，数据甚至可以在同时被许多人使用，而对实物资产或金融资产来说，这是不可能的。数据被多次使用产生了更多的数据，大多数中小企业要管理不断提升的数据量和越来越复杂的数据关系。

这些差异使得为数据设定货币价值具有挑战性。如果没有这种货币价值，则很难衡量数据如何促进中小企业成功。这些差异还引发了影响数据管理的其他问题，如定义数据所有权、列出中小企业拥有的数据量、防止数据滥用、管理与数据冗余相关的风险以及定义和实施数据质量标准。

尽管在测量数据价值方面存在很大的挑战，但大多数人已认识到数据确实存在价值。一个中小企业的数据对它自身而言是唯一的，如果中小企业唯一的数据被丢失或销毁，则重新产生这些数据将是不可能的或极其昂贵的。数据也是中小企业了解自身的手段——它是描述其他资产的元资产。因此，它为中小企业的洞察力提供了基础。

无论是在中小企业内部，还是在各企业间，数据和信息对于开展业务都是至关重要的。大多数业务交易涉及信息交换。大多数信息是以电子方式交换的，从而创建了一个数据流。除了标记已发生的交换外，此数据流还可用于其他目的，如可以提供关于中小企业如何工作的信息。

由于数据在任何中小企业中都扮演着重要的角色，因此需要谨慎地管理数据。

（二）数据价值

价值是一件事物的成本和从中获得利益的差额。对于有些资产而言，如存货，计算价值非常容易，就是它的购买成本和销售价格之间的差额。但对于数据而言，无论是数据的成本还是利润都没有统一标准，这些计算会变得错综复杂。

每个企业的数据都是唯一的，因此评估数据价值需要首先计算在企业内部持续付出的一般性成本和各类收益。类别举例如下：

（1）获取和存储数据的成本。

（2）如果数据丢失，更换数据需要的成本。

（3）数据丢失对企业的影响。

（4）风险缓解成本和与数据相关的潜在风险成本。

（5）改进数据的成本。

（6）高质量数据的优势。

（7）竞争对手为数据付出的费用。

（8）数据潜在的销售价格。

（9）创新性应用数据的预期收入。

评估数据资产面临的主要挑战是，数据的价值是上下文相关的，而且往往是暂时的。也就是说，在一个中小企业中，某些类型的数据可能会随着时间的推移而具有价值。例如，获取可靠的客户信息。随着越来越多与客户活动相关的数据得以积累，客户信息随着时间的推移而变得更有价值。

在数据管理方面，将财务价值与数据建立关联的方法至关重要，因为中国中小企业需要从财务角度了解资产，以便做出一致的决策。重视数据，是重视数据管理活动的基础。数据评估过程也可以作为变更管理的一种手段。

第二节　DAMA-DMBOK 数据管理知识体系

虽然数据管理带来许多挑战，但很少有新的挑战。至少从 20 世纪 80 年代起，各企业就已认识到管理数据是其成功的关键。随着创建和利用数据的能力及愿望的增强，可靠数据管理实践的需求也在增加。

DAMA 的成立是为了应对这些挑战。DMBOK 是一本面向数据管理专业人员的权威参考书，通过以下方式支持 DAMA 的使命：一是为实施企业数据管理实践提供功能框架，包括指导原则、广泛采用的实践、方法和技术、功能、角色、可交付成果和度量指标；二是为数据管理概念建立通用词汇表，并以此作为数据管理专业人员最佳实践的基础；三是作为数据管理专业人士认证和其他认证考试的基本参考指南。

DMBOK 是围绕 DAMA-DMBOK 数据管理框架的 11 个知识领域构建的。

知识领域描述了数据管理活动集的范围和语境。嵌入在知识领域内是数据管理的基本目标和原则。因为数据在企业内横向移动，所以知识领域的各种活动与其他知识领域活动及企业其他职能相互作用。

（1）数据治理：通过建立一个能够满足企业需求的数据决策体系，为数据管理提供指导和监督。

（2）数据架构：定义了与企业战略协调的管理数据资产蓝图，以建立战略性数据需求及满足需求的总体设计。

（3）数据建模和设计：以数据模型的精确形式，进行发现、分析、展示和沟通数据需求的过程。

（4）数据存储和操作管理：以数据价值最大化为目标，包括存储数据的设计、实现和支持活动，以及在整个数据生命周期中从计划到销毁的各种操作活动。

（5）数据安全管理：确保数据隐私和机密性得到维护，数据不被破坏，数据被适当访问。

（6）数据集成和互操作：包括与数据存储、应用程序和企业之间的数据移动和整合相关的过程。

（7）文档和内容管理：用于管理非结构化媒体数据和信息的生命周期过程，包括计划、实施和控制活动，尤其指支持法律法规遵从性要求所需的文档。

（8）参考数据和主数据管理：包括核心共享数据的持续协调和维护，使关键业务实体的真实信息以准确、及时和相关联的方式在各系统间得到一致使用。

（9）数据仓库和商务智能管理：包括计划、实施和控制流程，以管理决策支持数据，并使知识工作者通过分析报告从数据中获得价值。

（10）元数据管理：包括规划、实施和控制活动，以便能够访问高质量的集成元数据，包括定义、模型、数据流和其他至关重要的信息。

（11）数据质量管理：包括规划和实施质量管理技术，以测量、评估和提高数据在企业内的适用性。

除了有关知识领域的章节外，DAMA-DMBOK2还包含以下章节：

（1）数据处理伦理：描述了关于数据及其应用过程中，数据伦理规范在促进信息透明和社会责任决策中的核心作用。数据采集、分析和使用过程中的伦理意识对所有数据管理专业人员有指导作用。

（2）大数据和数据科学：描述了针对大型的、多样化数据集收集和分析能力的提高而出现的技术和业务流程。

（3）数据管理成熟度评估：概述了评估和改进企业数据管理能力的方法。

（4）数据管理企业和角色期望：为组建数据管理团队、实现成功的数据管理活动提供了实践指导和参考。

（5）数据管理和企业变革管理：描述了如何计划和成功地推动企业文化变革。文化的变革是将数据管理实践有效地嵌入企业中的必然结果。

某个特定的企业如何管理它的数据取决于其目标、规模、资源和复杂性以及对数据如何支持总体战略的认识程度。大多数企业并不会执行每个知识领域中描述的所有活动。然而，更广泛地了解数据管理背景有助于企业在工作中更好地决定应该关注哪里，从而改进这些职能内部和职能间的管理实践。

第二章　数据处理伦理

第一节　概　　述

简单来说，伦理是建立在是非观念上的行为准则。伦理准则通常侧重于公平、尊重、责任、诚信、质量、可靠性、透明度和信任等方面。数据处理伦理指如何以符合伦理准则的方式获取、存储、管理、使用和销毁数据。基于伦理准则去处理数据对于任何希望从数据中持续获得价值的企业都是必要的。违反数据处理伦理准则会导致企业的声誉损失及失去客户，因为它会使那些数据被泄露的人面临风险。在某些情况下，那些违反伦理的行为甚至触犯法律。因此，对于数据管理专业人员及其工作的企业来说，数据伦理是一项社会责任问题。

数据处理伦理问题较为复杂，不过主要集中在几个核心概念中：一是对人的影响。由于数据代表个人的特征，可被用于各类决策，从而影响人们的生活，因此必须保证其质量和可靠性。二是滥用的可能。滥用数据会对人和企业造成负面影响，所以需要有伦理准则来防止数据被滥用。三是数据的经济价值。数据存在经济价值，需要规定数据所有权，即谁可以去使用数据及如何使用数据。

中小企业保护数据的动机很大程度上来自法律法规的要求。然而，由于数据代表了人，数据管理专业人员应认识到，保护数据并且确保其不被滥用除了法律约束以外还有伦理因素。即使不直接代表个人的数据也可能会被用于做出影响人们生活的决策。

伦理准则不仅要保护数据，而且要管理数据的质量。决策者及受决策影响者都希望数据完整、准确。从业务和技术角度看，数据管理专业人员要有管理数据的伦理责任，以降低数据可能被歪曲、滥用或误解的风险。这种责任贯穿从数据的创建到消亡的整个数据生命周期。

不幸的是，许多企业未能认识到数据管理伴随的伦理义务并对其作出响应。他们依然采用传统的技术观念和方式，并且声称不去理解这些数据；或者他们认为只要遵守法律相关规定，就不会有数据处理相关的风险。这是一个危险的假设。

数据生态正在迅速发展。企业现在使用数据的方式，在几年前甚至连它们自己都想象不到。虽然法律规定了一些伦理准则，但立法跟不上数据生态变化所带来的风险。企业必须认识并响应其伦理义务，通过培训和持续深化信息处理伦理价值观文化来保护托付给他们管理的数据。

第二节　业务驱动因素

正如爱德华·戴明关于质量的定义，伦理意味着"在没有人注意的情况下正确做事"。按照符合伦理准则的方式使用数据越来越被认为是一种商业竞争优势。遵循数据处理伦理可以提高企业本身及其数据和处理结果的可信度，建立企业与其利益相关方间更好的关系。创建一种伦理文化需要引入适当的治理活动，包括建立控制机制，以确保数据处理的预期结果和最终结果都符合伦理要求，不违背托管人的信任或侵犯人类的尊严。

数据处理不会在真空中发生，客户和利益相关方期望其业务及数据流程合乎伦理行为和结果。企业构建数据处理伦理准则的主要目的是降低所负责的数据被员工、客户、合作伙伴滥用的风险。保护数据不受犯罪分子侵犯也是一项伦理责任，即保护数据不受黑客攻击和潜在的数据泄露威胁。

不同的数据所有权模型影响着数据处理的伦理规范要求。例如，技术提高了企业间共享数据的能力，这种能力意味着企业有责任在使用共享给它们的数据时进行伦理决策。

首席数据官 CDO、首席风险官 CRO、首席隐私官 CPO、首席分析官 CAO 等新兴角色专注于通过建立可接受的数据处理实践来控制风险。但伦理责任不仅限于担任这些角色的人。按伦理准则进行数据处理需要全企业广泛认识到滥用数据带来的风险，并且用保护个人及尊重数据所有权的行为准则作为企业认同的基础。

第三节　基 本 概 念

一、数据伦理准则

生物伦理学以维护人类尊严为中心的公认原则为数据伦理准则提供了一个良好的起点。例如，贝尔蒙特医学研究原则也适用于信息管理学科。

（一）尊重他人

尊重他人反映了对待人类最基本的伦理要求，即尊重个人尊严和自主权。准则还要求，对处于"弱势群体"情况下的人，应格外注意保护他们的尊严和权利。

当把数据作为资产时，内心一定要铭记数据也会影响、代表或触动人。个人数据不同于其他原始"资产"，如石油或煤。不伦理地使用个人数据会直接影响人与人之间的相互交往、就业机会和社会地位。例如：是否考虑过设计信息系统时是采用强制模式还是用户自由选择模式？是否考虑过处理数据对精神患者或残疾人有何影响？是否考虑过应对访问和利用数据负责？是否考虑过应在用户知情及授权情况下处理数据？

（二）行善原则

行善原则有两个要素：第一，不伤害；第二，将利益最大化、伤害最小化。

"不伤害"伦理准则在医学伦理学中有着悠久的历史，在数据和信息管理的背景下也有明确的应用。伦理的数据和信息从业者应识别利益相关方，并考虑数据处理和工作的结果，以最大限度地提高效益并最大限度地降低设计过程造成的伤害风险。处理过程的设计方式是基于零和博弈，还是双赢的理念？数据处理是否具有不必要的侵入性，是否存在风险较低的方式来满足业务需求？有问题的数据处理是否缺乏透明度，可能会隐藏对人们造成的伤害？

（三）公正

公正要求待人公平和公正。关于这一准则可能会被提出几个问题：在相似情形下，人们或某一群体是否受到不平等对待？流程或算法结果是否给部分人带来了利益或造成了分配不均的情况？机器学习训练所用的数据集是否使用了无意中加强文化偏见的数据？

美国国土安全部发布的 Menlo 报告将贝尔蒙特准则用于信息和通信技术研究，其中增加了第四个准则：尊重法律和公众利益。

2015 年，欧盟数据保护主管发表了一篇关于数字伦理方面的文章，强调了关于数据处理和大数据发展的"工程、哲学、法律和伦理含义"，呼吁关注维护人类尊严的数据处理，并明确提出信息生态系统中数据处理伦理所必须遵循的四大支柱：

（1）面向未来的数据处理条例、尊重隐私权和数据保护权利。

（2）确定个人信息处理的责任人。

（3）数据处理产品及服务设计及工程过程中的隐私意识。

（4）增加个人的自主权。

这些准则大致符合贝尔蒙特报告中提出的准则，旨在提升人类尊严和自主权。欧盟数据保护监督局（EDPS）指出，隐私权是人类权利的基础。要求数据环境中的创新者将尊严、隐私和自主权视作可持续发展的机遇，而不是发展的阻碍，并呼吁与利益相关方保持透明和沟通。

数据治理是一个重要的工具，可以确保谁可以使用哪些数据、什么是处理数据的合适方式等情况，为进行决策提供了参考准则。从业者必须考虑数据处理给所有利益相关方带来的伦理影响和风险，并且使用与数据质量管理类似的方式进行管理。

二、数据隐私法背后的原则

公共政策和法律中试图在伦理准则基础上把各种是非法典化，但法律法规无法细化每一种情况。例如，欧盟、加拿大和美国隐私法的编制中使用了不同的数据伦理方法。这些伦理准则可以为企业制度提供框架。隐私法并不新鲜，隐私和信息隐私概念与尊重人类权利的伦理要求紧密相关。1890 年，美国法律学者塞缪尔·沃伦和路易斯·布兰迪斯将隐私和信息隐私描述为需要普遍保护的人权，这是构成美国宪法中几项权利的基础。美国在 1973 年提出了公平信息实践的准则，并在次年的《美国隐私法》中重申了信息隐私作为一项基本权利的概念，规定"隐私权利是受美国宪法保护的基本人权"。

在第二次世界大战期间发生侵犯人权事件后，《欧洲人权公约》确立了一般隐私权和特定的信息隐私权作为人权，这是维护人类尊严权利的基础权利。1980 年，经济合作与发展组织（以下简称"经合组织"）制定了公平信息处理指引和准则，成为欧盟数据保护法律的基础。

经合组织在信息保护方面确立了 8 项核心原则，即公平信息处理标准，旨在确保以尊重个人隐私权的方式处理个人数据。具体包括数据采集的限制、对数据高质量的期望、为特定目的进行采集数据、对数据使用的限制、安全保障、对开放性和透明度的期望、个人挑战与自己有关数据的准确性以及企业遵守准则的责任。

此后，经合组织的准则被欧盟《通用数据保护条例》（GDPR）依据的准则所取代，如表 2-1 所示。

表 2-1　GDPR 准则

GDPR 准则	描　　述
公平、合法、透明	数据主题中的个人数据应以合法、公平和透明的方式进行处理
目的限制	必须按照指定、明确、合法的目标去采集个人数据，并且不得将数据用于采集目标之外的方面
数据最小化	采集的个人数据必须足够相关，并且仅限于与处理目的相关的必要信息

续表

GDPR 准则	描　述
准确性	个人数据必须准确，有必要保持最新的数据。必须采取一切合理步骤，确保在完成个人数据处理后能及时删除或更正不准确的个人数据
存储限制	数据必须以可以识别的数据主体（个人）的形式保存，保存时间不得超过处理个人数据所需的时间
诚信和保密	必须确保个人数据得到安全妥善的处理，包括使用适当技术和组织方法防止数据被擅自或非法处理，防止意外丢失、被破坏或摧毁等
问责制度	控制数据的人员应负责并能够证明符合上述这些原则

这些原则支持和平衡了个人对其数据的某些合法权利，包括访问权限、纠正不准确数据、可移植性、反对有可能造成损伤和窘迫的数据处理行为以及删除数据的权利。处理个人数据时需征求其同意，该同意必须是自由给予、具体、知情和明确的肯定行为。GDPR 通过有效的治理和文档，在设计上实现和证明了合规性隐私授权。

《加拿大隐私法》将隐私保护制度与行业自律全面结合。PIPEDA 适用于在商业活动过程中收集、使用和传播个人信息的所有企业。它规定每个企业在使用消费者个人信息时需要遵循和允许例外的规则。基于 PIPEDA 的法定义务如表 2-2 所示。

表 2-2　基于 PIPEDA 的法定义务

准则	描　述
问责制度	组织有责任对其控制下个人信息负责，并设立专职人员去保证组织遵守这些准则
目的明确	组织在收集个人信息之时或之前必须明确采集的目的
授权	组织去采集、使用或披露个人信息时需征求当事人的知情和同意，但不适用的情况除外
收集、使用、披露和留存限制	个人信息必须限定于为该组织确定的目标所必需的采集。信息采集应采取公平、合法的方式。除经个人同意或法律要求外，不得将个人信息用于采集个人信息目的以外的其他用途或披露个人信息。个人信息仅在为实现这些目的所需的时间内保留
准确性	个人信息必须准确、完整、最新，以达到使用目标
保障措施	采集的个人信息必须受到与信息敏感程度相匹配的安全保障措施的保护

续表

准则	描　述
透明度	企业必须向个人提供有关其个人信息的信息管理制度和实践相关的具体信息
个人访问	个人应被告知其个人信息的存在、使用和披露情况，并有权访问这些信息。个人应当能够对信息的准确性和完整性提出质疑，并酌情予以修正
合规挑战	个人应能够针对以上原则的遵从性，向负责企业或个人发起合规性质疑

在加拿大，联邦隐私专员全权负责处理针对企业的隐私投诉。但他们只是担任监察员的角色，他们的决定只是建议。

2012 年 3 月，美国联邦贸易委员会（FTC）发布了一份报告，建议企业按照报告描述的最佳实践去设计和实施自己的隐私计划（见表 2-3）。报告中重申了 FTC 对公平信息处理原则的重视。

表 2-3　美国隐私方案标准

准则	描　述
发布 / 告知	数据采集者在采集消费者个人信息之前，必须披露对这些信息的用途和过程
选择 / 许可	个人信息是否采集或如何采集，以及会被用于超出采集目标之外的情况，都必须征求被采集者的意见
访问 / 参与	消费者可以查询，并且质疑其个人数据的准确性和完整性
诚信 / 安全	数据采集者需要采取合理的步骤，以确保从消费者那里采集的信息是准确的，并且防止未经授权使用
执行 / 纠正	使用可靠机制对不遵守这些公平信息实践的行为实施制裁

制定这些准则是为了体现经合组织公平信息处理指南中的概念，包括强调数据最小化、存储限制、准确性及公司对于消费者数据提供合理的安全性要求。公平信息实践其他重点包括：

（1）简化消费者选择，减轻消费者负担。

（2）在信息生命周期中建议始终保持全面的数据管理程序。

（3）为消费者提供不要跟踪选项。

（4）要求明确肯定的同意。

（5）关注大型平台提供商的数据采集能力、透明度以及明确的隐私声明和制度。

（6）个人对数据的访问。

（7）提高消费者对个人隐私保护意识。

（8）设计时考虑保护隐私。

欧盟立法标准制定后，增强对个人隐私保护的立法，已成为全球趋势。世界各地法律对于跨国界的流动有不同类型的限制。即使在跨国公司内部，在全球范围内共享数据都受到法律限制。中国在这方面通过不断的探索，也取得了重大进展，2021年8月20日，十三届全国人大常委会第三十次会议表决通过《中华人民共和国个人信息保护法》，标志着在国家层面上确立了对个人信息的保护制度。

因此，重要的是企业制定制度和指导方针，使员工能够遵守相关法律要求，并在企业的风险偏好范围内使用数据。

三、在线数据的伦理环境

（1）数据所有权。与社交媒体网站和数据代理相关的个人数据控制权。个人数据的下游聚合器可以将数据嵌入到个人不知道的深度配置文件中。

（2）被遗忘的权利。从网上删除个人信息，特别是调整互联网上的个人声誉。该主题一般是数据保留实践的一部分。

（3）身份。拥有一个准确的身份，或者选择匿名的权利。

（4）在线言论自由。表达自己的观点，而非恃强凌弱、恐怖煽动、挑衅或侮辱他人。

四、违背伦理进行数据处理的风险

大部分与数据打交道的人都知道，利用数据歪曲事实是有可能的。达莱尔·哈夫的经典之作《统计数字会撒谎》描述了数据可以被歪曲的事实，同时创造一个事实的虚假表象。方法包括主观的数据选择、范围的操控、部分数据点遗漏。这些方法直到今天还在使用。

理解数据处理伦理含义的一个方式是检查大部分人认同的违背伦理的行为。符合伦理的数据需要积极通过伦理实践去处理，如可信度。确保数据可信度包括对数据质量维度的度量，还有基本级别的可信度和透明度——不使用数据欺骗或误导，以及对企业数据处理背后意图、用途和来源保持透明。以下场景是违反伦理原则的数据实践活动。

（一）时机选择

有可能通过遗漏或者根据时间将某些数据点包含在报告或活动中而撒谎。如通过"日终"股票交易操纵股票市场，可以在收盘时人为地拉升股票价格，从而对股票的价值给出一个不合理的价格。这种情况被称为市场择时，这是非法的行为。

　　商业情报人员可能是第一个注意到这些异常状况的人。实际上，他们现在被视为世界股票交易中心的重要参与者，进行重塑交易模式、寻找类似错误、分析报告、审查及监测规则和警报等工作。道德的商业情报人员需要提醒相应的治理部门及管理职能部门注意这些异常情况。

　　（二）可视化误导

　　图表和图形可用于以误导性方式去呈现数据。例如，修改比例尺可以使趋势线看起来更好或者更糟。撇开数据不谈，比较两个事实并且不澄清它们的关系或者忽视公认的视觉惯例，也可以诱骗人们以数据本身不支持的方式去解释可视化效果。

　　（三）定义不清晰或无效的比较

　　据美国一家新闻媒体报告，依据 2011 年人口调查局数据，美国的 1.086 亿人靠福利生活，而只有 1.017 亿人有全职工作，似乎总人口中有较多人在靠福利生活。媒体解释了这些差异：这 1.086 亿关于"福利人口"数字来自人口普查数据……参与了 2011 年第四季度调查，包括"居住在一个或多个受惠家庭中的每一个人"，因此是包括了那些没有受到政府恩惠的人。另外，"有全职工作的人"的图形只包括那些工作的人，而不是居住在至少有一个人工作的家庭中的每一个人。

　　在展示信息时，符合伦理的做法是交代清楚事情的背景及其意义。如人口普查时，清晰、明确地说清楚普查人口的定义，以及会有什么福利和好处。如果省略了相关的背景信息，呈现出来的表面现象可能就是数据不支持所需的信息。不管这种效果是由于故意欺骗所致还是由于能力不足所致，这样使用数据都是不道德的。

　　从数据伦理的角度来看，不滥用统计数据也是非常必要的。

　　在一段时间内，对数字进行统计平滑处理完全可以改变人们对数字的看法。"数据挖掘和探测"是一个新造的术语，指的是数据挖掘统计调查中的一种现象，即在数据集合上执行详尽的相关性分析，本质上该数据集合是一个经过训练的统计模型。由于存在"显著统计性"现象，因此有理由期望一些具有显著统计性的结果，但其实际上是一个随机结果，而未经训练的人会被这个结果误导。这种现象在金融领域和医疗领域很常见。

　　（四）偏见

　　偏见是指一种有倾向性的观点。在个人层面上，这个词与不合理的判断或歧视有关。在统计学中，偏见是指偏离期望值。这种情况通常是因抽样或数据选择的系统错误引入的。偏见可能在数据生命周期的不同时间点存在：在数据被采集或创建时，当它被选中用于分析时，甚至分析数据的方法以及分析结果的呈现方式都可能存在偏见。

正义的伦理原则有助于创造一种积极的责任，即主动意识到数据采集、处理、分析或解释可能存在的偏差。这一点尤为重要，因为大规模数据处理可能对历史上受到歧视或不公平待遇的人群产生特别大的影响。在不解决可能引入偏见的情况下使用数据，特别是在降低过程透明度的同时加上偏见，会使结果在不中立的情况下披上公正或中立的外衣。

偏差有以下几种类型：

（1）预设结论的数据采集。分析师迫于压力采集数据并产生结果，用来支持一个预先定义的结论，而不是为了得出一个客观的结论。

（2）预感和搜索。分析师有一种预感，且想要满足这种预感，故只使用能证实这种直觉的数据，并且不考虑从数据中能得出的其他可能性。

（3）片面抽样方法。抽样往往是数据采集的一个常用方法。但是，选择样本集的方法可受到偏见的影响。对于人类来说，没有某种偏见，几乎是不可能的。为了限制偏见，可使用统计工具选择样本并建立适当大小的样本。意识到用于训练目的样本数据可能存在偏见尤为重要。

（4）背景和文化。偏见通常是基于文化或背景，因此，要中立地看待事物，就必须走出这种文化或背景。

偏见的问题源于许多因素，例如，有问题的数据处理类型、涉及的利益相关方、数据集如何填充、正在实现的业务需要以及流程的预期结果。然而，消除所有偏见并不总是可行的，甚至是不可取的。业务分析师构建许多场景时，对低价值客户有业务偏见是基本常识。它们会被从样本中剔除或者在分析时忽略。在这种情况下，分析师应该记录他们用来定义研究的人口标准。相比之下，采用预测算法确定"犯罪风险"的个人或预测警务资源发送给特定的社区，会有更高违反正义和公平原则的风险，因此应该有更大的预防措施，以确保算法的透明性和问责性，并在数据集上对抗偏见，纠正预测算法。

（五）转换和集成数据

数据集成过程也有伦理上的挑战，因为数据在从系统到系统的交互过程中发生了变化。如果数据未经治理，就会出现不符合伦理要求的处理方式，甚至存在非法数据的风险。这些伦理风险与数据管理中的一些基本问题交织在一起，包括：

（1）对数据来源和血缘的了解有限。如果一个企业不知道数据来自哪里，以及它在系统之间移动时如何变化，那么企业将无法证明数据代表它们所声称的内容。

（2）质量差的数据。企业应该有明确的、可衡量的数据质量标准，并应该测量数据以确认它符合质量标准。如果没有这种确认，一个企业不能保证数据和数据的消费者在使用数据时可能会面临风险或者使其他人处于危险中。

（3）不可靠的元数据。数据使用者依赖可靠的元数据，包括对单个数据元素的一致定义数据来源的文档以及参考的文档。如果没有可靠的元数据，那么数据可能会被误解和被滥用。数据在企业之间移动，特别是在跨部门输入或输出的情况下，元数据应该标明其来源的标签，如谁拥有它、它需要怎样特定的保护等信息。

（4）没有数据修订历史的文档。企业应该保留与数据更改方式相关的可审计信息。即使数据修订的意图是提高数据的质量，但这种做法也可能是非法的。数据补救应该始终遵循一个正式的、可审计的变更控制过程。

（六）数据的混淆和修订

混淆和修订数据是进行信息脱敏或信息不公开的常用方法。但是，如果下游的活动需要公开数据，那么仅仅混淆是不足以保护数据的。这种风险存在于以下活动中：

（1）数据聚合。跨越多个维度进行聚合数据并删除标识数据时，这组数据仍然可以用于其他分析服务，而不必担心泄露个人识别信息。按地理区域聚合是一种常见的做法。

（2）数据标记。数据标记用于对敏感数据进行分类，并将其控制发布到合适的社区，如公众或供应商，甚至来自某些国家或其他社区的供应商。

（3）数据脱敏。数据脱敏是一种只有提交适当数据才能解锁过程的实践。操作人员无法看到原本的数据是什么，只是简单地输入密钥，如果这些操作是正确的，则允许进一步的活动。使用数据脱敏的业务流程包括外包呼叫中心或只能访问部分信息的子承包商。

在数据科学分析中，使用非常大的数据集引起了对匿名有效性的实际而非理论上的关注。在大型数据集中，即使输入数据集是匿名的，也可以通过某种方式重新组合数据，使个人能够被特定地识别出来。当数据到达数据湖中时，首先要考虑的是对其进行敏感数据分析，并采用公认的保护方法。然而，单靠这些措施可能无法提供足够的保障，因此企业必须有强有力的治理和对数据处理伦理的承诺。

五、建立数据伦理文化

建立一个符合伦理的数据处理文化需要理解现有规范，定义预期行为，并将这些编入到相应制度和伦理规范中，并提供相应的培训和监管以强制推行预期行为。就像其他的关于数据管理和文化创新一样，这一过程也需要强有力的领导。

数据的伦理处理显然包括遵守法律，但会影响数据的分析和解释方式以及数据在内部和外部的利用方式。明确重视伦理行为的中小企业文化中有行为准则，而且确保建立明确的沟通和治理控制，以支持员工提出疑问和适当的升级路径，以便员工意识到不应触犯伦理的行为或伦理风险：他们能够在不担心报复的情况下提出问题或停止进程。改善中小企业在数据方面的伦理行为，需要一个正式的企业变更管理过程。

（一）评审现有数据处理方法

改善的起始是了解中小企业现在所处的状态。评审现有数据处理流程的目的是理解这些方法在多大程度上直接而且明确地与伦理和合规性驱动因素有关。这些评审中应该定义雇员如何理解现有做法在建立和维护客户、合伙人和其他利益相关方之间信任方面的伦理影响。该评审的交付物中应记录整个数据生命周期，包括数据共享活动中的收集、使用和监督数据所依据的伦理准则。

（二）识别原则、实践和风险因素

数据处理的伦理规范化目的在于降低数据被滥用，从而降低给客户、雇员、供应商、其他利益相关方甚至是整个企业所带来的风险。一个试图改善其做法的企业应该了解这些通用原则，如保护用户个人隐私的必要性，同时应关注具体行业问题，如财产保护和健康方面的信息。

中小企业对于数据伦理的处理方法必须符合法律和法规的合规性要求。例如，在全球开展业务的企业需要了解其业务所在国家的法律基础和伦理准则，并具体了解各国之间的协议。此外，许多中小企业都有一些其特有的风险，这些风险可能与其技术、雇员更替率、采集客户数据的方式或其他因素有关。

原则应与风险和实践保持一致，应通过控制来支持实践。

（1）指导性原则。人们对自己的健康信息有隐私权。因此，患者的健康数据除非被授权作为需要特殊照顾患者，否则其他人不允许访问患者的个人健康数据。

（2）风险。如果可以广泛访问患者的个人健康数据，那么这些个人信息将变成公共知识，从而侵犯患者的个人隐私权。

（3）实践。只有护士和医生才允许访问患者的个人健康数据，并且仅用于提供护理。

（4）控制。对包括患者个人健康信息系统的所有用户进行年度审查，以确保只有需要访问的人才能访问。

（三）制定合乎伦理的数据处理策略和路线图

在评审当前状态并开发了一系列原则后，企业可以通过正式制定策略改善其数据处理方法。这些策略必须同时包含伦理准则和预期行为，以价值陈述和伦理行为准则来表达。这样的策略包括如下组成部分：

（1）价值观声明。价值观声明描述的是一个企业的信仰。例如，包括但不限于真理、公平和正义。这些声明提供了一个符合伦理准则的数据处理和决策制定的框架。

（2）符合伦理的数据处理原则。符合伦理的数据处理原则描述了一个企业如何处理数据所带来的挑战。例如，如何尊重个人的隐私权。原则和预期行为可以概括为伦理准则，并通过伦理制度加以支持。培训和沟通计划应包括社会的规范和制度。

（3）合规框架。合规框架包括驱动企业义务的因素。符合伦理的行为应使企业能够满足合规性要求。法规遵从性要求受地理和行业问题的影响。

（4）风险评估。风险评估定义了企业内部特殊问题出现的可能性和影响。这些应用于确定与缓解措施有关的优先行为，包括雇员遵守伦理准则等情况。

（5）培训和交流。培训应该包括对伦理准则的审查。雇员必须确保他们熟悉相应准则并了解违背伦理的数据处理所造成的影响。培训必须是不间断的，例如，每年度对伦理操守进行评估。交流应该覆盖到所有雇员。

（6）路线图。路线图应包括可由管理层批准的活动时间表。活动包括执行培训和沟通计划、识别和补救现有实践中的差距、风险缓解和监控计划。制定详细的报表，反映企业在适当处理数据方面的目标地位，包括角色、职责和过程以及参考专家，以获取更多信息。路线图应涵盖所有适用的法律和文化因素。

（7）审计和监测方法。通过培训可以加强伦理观念和伦理准则。同时，还应监测具体活动，以确保这些活动符合伦理准则。

（四）采用对社会负责的伦理风险模型

商务智能、分析学、数据科学的数据专业人士通常负责描述以下内容的数据：

（1）他们是谁，包括他们的原籍国家、民族、族裔和宗教特征。

（2）他们做什么，包括政治、社会和潜在的犯罪行为。

（3）他们在哪儿生活；他们有多少钱；他们买什么；他们与谁交谈，给谁发短信或者邮件。

（4）他们被如何对待，包括支出的分析，如评分和偏好跟踪，这些将会被标记为最终特权和未来的业务。

这些数据可能会被滥用并且与潜在的伦理标准相抵触，如尊重他人，善行和正义。

执行商务智能、分析和数据科学相关活动时，需要一种超越当前所在中小企业界限的伦理观念，这会对更广泛的社区产生影响。伦理观点之所以是必需的，不仅因为数据容易被滥用，而且因为中小企业的社会责任不允许其损害数据。

例如，某些中小企业可以专门为他们认为"不良"的用户设置标准，以便停止与这些人的商务活动。但是，如果该企业在基础服务领域拥有垄断地位，那么这些人会发现自己无法获得必要的服务，所以他们将因为该企业的决定而受到伤害。

他们应该把每个领域都考虑在内，并处理好潜在伦理风险，尤其是对客户和公民可能产生负面影响的风险。

风险模型可以被用于决定项目是否被执行，同时也影响项目怎样实施。例如，可以以匿名的方式生成数据，并将个人信息从档案中删除。加强并确保档案的安全性，根据当地和其他适用的隐私法进行核审。如果该企业是对应领域的垄断者，而公民对于该资源（如能源和水）没有其他供应者可以选择，则法律可能不允许拒绝该用户。

因为数据分析是一个非常复杂的项目，人们可能看不清伦理上的挑战。每个中小企业都需要积极地识别潜在风险。他们还需要保护那些确实看到风险并提出疑虑的举报人。自动化监控已经无法防止不符合伦理要求的活动。分析家自己需要反思可能存在的偏见。工作场所的文化和伦理规范会影响公共的行为——伦理模型的学习和使用。DAMA 国际标准鼓励数据专业人员采取专业立场，向那些可能没有认识到数据特定用途影响以及牵连到他们工作中的业务领导人介绍这些风险状况。

六、数据伦理和治理

数据处理行为的监督属于数据治理和法律顾问范畴。企业必须了解法律的最新变化，同时确保雇员了解自己的义务以降低伦理不当带来的风险。数据治理必须制定相关标准和制度以提供数据处理和监督的方法。雇员期待公平处理，以避免可能的违规行为而遭到举报，影响他们的私人生活。数据治理有一个特殊的监督要求，即用于审查商务智能、分析和数据科学研究提出的计划及决策。

DAMA 国际数据管理专业人士认证要求被认证人员签署一份正式的伦理准则，其中包括在聘用他们的中小企业之外进行数据处理时，也要履行处理数据的伦理义务。

第三章 中小企业数据治理

第一节 概 述

数据治理的定义是在管理数据资产过程中行使权力和管控，包括计划、监控和实施。在所有企业中，无论是否有正式的数据治理职能，都需要对数据进行决策。建立正式的数据治理规程及有意向性地行使权力和管控的企业，能够更好地从数据资产中获得收益。

数据治理职能是指导所有其他数据管理领域的活动。数据治理的目的是确保根据数据管理制度和最佳实践正确地管理数据。数据管理的整体驱动力是确保企业可以从其数据中获得价值，数据治理聚焦于如何制定有关数据的决策，以及人员和流程在数据方面的行为方式。数据治理项目的范围和焦点依赖于企业需求，但多数项目都包含如下内容：

（1）战略。定义、交流、驱动数据战略和数据治理战略的执行。

（2）制度。设置与数据、元数据管理、访问、使用、安全和质量有关的制度。

（3）标准和质量。设置和强化数据质量、数据架构标准。

（4）监督。在质量、制度和数据管理的关键领域提供观察、审计和纠正等措施。

（5）合规。确保企业可以达到数据相关的监管合规性要求。

（6）问题管理。识别、定义、升级和处理问题，针对领域包括数据安全、数据访问、数据质量、合规、数据所有权、制度、标准、术语或者数据治理程序等。

（7）数据管理项目。增强提升数据管理实践的能力。

（8）数据资产估值。设置标准和流程，以一致的方式定义数据资产的业务价值。

为了实现这些目标，进行数据治理时会制定制度和实施细则，在企业内多个层次上实践数据管理，并参与企业变革管理工作，积极向企业传达改进数据治理的好处、成功地将数据作为资产管理所必需的行为。

对于多数中小企业，采用正式的数据治理需要进行企业变革管理，以及得到来自最高层管理者的支持，如 CRO、CFO 或者 CDO。

产生和分享数据、信息的能力改变了个人及经济的互动内容。在充满活力的市场环境中，随着将数据作为差异化竞争优势意识的提升，促使企业开始调整数据管理职责。上述改变已经很明显地出现在金融、电子商务、政府和零售领域。各个企业都在努力成为数据驱动型企业，主动将数据需求作为战略发展、项目规划和技术实施的一部分。然而，这样做通常会带来企业文化上的挑战。此外，鉴于企业文化可以影响任何战略目标，进行数据治理时需努力将文化变革部分纳入考虑，以期获得强有力的领导支持。

要从作为企业资产的数据中受益，企业必须学会衡量数据和数据管理活动的价值。即使拥有最佳的数据战略，数据治理和数据管理计划也可能不会成功，除非企业愿意接受并进行管理变革。对很多企业而言，文化变革是一项主要的挑战。变革管理的基础信条是，企业变革需要个人的改变。当数据治理和数据管理要求显著的行为变化时，为了成功，一定需要正式的变革管理。

一、业务驱动因素

数据治理最常见的驱动因素是法规遵从性，特别是重点监控行业。例如，金融服务和医疗健康，需要引入法律所要求的治理程序。高级分析师、数据科学家的迅猛发展成为新增的驱动力。

尽管监管或者分析师可以驱动数据治理，但很多中小企业的数据治理是通过其他业务信息化管理需求所驱动的，如主数据管理等。一个典型场景：一家公司需要更优质的客户数据，它选择开发客户主数据平台，然后意识到成功的数据管理是需要数据治理的。

数据治理并不是到此为止，而是需要直接与中小企业战略保持一致。数据治理越显著地帮助企业解决问题，人们越有可能改变行为、接受数据治理实践。数据治理的驱动因素大多聚焦于减少风险或者改进流程。

（一）减少风险

（1）一般性风险管理。洞察风险数据对财务或商誉造成的影响，包括对法律和监管问题的响应。

（2）数据安全。通过控制活动保护数据资产，包括可获得性、可用性、完整性、连续性、可审计性和数据安全。

（3）隐私。通过制度和合规性监控，控制私人信息、机密信息、个人身份信息等。

（二）改进流程

（1）法规遵从性。有效和持续地响应监管要求的能力。

（2）数据质量提升。通过真实可信的数据提升业务绩效的能力。

（3）元数据管理。建立业务术语表，用于定义和定位企业中的数据；确保企业中数量繁多的元数据被管理和应用。

（4）项目开发效率。在系统生命周期中改进，以解决整个企业的数据管理问题，包括利用数据全周期治理来管理特定数据的技术债。

（5）供应商管理。控制数据处理的合同，包括云存储、外部数据采购、数据产品销售和外包数据运维。

在整个中小企业内厘清数据治理的业务驱动因素是基础性工作，它将与企业整体业务战略保持一致。经常聚焦"数据治理"往往会疏远那些认为治理产生额外开销却没有明显好处的领导层。对企业文化保持敏感性也是必要的，需要使用正确的语言、运营模式和项目角色。在 DAMA-DMBOK2 编写过程中，术语"企业"被诸如"运营模式"或"运营框架"之类的词语所取代。

人们有时难以理解数据治理是什么，其实治理本身是一个通用概念。数据管理专家可以将其他治理的概念和原则应用于数据治理。而通常将审计、会计与数据治理放在一起比较，审计员和财务主管设置管理财务资产的规则，数据治理专家制定管理数据资产的规则，然后其他领域执行这些规则。

数据治理不是一次性的行为。治理数据是一个持续性的项目集，以保证企业一直聚焦于能够从数据获得价值，并且能降低有关数据的风险。可以由一个虚拟企业或者有特定职责的实体企业承担数据治理的责任。只有理解了数据治理的规则和活动才能达到高效执行，为此需要建立可良好运转的运营框架。数据治理程序中应该考虑到中小企业和文化的独特性问题，以及数据管理在中小企业中面对的具体挑战和机遇。

数据治理要与 IT 治理区分开。IT 治理是制定关于 IT 投资、IT 应用组合和 IT 项目组合的决策，从另一个角度来看还包括硬件、软件和总体技术架构。IT 治理的作用是确保 IT 战略、投资能够与中小企业目标、战略一致。COBIT 框架提供 IT 治理标准，但是，其中仅有很少一部分涉及数据和信息管理。其他一些重要法规，如萨班斯法案则覆盖企业治理、IT 治理和数据治理多个领域。相反，数据治理仅聚焦于管理数据资产和作为资产的数据。

二、目标和原则

数据治理的目标是使企业能够将数据作为资产进行管理。数据治理提供治理原则、制度、流程、整体框架、管理指标，监督数据资产管理，并指导数据管理过程中各层级的活动。为达到整体目标，数据治理程序必须包括以下几个方面：

（一）可持续发展

治理程序必须富有吸引力。它不是以一个项目作为终点，而是一个持续的过程。需要把它作为整个企业的责任。数据治理必须改变数据的应用和管理方式，但也不代表着企业要做巨大的更新和颠覆。数据治理是超越一次性数据治理组件实施可持续发展路径的管理变革。可持续的数据治理依靠业务领导、发起者和所有者的支持。

（二）嵌入式

数据治理不是一个附加管理流程。数据治理活动需要融合软件开发方法、数据分析应用、主数据管理和风险管理。

（三）可度量

数据治理做得好就会有积极的财务影响，但要证明这一影响，则需要了解起始过程并计划可度量的改进方案。

三、数据治理基础的原则

（一）领导力和战略

成功的数据治理始于远见卓识和坚定的领导。数据战略指导数据管理活动，同时由企业业务战略所驱动。

（二）业务驱动

数据治理是一项业务管理计划，因此必须管理与数据相关的 IT 决策，就像管理与数据有关的业务活动一样。

（三）共担责任

在所有数据管理的知识领域中，业务数据管理专员和数据管理专业人员共担责任。

（四）多层面

数据治理活动发生在企业层面和各地基层，但通常发生在各层面。

（五）基于框架

由于治理活动需进行跨企业职能的协调，因此对数据治理项目必须建立一个运营框架来定义各自职责和工作内容。

（六）原则导向

指导原则是数据治理活动特别是数据治理策略的基础。通常情况下，企业制定制度时没有正式的原则，他们只是在试图解决特定的问题。有时原则可以从具体策略中通过逆向工程反推得到。然而，最好把核心原则的阐述和最佳实践作为策略的一部分工作。参考这些原则可以减少潜在的阻力。随着时间的推移，在企业中会有更多的指导原则与相关的数据治理组件共同对内部发布。

四、基本概念

正如财务审计人员实际上并不执行财务管理一样，数据治理确保数据被恰当地管理而不是直接管理数据。数据治理相当于将监督和执行的职责分离。数据治理和数据管理的关系如图 3-1 所示。

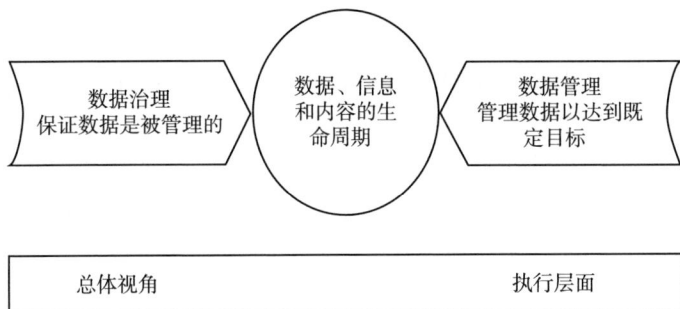

图 3-1 数据治理和数据管理的关系

（一）以数据为中心的企业

以数据为中心的企业将数据作为资产估值，在生命周期所有阶段进行管理，包括项目开发和持续运营阶段。为达到以数据为中心，企业必须改变将战略转化为行动的方式。数据不再被作为是流程和业务产品的附属。业务处理的目标是得到高质量的数据。有效数据管理成为企业致力于通过分析获得洞察、制定决策时的高优先级事项。

人们常常混淆数据和信息技术。企业为达到以数据为中心的目的则需要不同于以往的思考方式，要理解管理数据不同于管理 IT。转型并非易事，现有文化及内部制度、关于拥有权的争议、预算、历史遗留系统，都将成为建立企业级数据治理和数据管理的最大障碍。

虽然每个企业都需要有自己的原则，但那些寻求从其数据中获得更多价值的企业可能会分享以下内容：

（1）数据应该作为企业资产管理起来。
（2）应该在整个企业内鼓励数据管理的最佳实践。
（3）企业数据战略必须与业务战略一致。
（4）应不断改进数据管理流程。

（二）数据治理企业

治理项目的核心词是治理。数据治理可以从政治治理的角度来理解。它包括立法职能、司法职能和执行职能。为更好地管理风险，多数企业采用了典型的数据治理形式，以便能够听取所有利益相关方的意见。

每个企业都应该采用一个支持其业务战略，并可能在其自身文化背景下取得成功的治理模型。企业也应该准备好发展这种模式以迎接新的挑战。模型在企业结构、形式级别和决策方法方面有所不同。有些模型是集中式的，而有些则是分布式的。

数据治理企业可以具有多个层次，以解决企业内不同级别——本地、部门和企业的问题。治理工作通常分为多个委员会，每个委员会的目的和监督水平与其他委员会不同。

通用的数据治理企业模型如图 3-2 所示。数据治理在企业内部的不同级别上进行活动，并在企业功能内以及技术和业务领域之间分离治理职责。注意，这不是企业结构图。该图说明了各个领域如何根据上述趋势共同开展数据治理，以消除对术语"企业"的强调。在数据治理操作框架内建立的典型数据治理委员会如表 3-1 所示。

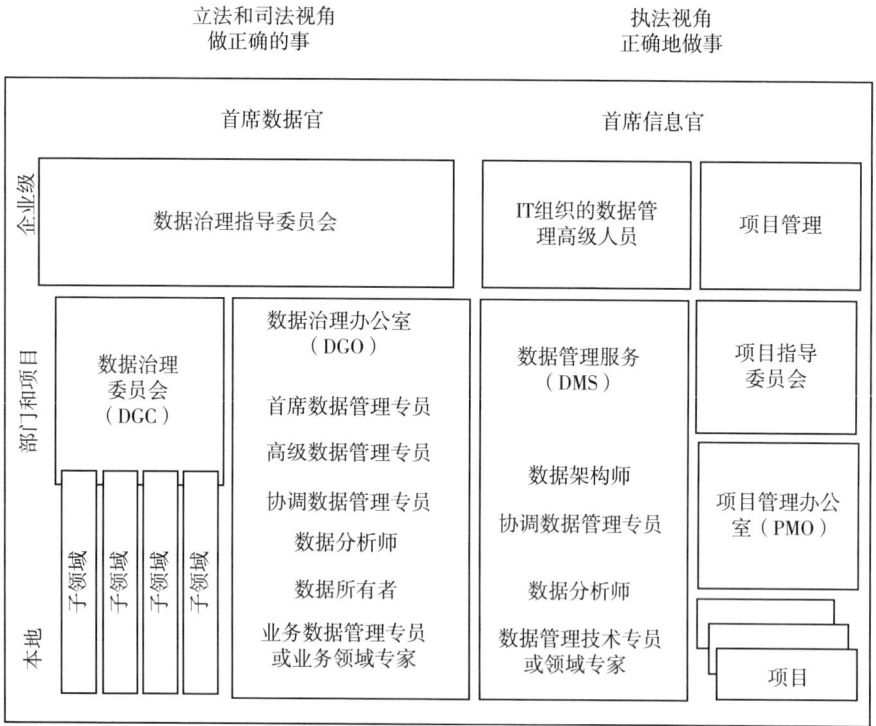

图 3-2　数据治理企业的组成部分

表 3-1　典型数据治理委员会

数据治理机构	说　明
数据治理指导委员会	组织中数据治理的主要和最高权威组织，负责监督、支持和资助数据治理活动。由跨职能的高级管理人员组成，通常根据 DCC 和 CDO 的建议，为数据治理发起的活动提供资金。该委员会可能会反过来受到来自更高级别组织或者委员会的监督
数据治理委员会	管理数据治理规划（如制度或指标的制定）、问题和升级处理。根据所采用的运营模型由相关管理层人员组成
数据治理办公室	持续关注所有 DAMA 知识领域的企业级数据定义和数据管理标准，由数据管理专员、数据保管人和数据拥有者等协调角色组成
数据管理团队	与项目团队在数据定义和数据管理标准方面进行协作、咨询，由聚焦于一个或者更多领域或项目的成员组成，包括业务数据管理专员、技术数据管理专员或者数据分析师
本地数据治理委员会	大型组织可能有部门级或数据治理指导委员会分部，在企业数据治理委员会（DGC）的指导下主持工作。小型组织应该避免这种复杂设置

（三）数据治理运营模型类型

在集中式管理模式中，数据治理企业监督所有业务领域中的活动。在分布式管理模式中，每个业务单元采用相同的数据治理运营模型和标准。在联邦式管理模式中，数据治理企业与多个业务单元协同，以维护一致的定义和标准。

（四）数据管理职责

数据管理职责描述了数据管理岗位的责任，以确保数据资产得到有效控制和使用。可以通过职位名称和职责描述正式确定管理职责，也可以采用非正式的形式，由帮助企业获取数据价值的人所驱动。通常情况下，像保管人、受托人这样的称呼，就是类似的管理岗位的同义词。

管理职责的焦点因企业不同而不同，取决于企业战略、文化、试图解决的问题、数据管理成熟度水平以及管理项目的形式等因素。然而在大多数情况下，数据管理活动集中于以下部分：

（1）创建和管理核心元数据。它包括业务术语、有效数据值及其他关键元数据的定义和管理。通常管理专员负责整理的业务术语表，成为与数据相关的业务术语记录系统。

（2）记录规则和标准。它包括业务规则、数据标准及数据质量规则的定义和记录。通常基于创建和使用数据的业务流程规范，以满足对高质量数据的期望。为确保在企业内部达成共识，由数据管理专员帮助制定规则并确保其得到连贯的应用。

（3）管理数据质量问题。数据管理专员通常参与识别、解决与数据相关的问题，或者促进解决的过程。

（4）执行数据治理运营活动。数据管理专员有责任确保数据治理制度和计划在日常工作或每一个项目中被遵循执行，并对决策发挥影响，以支持企业总体目标的方式管理数据。

（五）数据管理岗位的类型

管理专员指其职责是为别人管理财产的人。数据管理专员代表他人的利益并为企业的最佳利益而管理数据资产。数据管理专员代表所有相关方的利益，必须从企业的角度来确保企业数据的高质量和有效使用。有效的数据管理专员对数据治理活动负责，并有部分时间专门从事这些活动。

根据企业的复杂性和数据治理规划的目标，各个企业中正式任命的这些数据管理专员在其工作职位上会有一些区别，例如：

（1）首席数据管理专员。CDO 的替代角色，担任数据治理机构的主席，也可以是虚拟的或者在分布式数据治理企业中担任 CDO。他们甚至也可能是高层发起者。

（2）高级数据管理专员。他们是数据治理委员会的资深管理者。

（3）企业数据管理专员。他们负责监督跨越业务领域的数据职能。

（4）业务数据管理专员。他们是业务领域专业人士，通常是公认的领域专家，对一个数据域负责。他们和利益相关方共同定义和控制数据。

（5）数据所有者。他们是某个业务数据管理专员，对其领域内的数据有决策权。

（6）技术数据管理专员。他们是某个知识领域内工作的 IT 专业人员，如数据集成专家、数据库管理员、商务智能专家、数据质量分析师或元数据管理员。

（7）协调数据管理专员。这在大型企业中尤为重要，其领导并代表业务数据管理专员和技术数据管理专员进行跨团队或者数据专员之间的讨论。

DAMA-DMBOK1 指出，"通常最好的数据管理专员都是在工作中被发现的，而不是靠培养的"。这意味着，在大多数企业中，即使没有数据治理项目，也有人负责数据管理。这些人已经参与到帮助企业降低数据风险和从数据中获得更多价值的工作中。将他们的岗位管理职责正式化，可以使他们的工作得到认可，帮助他们更加成功、做出更多的贡献。所有这些都意味着，数据管理专员可以被"培养"，可以培训员工成为各类数据管理专员。让那些已经在管理数据的人发展他们自己的技能和知识，从而使他们工作得更好。

（六）数据制度

数据制度包括对数据治理管理初衷的简要说明和相关基本规则，这些规则贯穿数据和信息的创造、获取、集成、安全、质量和使用的全过程。

数据制度是全局性的，它们支持数据标准以及与数据管理和使用等关键方面的预期行为，不同企业的数据制度差异很大。数据制度描述了数据治理的"什么"，而标准和规程描述了数据治理的"如何"。数据制度应该相对较少，并且尽量采用简单直接的表述。

（七）数据资产估值

数据资产估值是一个理解和计算数据对企业的经济价值的过程。因为数据、信息甚至商务智能都是抽象概念，人们很难将它们与经济影响联系起来。理解不可替换项价值的关键是理解如何使用它以及它的使用带来多少价值。与诸多其他资产不同，数据具有不可互换性。某企业客户数据的重要性不同于另一个企业的客户数据；不仅是客户本身，而且包括与之相关的数据。一个企业如何从客户数据中获得价值，可以成为企业的竞争优势。

数据生命周期的大多数阶段涉及成本。数据只有在使用时才有价值，使用时数据还产生了与风险管理相关的成本。因此，当使用数据的经济效益超过了上述成本时，就会显现其价值。

其他度量价值的方式包括：

（1）替换成本。在灾难性数据破坏事件或者数据中断时，数据替换或恢复的成本，包括企业内的交易、域、目录、文档和指标信息等。

（2）市场价值。兼并或收购企业时作为企业资产的价值。

（3）发现商机。通过交易数据或通过售卖数据，从数据中发现商机而获得的收入价值。

（4）售卖数据。一些企业为了产品或销售而将数据打包出售。

（5）风险成本。它是基于潜在的罚款、补救成本和诉讼费用的估价。来自法律或监管的风险包括：①缺少必需的数据。②存在不应留存的数据。③数据不正确造成客户、公司财务和声誉受到损害。④风险下降或者风险成本下降，其实是与提升和验证数据等操作干预成本抵消后的溢出部分。

为了描述信息资产价值的概念，可以将公认的会计准则转换为公认的信息原则，如表3-2所示。

表 3-2　数据资产会计准则

原则	说　明
问责原则	组织必须确定对各种类型数据和内容负有最终责任的个人
资产原则	各种类型的数据内容都是资产，并且具有其他资产的特征。它们应像物理或者金融资产一样可以进行管理、担保和核算
审计原则	数据和内容的准确性要接受独立机构的定期审计
尽职调查原则	如果风险是已知的，必须要报告。如果可能存在风险，必须予以确认。数据风险包括与不良数据管理实践相关的风险
持续经营原则	数据及其内容对于组织的成功、持续运营和管理至关重要，即它们不是为实现目标的临时手段，也不是业务的副产品
估值级别原则	在最合理或最容易测量的级别上将数据作为资产进行估值
责任原则	基于监管和伦理，存在着与数据及内容有关的滥用或者管理不当的财务责任
质量原则	数据准确性、数据生命周期和内容会影响组织的财务状况
风险原则	存在与数据和内容相关的风险。无论是作为负债还是作为管理和降低固有风险的成本，风险必须得到正式确认
价值原则	基于满足组织目标的方式、可流通性以及对组织商誉（资产负债表）的贡献来判断，数据和内容是有价值的。信息的价值反映的是其维护和运行的成本与它对组织的贡献抵消之后的溢出

第二节　中小企业数据治理对策与实施

一、规划企业的数据治理

　　数据治理工作必须支持企业业务战略和目标。一个企业的业务战略和目标影响着企业的数据战略，以及数据治理和数据管理在企业的运营方式。

　　数据治理与数据相关的决策责任可共享。数据治理活动跨越了企业和系统的边界，以支持整体的数据视图。成功的数据治理应该清楚地了解需要治理什么、怎么治理以及谁来执行治理。

　　相对于孤立、特定的功能领域，当数据治理是一项企业层面工作时，效果最为显著。在企业中，定义数据治理的范围通常需要先定义企业的含义。反过来，数据治理控制了定义它的企业。

（一）执行就绪评估

评估当前企业的信息管理能力、成熟度和有效性，对于制订数据治理的计划至关重要。通过它们，可以用来衡量一个项目的有效性。评估工作对于管理和维持数据治理规划很有价值。典型的评估包括以下四个方面：

（1）数据管理成熟度。了解企业对数据的处理方式；衡量其当前的数据管理能力和容量。重点是业务人员对公司管理数据和利用数据的优势以及客观标准的印象。

（2）变革能力。数据治理需要行为上的改变，因此测量企业为适应数据治理所需而改变行为的能力非常重要。此外，这些活动有助于识别潜在的阻力点。通常来讲，进行数据治理需要正式的企业变革管理。在评估变革能力时，变革管理过程中将评估现有的企业结构、文化观念以及变革管理过程本身。

（3）协作准备。该评估体现了企业在管理和使用数据方面的协作能力。根据定义，管理工作跨越不同职能领域，因此本质上是需要协作才能完成的。如果某个企业对于如何协作无从下手，那么这样的企业文化将成为管理的障碍。永远不要假设企业一开始就知道如何协作，当结合变革能力进行评估时，该评估可了解实施数据治理所需企业文化的能力。

（4）与业务保持一致。通过业务一致性能力评估可以检查企业如何调整数据的使用以支持满足业务战略要求，有时这项评估会与变革能力评估一起进行。通过这项评估常常会发现临时安排的数据相关活动是如何进行的。

（二）探索与业务保持一致

数据治理项目必须能够被找到并提供特定的价值来为企业作出贡献。例如，减少监管机构的罚款。通过评估活动能识别和评价现有制度、指导方针的有效性，如它们处理了哪些风险、鼓励了哪些行为以及实施的情况，同时能够识别数据治理的机会，以此提高数据及内容的实用性，并把业务调整的商业利益附加在数据治理要素中。

数据质量分析是评估的一部分工作。通过数据质量评估可以洞察现有问题和障碍以及低质量数据的影响，还可以识别使用低质量数据执行业务流程存在的风险，以及作为数据治理工作组成部分的数据质量项目带来的财务和其他收益。数据管理实践的评估是数据治理评估过程的关键方面。例如，评估过程中可能找到一些有能力的用户，为正在进行中的数据治理活动创建潜在代理的初始列表。

从发现和校准活动中派生出一个数据治理需求清单。例如，如果监管风险对业务产生财务问题，则需要指定支持风险管理的数据治理活动。这些需求影响着数据治理的战略和战术。

（三）制定企业触点

协调工作的一部分是为数据治理工作制定企业接触点。图 3-3 说明，在首席数据官直接权力之外，还支持企业数据治理和数据管理一致性及凝聚力的企业触点。

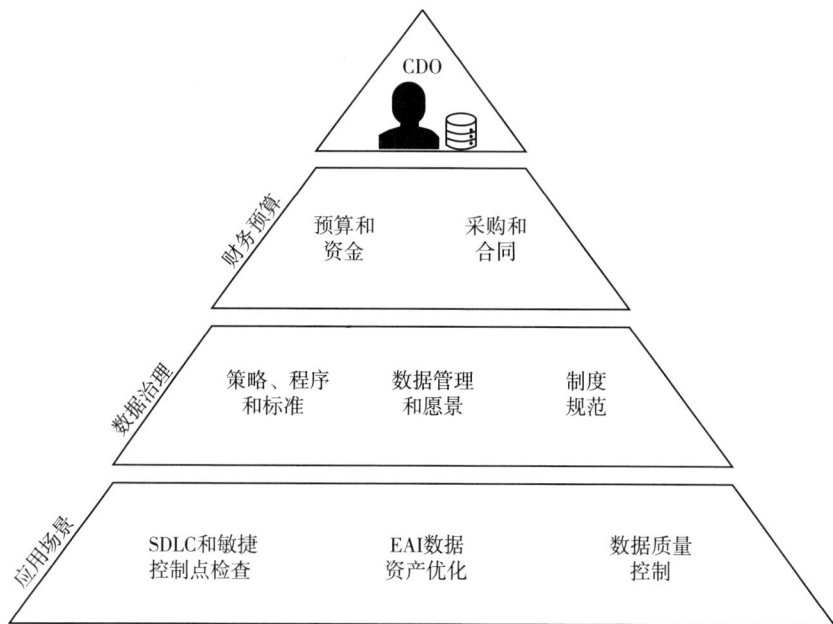

图 3-3　CDO 企业触点

1. 采购和合同

首席数据官与供应商 / 合作伙伴的管理部门或者采购部门合作，制定和执行关于数据管理合同的标准文本。这包括数据即服务、云服务采购、其他外包、第三方开发工作或者内容获取 / 许可协议以及可能的以数据为中心的 IT 工具采购和升级。

2. 预算和资金

如果首席数据官没有直接控制所有与数据采购相关的预算，那么数据管理办公室将成为防止重复工作及保证优化获得数据资产的焦点。

3. 法规遵从性

首席数据官在不同地区、国家和国际监管环境中工作，要理解这些环境如何影响企业及其数据管理活动，需要开展持续性的监控活动，以识别、跟踪新出现的和潜在的影响及要求。

4. SDLC/ 开发框架

数据治理规划中确定了在系统或应用程序开发生命周期中制定企业策

略、流程和标准的控制点。

首席数据官影响企业触点，支持企业在管理其数据时的凝聚力，也会增加企业使用数据的敏捷性。从本质上讲，这是企业如何理解和看待数据治理的一个态度。

二、制定数据治理战略

数据治理战略定义了治理工作的范围和方法。应根据总体业务战略以及数据管理、IT 战略，全面定义和明确表达数据治理战略。如同标准工件，以迭代的方式开发及获得认可。应根据每个企业制定具体内容，交付物包括章程、运营框架和职责、实施路线图、为成功运营制订计划。

（1）章程。确定数据管理的业务驱动愿景、使命和原则，包括成熟度评估、内部流程分析及当前问题和成功标准。

（2）运营框架和职责。定义数据治理活动的结构和责任。

（3）实施路线图。制订时间计划，其涉及最终发布的制度、指令、业务术语、架构、资产价值评估、标准和程序以及所期望业务和技术流程发生的改变、支持审计活动和法规遵从的交付成果。

（4）为成功运营制订计划。为数据治理活动描述一个可持续发展的目标状态。

（一）定义数据治理运营框架

开发数据治理的基本定义很容易，但创建一个企业采用的运营框架可能很困难。在构建企业的运营框架时需要考虑以下几个方面：

（1）数据对企业的价值。如果一个企业出售数据，显然数据治理具有巨大的业务影响力。将数据作为最有价值事物的企业，需要一个反映数据角色的运营模式。对于数据是操作润滑剂的企业，数据治理形式就不那么严肃了。

（2）业务模式。分散式与集中式、本地化与国际化等是影响业务发生方式以及如何定义数据治理运营模式的因素。与特定 IT 策略、数据架构和应用程序集成功能的链接，应反映在目标运营框架设计中。

（3）文化因素。就像个人接受行为准则、适应变化的过程一样，一些企业也会抵制制度和原则的实施。开展治理战略，需要提倡一种与企业文化相适应的运营模式，同时持续地进行变革。

（4）监管影响。与受监管程度较低的企业相比，受监管程度较高的企业具有不同的数据治理心态和运营模式。可能还与风险管理或法律团队有联系。

数据治理层通常作为整体解决方案的一部分。这意味着确定管理活动职责范围、谁拥有数据等。运营模型中还定义了治理企业与负责数据管理项目人员间的协作、参与变革管理活动以引入新的规程以及通过治理实现问题管理的解决方案。运营框架如图 3-4 所示，这个例子很有说服力。必须定制这种工作才能满足不同企业的个性化需求。

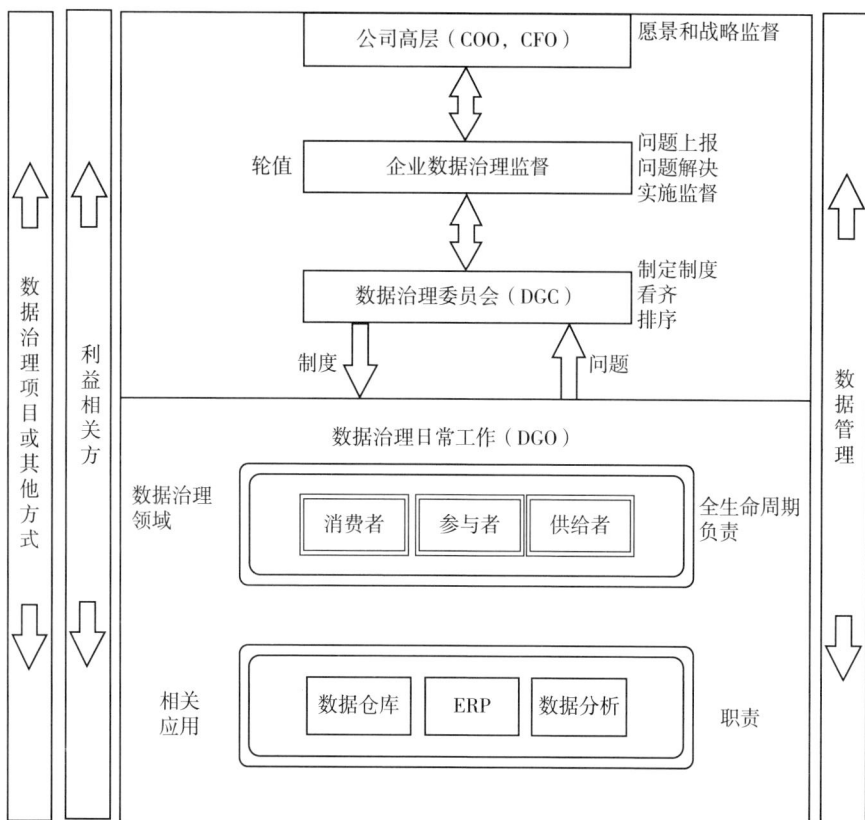

图 3-4　运营框架示例

（二）制定目标、原则和制度

依据数据治理战略制定的目标、原则和制度将引导企业进入期望的未来状态。

通常由数据管理专业人员、业务策略人员，在数据治理企业的支持下共同起草数据治理的目标、原则和制度，然后由数据管理专员和管理人员审查并完善，最终由数据管理委员会进行终审、修订和发布采用。

管理制度可能包含多个不同方面内容，如：

（1）由数据治理办公室认证确认企业用到的数据。

（2）由数据治理办公室批准成为业务拥有者。

（3）业务拥有者将在其业务领域委派数据管理专员，数据管理专员的日常职责是协调数据治理活动。

（4）尽可能地提供标准化报告、仪表盘或计分卡，以满足大部分业务需求。

（5）认证用户将被授予访问相关数据的权限，以便查询即席报表和使用非标准报告。

（6）定期复评所有认证数据，以评价其准确性、完整性、一致性、可访问性、唯一性、合规性和效率等。

必须有效地沟通、监督、执行和定期复评数据管理制度。数据管理委员会可将此权力委托给数据管理指导委员会。

（三）推动数据管理项目

改进数据管理能力的举措可为整个企业带来好处。这些通常需要来自数据治理委员会的跨职能关注和支持。数据管理项目很难推动，它们经常被看作"完成工作"的障碍。推动数据治理项目的关键是阐明数据管理提高效率和降低风险的方法。企业如果想从数据中获得更多价值，则需要有效优先发展或提升数据管理能力。

数据治理委员会负责定义数据管理项目的商业案例，监督项目状态和进度。如果企业中存在项目管理办公室，则数据治理委员会要和数据管理办公室协同工作，数据管理项目可视为整个 IT 项目组合的一部分。

数据治理委员会还可以与企业范围内的大型项目集配合开展数据管理改进工作。主数据管理项目，如企业资源计划、客户关系管理和全球零件清单等都是很好的选择。

其他项目中的数据管理活动，一般由企业内部 SDLC、服务交付管理、ITIL 和 PMO 统筹考虑。对于每个含有重要数据组件的项目，在软件生命周期的前期就应该收集数据管理需求。这些内容包括系统架构、合规性、系统记录的识别和分析以及数据质量的检测与修复。此外，还可能有一些其他数据管理支持活动，包括使用标准测试台进行需求验证测试。

（四）参与变革管理

企业变革管理是进行企业管理体系和流程变革的管理工具。变革管理研究所认为，企业的变革管理不仅仅是"项目中人的问题"，还应该被视为整个企业层面管理改良的一种途径。企业经常面临管理项目上的变迁，而不是管理企业体系进化。成熟的企业在变革管理中建立清晰的企业愿景，从高层积极引导和监督变革，设计和管理较小的变革尝试，再根据整个企业的反馈和协同情况调整变革计划方案。

对很多企业来说，数据治理所固有的形式和规则不同于已有的管理实践。适应数据治理，需要人们改变行为和互动方式。对于正式的管理变革项目，需要有适合的发起者，这对于推动维持数据治理所需的行为变化至关重要。企业需要组建一个团队负责以下事项：

（1）规划。规划变革管理，包括进行利益相关方分析、获得支持以及建立能够克服阻力的沟通方法。

（2）培训。建立和执行数据治理项目培训。

（3）影响系统开发。与项目管理办公室合作，在软件开发生命周期中增加数据治理的步骤。

（4）制度实施。宣传数据制度和企业对数据管理活动的承诺。

（5）沟通。提高数据管理专员和其他数据治理专业人员对自身角色和职责以及数据管理项目目标和预期的认知。

沟通对变更管理过程至关重要。为了使正式的数据治理变更管理方案获得支持，应将沟通重点放在以下五个方面：

（1）提升数据资产价值。教育和告知员工数据在实现企业目标中所起的作用。

（2）监控数据治理活动的反馈并采取行动。除了共享信息外，通过沟通计划引导出相关方反馈，以指导数据治理方案和变更管理过程。积极寻求和利用利益相关方的意见可以建立对项目目标的承诺，同时可以确定成功和改进的机会。

（3）实施数据管理培训。对各级企业进行培训，以提升对数据管理最佳实践和管理流程的认知。

（4）可以从 5 个关键领域衡量变革管理的程度：①意识到需要改变；②希望参与并支持变革；③知道如何改变；④具备实施新技能和行为的能力；⑤保持持续变革。

（5）实施新的指标和关键绩效。应该重新调整员工激励措施，以支持与数据管理最佳实践相关的行为。由于企业数据治理需要跨职能合作，激励措施中应该鼓励跨部门活动和协作。

（五）参与问题管理

问题管理是识别、量化、划分优先级和解决与数据治理相关的问题的过程，包括：

（1）授权。关于决策权和程序的问题。

（2）变更管理升级。升级变更过程中出现问题的流程。

（3）合规性。满足合规性要求的问题。

（4）冲突。包括数据和信息中冲突的策略、流程、业务规则、命名、定义、标准、架构、数据所有权以及冲突中利益相关方的关注点。

（5）一致性。与策略、标准、架构和流程一致性相关的问题。

（6）合同。协商和审查数据共享协议，购买和销售数据、云存储。

（7）数据安全和身份识别。有关隐私和保密的问题，包括违规调查。

（8）数据质量。检测和解决数据质量问题，包括灾难事件或者安全漏洞。

很多问题可以在数据管理团队中被解决。需要沟通或者上报的问题必须被记录下来，并将其上报给数据管理团队或者更高级别的数据治理委员会，如图 3-5 所示。数据治理计分卡可用于识别与问题相关的趋势，如问题在企业内发生的位置、根本原因等。数据治理委员会无法解决的问题应上报给公司治理或管理层。

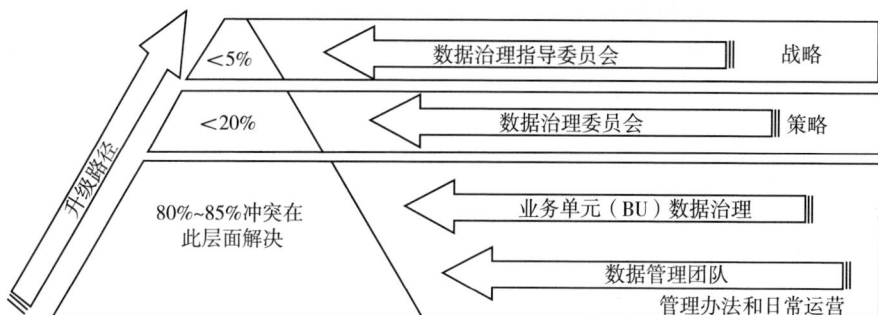

图 3-5　数据问题升级路径

开展数据治理需要在以下几个方面建立控制机制和流程：

（1）识别、收集、记录和更新的问题。

（2）各项活动的评估和跟踪。

（3）记录利益相关方的观点和可选解决方案。

（4）确定、记录和传达问题解决方案。

（5）促进客观、中立的讨论，听取各方观点。

（6）将问题升级到更高权限级别。

数据问题管理非常重要。通过问题管理为数据治理团队建立信任，减轻生产支持团队的负担，对数据消费者有直接、积极的影响。通过解决问题也证明了数据管理及其质量的提高。成功的问题管理，需要有展示工作过程和消除影响的控制机制。

（六）评估法规遵从性要求

每个企业都受到政府和行业法规的影响，其中包括如何管理数据和信息的法规。数据治理的部分功能是监督并确保合规。合规性通常是实施数据管理的初始原因。数据治理指导实施适当的控制措施，以记录和监控数据相关法规的遵从情况。

对管理信息资产有重大影响的部分全球性法规如下：

（1）会计准则。政府会计准则委员会和财务会计准则委员会的会计准则对管理信息资产具有重大影响。

（2）BCBS 239 和巴塞尔协议 II。这是指有效的风险数据汇总和风险报告原则，是一整套针对银行的法规。自 2006 年起，在欧盟国家开展业务的金融机构必须报告证明流动性的标准信息。

（3）CPG 235。澳大利亚审慎监管局负责监督银行和保险实体，公布了一些标准和指南以帮助被监管对象满足这些标准，其中包括 CPG 235，一个管理数据风险的标准。制定这个标准的目的是解决数据风险的来源，并在整个生命周期中管理数据。

（4）PCI-DSS。支付卡行业数据安全标准。

（5）偿付能力标准 II。欧盟法规，类似巴塞尔协议 II，适用于保险行业。

（6）隐私法。适用于各地区、各主权实体和国际的法律。

数据治理企业与其他业务和技术的领导一起评估各种法规的影响。例如，评估过程中每个企业必须确定以下问题：

（1）与企业相关的法规有哪些？

（2）什么是合规性？实现合规性需要什么样的策略和流程？

（3）什么时候需要合规？如何以及什么时候监控合规性？

（4）企业能否采用行业标准来实现合规性？

（5）如何证明合规性？

（6）违规的风险和处罚是什么？

（7）如何识别和报告不合规的情况？如何管理和纠正不合规的情况？

数据治理监控企业要对涉及数据和数据实践的监管要求或审计承诺作出响应，如在监管报告中证明数据质量合格。

三、实施数据治理

数据治理不可能一夜之间实现。治理过程包含了很多复杂性协调工作，需要对治理进行规划，不仅要考虑到企业的变化，而且改变得要简单。最佳方式是创建一个实施路线图，说明不同活动间的关系和整体时间框架。例如，如果数据治理项目的重点是提高合规性，则优先事项可能由特定的法规要求驱动。在联合数据治理企业中，根据不同业务线的参与程度、成熟度以及资金来源，可以在不同时间表上执行不同业务线的数据治理。

有一些数据治理工作是基础性的，其他工作依赖于此。这些基础性工作分为初始阶段和持续阶段。高优先级的前期工作包括：

（1）定义可满足高优先级目标的数据治理流程。

（2）建立业务术语表，记录术语和标准。

（3）协调企业架构师和数据架构师，帮助他们更好地理解数据和系统。

（4）为数据资产分配财务价值，以实现更好的决策，并提高对数据在企业成功中所起作用的理解。

（一）发起数据标准和规程

标准被定义为"用来判断其他事物质量的好东西"或"由权威建立和确定，作为衡量数量、重量、范围、价值或质量的规则"。因为标准提供了一种比较方法，所以其有助于质量的定义。标准还提供了简化流程的潜力。通过采用标准，企业只需做一次决定，并将其编成一组实施细则，则不再需要为每个项目重新做出相同的决定。实施标准应促进使用标准的过程，并产生一致的结果。

不幸的是，建立或采用标准通常是一个政治化的过程，这样的过程很可能导致制定标准的目标丢失。大多数企业在开发或实施数据或数据治理标准方面没有很好的实践。在某些情况下，他们没有意识到这样做的价值，因此也没有花时间这样做。有的时候他们根本还不知道怎么做。因此，"标准"在企业内部和跨企业变化很大，对一致性的期望也是如此。数据治理的标准应该具有强制性。

数据标准可以采用不同的形式，具体取决于所描述的内容：关于如何填充字段的要求、控制字段之间关系的规则、可接受值和不可接受值的详细文档、格式等。它们通常由数据管理专业人员起草。数据标准应由数据治理办公室或授权工作组审查、批准和采用。数据标准文档中的详细程度在某种程度上取决于企业文化。应记住，通过记录数据标准提供了一个捕获细节和知识的机会，否则可能会丢失这些细节和知识。与预先记录相比，重新创建或反向工程获取这些知识是非常昂贵的。

数据标准必须得到有效沟通、监控，并被定期审查和更新。最重要的是，必须有强制手段，对数据可以根据标准进行测量。数据管理活动可由数据治理委员会或数据标准指导委员会按照规定的时间表或作为 SDLC 批准流程的一部分进行审核，以确保符合标准。

数据管理流程是遵循文档化的方法、技术和步骤以完成产生特定的结果和支持的特定活动。与数据标准一样，通过流程文档以明确的形式获取企业知识。通常由数据管理专业人员来起草数据流程文档。

数据管理知识领域内的标准化概念示例如下：

（1）数据架构。包括企业级数据模型、工具标准和系统命名规范。

（2）数据建模和设计。包括数据模型管理程序、数据模型的命名规范、定义标准、标准域、标准缩写等。

（3）数据存储和操作。包括标准工具、数据库恢复和业务连续性标准、数据库性能、数据留存和外部数据采集。

（4）数据安全。包括数据访问安全标准、监控和审计程序、存储安全标准和培训需求。

（5）数据集成。用于数据集成和数据互操作的标准方法、工具。

（6）文件和内容。包括内容管理标准及程序，包括企业分类法的使用，支持法律查询、文档和电子邮件保留期限、电子签名和报告分发方法。

（7）参考数据和主数据。包括参考数据管理控制流程、数据记录系统、建立标准及授权应用、实体解析标准。

（8）数据仓库和商务智能。包括工具标准、处理标准和流程、报告和可视化格式标准、大数据处理标准。

（9）元数据。指获取业务和技术元数据，包括元数据集成和使用流程。

（10）数据质量。包括数据质量规则、标准测量方法、数据补救标准和流程。

（11）大数据和数据科学。包括数据源识别、授权、获取、记录系统、共享和刷新。

（二）制定业务术语表

数据管理专员通常负责整理业务术语表的内容。由于人们说话用词习惯不同，所以建立术语表是必要的。由于数据代表的内容复杂，因此数据的明确定义尤为重要。此外，许多企业使用个性化的内部词汇，术语表是在企业内部共享词汇的一种方法。开发、记录标准数据定义，可以减少歧义混乱，提升沟通效率。定义必须清晰、措辞严谨，并能解释任何可能的例外、同义词或者变体。术语表的批准人包括来自核心用户组的代表。通过数据架构通常可以从主题域模型中提供草稿定义和类型突破。

业务术语表具有如下目标：

（1）对核心业务概念和术语有共同的理解。

（2）降低由于对业务概念理解不一致而导致数据误使用的风险。

（3）改进技术资产与业务企业之间的一致性。

（4）最大限度地提高搜索能力，并能够获得记录在案的企业知识。

业务术语表不仅是术语和定义的列表，而且每个术语还同其他有价值的元数据关联，包括同义词、度量、血缘、业务规则，以及负责管理术语的人员等。

（三）协调架构团队协作

数据治理委员会支持并批准数据架构。例如，面向业务的企业数据模型。数据治理委员会可以任命或与企业数据架构指导委员会或架构审查委员会互动，以监督项目及其迭代项目。应由数据架构师和数据管理专员在业务领域团队中共同开发和维护企业数据模型。根据企业情况的不同，可以由企业数据架构师或数据管理专员协调这项工作。随着业务需求的发展，数据主管团队应提出更改建议，并开发扩展企业级数据模型。

企业级数据模型应经数据治理委员会评审、批准并正式采用，与关键业务战略、流程、企业和系统保持一致性。在管理数据资产方面，数据战略和数据架构是在"做正确的事"与"正确地做事"之间协调的核心。

（四）发起数据资产估值

数据和信息是具有价值或者可以创造价值的企业资产。现今的财务实践中，将数据和信息视为无形资产，如同软件、文档、专家知识、商业秘密和其他知识产权一样。尽管如此，各企业都认为赋予数据以货币价值是一项有挑战性的事情。数据治理委员应开展相关工作，并为此设置标准。

企业首先应该估计由于信息不足而造成业务损失的价值。信息缺口——所需信息和可用信息之间的差异——代表业务负债。弥补或防止差距的成本可用于估算数据丢失的业务价值。参考这个思路，企业可以开发模型来评估实际存在信息的价值。

可以将价值评估过程构建在数据战略路线图中，以便为质量问题的解决方案以及其他治理方案的业务案例提供依据。

（五）嵌入数据治理

数据治理企业的一个目标是将治理活动嵌入数据作为资产管理相关的一系列流程中。数据治理的持续运作需要规划。运营计划包含实施和运营数据治理活动所需的条件，其中包括维持成功所需的活动、时间和技术。

可持续性意味着采取行动，保证流程和资金到位，以确保可持续地执行数据治理企业框架。这一要求的核心是企业接受数据治理；实现管理职能，监控和测量其结果，并克服常导致数据治理不稳定或失败的障碍。

通常，为了加深企业对数据治理的理解，可通过其本地应用创建一个感兴趣的数据治理社区来加强相互学习。这种做法在治理的最初几年特别有用，但随着数据治理运营的成熟，其效果可能会逐渐减少。

四、工具和方法

数据治理从根本上讲是关于企业行为的。这不是一个可以通过技术解决的问题。但是，仍需要一些工具支持整个过程。例如，数据治理需要持续的沟通，可利用现有的沟通渠道以一致的方式传达关键信息，使相关方了解到制度、标准和要求。

此外，数据治理流程必须能有效管理自己的工作和数据。利用工具不仅对任务有帮助，而且对支持它们的指标也有帮助。在为某些特定功能工作选择工具之前，企业应该通过定义总体治理目标和需求来选择适合的工具。例如，有些术语表解决方案中还包括用于策略、工作流管理等的其他组件。如果需要这样的附加功能，那么在采用工具之前，应该对需求进行澄清和测试。否则，企业虽拥有多个工具，却没有一个能够完全满足需求的。

（一）线上应用/网站

数据治理也应该能够线上体现，可以通过中心门户或者协作门户提供核心文档。网站可以容纳文档库，提供搜索功能，帮助管理简单的工作流。也可以通过 LOGO 和统一视觉展现，在一个网站上可以帮助建立相应的品牌。数据治理规划的网站应该包括如下内容：

（1）数据治理战略和项目章程，包括愿景、效益、目标、原则和实施路线图。

（2）数据制度和数据标准。

（3）数据管理制度的角色和职责说明。

（4）数据治理相关新闻公告。

（5）指向相关数据治理社区论坛的链接。

（6）指向相关数据治理主题执行进展的链接。

（7）数据质量测试报告。

（8）问题识别和上报的规程。

（9）请求服务或获取问题的入口。

（10）相关在线资源的描述和链接、演示文档和培训计划。

（11）数据管理实施路线图。

（二）业务术语表

业务术语表是数据治理的核心工具。IT 部门要认可业务术语的定义，并将定义与数据进行关联。业务术语表的工具有很多，如大型 ERP 系统、数据集成工具或者元数据管理工具的一部分以及一些独立工具。

（三）工作流工具

更大的企业可能会考虑使用强大的工作流工具来管理流程，如实施新的数据治理策略。通过这些工具将流程连接到文档，这在策略管理和问题解决中非常有用。

（四）文档管理工具

治理团队经常使用文档管理工具协助管理策略和规程。

（五）数据治理计分卡

它是跟踪数据治理活动和制度遵从性的指标集合，通过自动计分卡的形式向数据治理委员会和数据治理指导委员会报告。

五、实施指南

一旦定义了数据治理的规程、制订了运营计划，加上在数据成熟度评估过程中收集数据制定的实施路线图，企业即可启动实施数据治理。数据治理要么起始于一些重大项目，要么通过区域或者部门试点。大多数推广策略都是渐进式的，很少有直接在整个企业范围内部署的情况。

（一）企业和文化

数据治理中很多固有的形式和规则对于许多企业来说都是新的、不同的。数据治理通过改变企业行为来提升价值。对于决策和治理项目的新方法，企业可能存在抵制变化及学习或采用消极态度的情况。

有效而持久的数据治理需要企业文化的转变和持续的变革管理，文化包括企业思维和数据行为，变革包括为实现未来预期的行为状态而支持的新思维、行为、策略和流程。无论数据治理战略多么精确、多么独特，忽视企业文化因素都会减少成功的概率。实施战略必须专注于变革管理。

企业变革目标是可持续性的。可持续性是过程的质量指标，以此衡量过程持续增值的难易程度。维持数据治理规程需要对变化作出计划。

（二）调整与沟通

数据治理规程是在更广泛的业务和数据管理战略背景下逐步实现的。实现成功需要更广泛的目标，同时需要将各部分落实到位。数据治理团队要有灵活性，并且能够随着条件的变化调整相应的方法。管理和沟通变更所需的工具包括：

（1）业务战略 / 数据治理战略蓝图。这些蓝图将数据治理活动与业务需求联系起来。定期衡量和沟通数据治理对业务的帮助，对于数据治理持续获得支持是至关重要的。

（2）数据治理路线图。数据治理路线图不应刻板、僵化，而应适应业务环境或优先级的变化进行调整。

（3）数据治理的持续业务案例。数据治理的业务案例必须定期被调整，以反映企业不断变化的优先级和财务状况。

（4）数据治理指标。随着数据治理规程的成熟，数据治理的相关指标应随之逐渐增长和变化。

六、度量指标

为应对长期学习曲线的阻力和挑战，对数据治理项目必须要有通过证明数据治理参与者如何增加业务价值和实现目标的指标以衡量进展和成功。

为了管理所需的行为变化，要着重衡量数据治理的推广进展、与治理需求的符合程度以及数据治理为企业带来的价值。重点是充实和强化治理价值的指标。另外，数据治理推出后，要验证企业是否拥有支持数据治理所需资源的指标，这对于维持治理规程同样重要。

数据治理指标的示例包括：

（一）价值

（1）对业务目标的贡献。

（2）风险的降低。

（3）运营效率的提高。

（二）有效性

（1）目标的实现。

（2）扩展数据管理专员正在使用的相关工具。

（3）沟通的有效性。

（4）培训的有效性。

（5）采纳变革的速度。

（三）可持续性

（1）制度和流程的执行情况。

（2）标准和规程的遵从情况。

第四章　中小企业数据架构

第一节　概　　述

架构是构建一个系统的艺术和科学，以及在此过程中形成的成果——系统本身。用通俗的话说，架构是对组件要素有组织的设计，旨在优化整个结构或系统的功能、性能、可行性、成本和用户体验。

术语"架构"已经被广泛接受，并用于描述信息系统的重要设计部分。在国际标准 ISO/IEC/IEEE 42010-2011 中，架构被定义为"系统的基本结构，具体体现在架构构成中的组件、组件之间的相互关系以及管理其设计和演变的原则"。然而，从全局来理解，"架构"一词可以指对系统当前状态的描述、一组系统的组件、系统设计的准则、一个系统或一组系统的意向性设计、描述系统的构件或执行设计工作的团队等。

架构设计工作通常在企业的不同范围内，在信息系统的不同层级来开展。架构师所从事的工作也许对于那些未从事架构工作或对架构所涉及的范围及针对的信息系统的不同层级难以定位和认识清楚的人来说，会感到一定程度的迷惑。然而，架构师是要通过自身的专业技能，将这些非专业架构人员难以理解或感到迷惑的内容加以定义和设计清晰，以便使其浅显易懂。这也是架构师的价值所在。

企业架构包括多种不同类型，如业务架构、数据架构、应用架构和技术架构等。良好的企业架构管理有助于企业了解系统的当前状态，加速向期待状态的转变，实现遵守规范、提高效率的目标。其中，数据架构的主要目标是有效地管理数据，以及有效地管理存储和使用数据的系统。

以下三方面的内容是数据架构的基本组成部分：

（1）数据架构成果，包括不同层级的模型、定义、数据流，这些通常被称为数据架构的构件。

（2）数据架构活动，用于形成、部署和实现数据架构的目标。

（3）数据架构行为，包括影响企业数据架构的不同角色之间的协作、思维方式和技能。

数据架构是数据管理的基础。大多数企业拥有的数据超出了个人可以理解的范围，因此有必要在不同抽象层级上描述企业的数据，以便更好地了解数据，帮助管理层做出决策。

数据架构的构件包括当前状态的描述、数据需求的定义、数据整合的指引、数据管控策略中要求的数据资产管理规范。企业的数据架构指不同抽象层级主要设计文档的集合，其中主要包括数据的收集、存储、规划、使用和删除等标准。这是按照数据的生命周期对数据架构中包括的内容进行定义和范围界定，同时可以按照数据在企业系统中所存储的容器和路径来进行定义及确定范围。

最为详细的数据架构设计文件是正式的企业数据模型，包含数据名称、数据属性和元数据定义、概念和逻辑实体、关系以及业务规则。物理数据模型也属于数据架构文件，但物理数据模型是数据建模和设计的产物，而不是数据架构的产物。

数据架构如果能够完全支持整个企业的需求，那才是最有价值的。企业数据架构是实现整个企业数据标准一致及数据整合的保证。

架构师设计的数据架构构件是元数据的重要组成部分。在理想情况下，数据架构构件应该在企业级元知识库中被集成存储和管理。

目前，正处于终端客户数字化的第三波浪潮中。第一波浪潮是银行和金融交易，第二波浪潮是各种数字服务交互，而物联网和远程信息处理推动了第三波浪潮。在第三波浪潮中，传统行业像汽车、医疗保健设备和工具等也正在进行数字化转型。

数字化转型几乎发生在每一个企业中。沃尔沃汽车为客户提供全天候24小时服务，他们提供的服务不仅包括解决车辆相关事宜，而且还包括为客户提供餐厅和商店定位服务。起重机、托盘装载机和麻醉设备等生产及供应企业也需要通过收集和传送运营数据来支撑其正常的运营服务，其业务模式从设备供应转变为按使用和可用性收取费用。他们中的许多企业，在基于数据提供服务的业务模式上几乎没有什么经验，因为在此之前这些服务都是由零售商或售后服务提供商负责的。

具有前瞻性的企业在设计新产品时，设计团体应该包括数据管理专业人员，因为现在新产品的设计需要以数据为基础，而数据通常涉及捕获数据的硬件、软件和服务以及依赖数据访问服务等。

一、业务驱动因素

数据架构的目标是在业务战略和技术实现之间建立起一座通畅的桥梁，数据架构是企业架构中的一部分，其主要职责为：

（1）利用新兴技术所带来的业务优势，从战略上帮助企业改变产品、服务和数据。

（2）将业务需求转换为数据和应用需求，以确保其能够为业务流程处理提供有效数据。

（3）管理复杂数据和信息，并传递至整个企业。

（4）确保业务和 IT 技术保持一致。

（5）为企业改革、转型和提高适应性提供支撑。

以上业务驱动的职责是评判数据架构任务完成情况或价值的重要指标，这些指标直接影响对数据架构工作好坏的评估。

数据架构师创建和维护企业相关数据及其系统的知识，可以使企业将数据作为资产进行管理，以及研究更多数据在业务应用、降低成本、风险防控等方面的场景，以提升企业在数据价值变现方面的能力。

二、数据架构成果和实施

数据架构的主要成果包括：①数据存储和处理需求；②设计满足企业当前和长期数据需求的结构和规划。

架构师寻求一种能够为企业带来价值的方式对企业的数据架构进行设计。这种价值主要通过合适的技术应用、有效运营、项目效率提升以及数据应用能力加强体现。为了实现该目标，要求企业具有良好的设计和计划以及确保设计和计划能够被执行的能力。

为了达到该目的，数据架构师需要定义和维护的具体事宜如下：定义企业中数据的当前状态，提供数据和组件的标准业务词汇，确保数据架构和企业战略及业务架构保持一致，描述企业数据战略需求，高阶数据整合概要设计，整合企业数据架构蓝图。

总体数据架构实施包括以下三点：

（1）使用数据架构构件来定义数据需求、指导数据整合、管控数据资产，确保数据项目投入与企业战略保持一致。

（2）与参与改进业务或 IT 系统开发的利益相关方合作，学习并影响他们。

（3）通过数据架构及通用的数据词汇，搭建企业数据语言。

三、基本概念

（一）企业架构类型

数据架构的设计及实施与其他架构紧密相关，企业架构包括业务架构、数据架构、应用架构和技术架构。该四类架构的具体描述和比较如表 4-1 所示。不同类型的架构师除了致力于自己所属的架构设计和实施工作外，还必须了解与其紧密关联的架构需求，因为每个架构都不是孤立存在的，要么对其他架构产生影响，要么受制于其他架构。

表 4-1　企业架构类型

类型	企业业务架构	企业数据架构	企业应用架构	企业技术架构
目的	识别企业如何为消费者和其他利益相关方创造价值	描述数据应该如何组织和管理	描述企业应用的结构和功能	描述能使系统发挥功能和传递价值的实体技术
元素	业务模型、流程、功能、服务、事件、策略、词汇	数据模型、数据定义、数据映射规范、数据流、结构化数据应用编程接口	业务系统、软件包、数据库	技术平台、网络、安全、整合工具
依赖项	制定其他架构的需求	管理业务架构创建和需要的数据	依据业务需求来处理指定的数据	承载并执行应用架构
角色	业务架构师和分析师、业务数据管理员	数据架构师、建模师、数据管理员	应用架构师	基础设施架构师

（二）企业架构框架

企业架构框架是用于开发广泛的相关架构的基础结构。架构框架提供了思考和理解架构的方式。他们代表了一个总体的"架构的架构"。

IEEE 计算机协会维护的企业架构框架标准是 ISO/IEC/IEEE 42010–2011，系统和软件工程 – 架构描述和对比表。常见框架和方法中包括作为架构之一的数据架构。

最著名的企业架构框架是由 John Zachman 在 20 世纪 80 年代开发的 Zachman 框架。这个框架处在不断演进的过程中。Zachman 意识到在建筑、飞机、企业、价值链、项目或系统中，有许多利益相关方，且各方对架构都持有一个不同的观点。因此，他就将此概念应用到一个企业的不同架构类型和层次需求中。

Zachman 框架是一个本体，即 6×6 矩阵构成了一组模型，这组模型可以完整地描述一个企业以及相互之间的关系（见图 4-1）。它并不定义如何创建模型，只是显示哪些模型应该存在。

矩阵框架的两个维度为：问询沟通在列中显示，重新定义转换在行中显示。框架分类按照单元格呈现。框架的每个单元格代表一个独特的设计组件。

	是什么	怎样做	在哪里	是谁	什么时间	为什么	
管理层	库存标识	过程识别	分发识别	责任认定	时间识别	动机识别	上下文范围
业务管理	库存定义	流程定义	分布定义	责任定义	时间定义	动机定义	业务概念
架构师	库存表示	过程表示	分布表示	责任表示	时间表示	动机表示	系统逻辑
工程师	库存规格	流程规范	分布规范	责任规范	时间规范	动机规范	实施部署
技术员	库存配置	流程配置	分发配置	责任配置	时间配置	动机配置	工具组件
操作员	库存实例	流程实例	分发实例	责任实例	时间实例	动机实例	操作实例
	库存集	过程流	分销网络	责任分配	时间周期	动机的意图	

图 4-1　简化的 Zachman 框架

在问询沟通时，可以询问关于任何一个实体的基本问题，将其转换成企业架构，每个列可以按照如下理解：

（1）是什么。目录列，表示构建架构的实体。

（2）怎样做。流程列，表示执行的活动。

（3）在哪里。分布列，表示业务位置和技术位置。

（4）是谁。职责列，表示角色和企业。

（5）什么时间。时间列，表示间隔、事件、周期和时间表。

（6）为什么。动机列，表示目标、策略和手段。

重新定义转换是将抽象的概念转变为具体实例的必经步骤。矩阵中的每一行代表不同的角色，具体的角色包括规划者、所有者、设计师、建造者、实施者和用户。每个角色对整个过程和不同问题的解决均持有不同的视角。这些不同的视角对应的内容在每行中显示。例如，每个视角与"什么"列均有交叉，说明相互之间具有不同关联关系。具体说明如下：

（1）高管视角。定义不同模型范围的业务元素目录。

（2）业务管理视角。明确管理层在定义的业务模型中，所涉及的不同业务概念之间的关系。

（3）架构师视角。作为模型设计的架构师细化系统需求，设计系统逻辑模型。

（4）工程师视角。作为具体模型建造者的工程师，在特定技术、人员、成本和时间限制内，优化和实施为具体应用设计的物理模型。

（5）技术人员视角。采用特定技术、脱离上下文语境的视角，解释配置模型的技术人员如何使用、组装和实施配置组件。

（6）用户视角。参与人员所使用的实际功能实例。该视角没有模型。

如前面提到的，Zachman框架的每个单元格代表设计组件的独特类型，在行列的交叉中进行定义。每个组件代表每个具体视角如何回答具体问题。

（三）企业数据架构

数据架构定义了对企业非常重要元素的标准术语和设计。企业数据架构的设计中包括业务数据描述，如数据的收集、存储、整合、移动和分布。

当数据在企业中通过源或接口流动时，需要安全、集成、存储、记录、分类、共享的报表和分析，最终交付给利益相关方使用。在这个过程中，数据可能会被验证、增强、链接、认证、整合、脱敏处理以及用于分析，直到数据被归档或清除。因此，企业数据架构描述必须包括企业数据模型和数据流设计。关于这两个方面的具体定义如下：

（1）企业数据模型。企业数据模型是一个整体的、企业级的、独立实施的概念或逻辑数据模型，为企业提供通用的、一致的数据视图。通常用于表示高层级简化的数据模型，也表示了不同抽象层级。企业数据模型包括数据实体、数据实体间关系、关键业务规则和一些关键属性，它为所有数据和数据相关的项目奠定了基础。任何项目级的数据模型必须基于企业数据模型设计。企业数据模型应该由利益相关方审核，以便它能一致有效地代表企业。

（2）数据流设计。定义数据库、应用、平台和网络之间的需求和主蓝图。这些数据流展示了数据在业务流程、不同存储位置、业务角色和技术组件间的流动。

这两种模型需要互相配合。如前面所提到的，两个模型都需要反映当前状态和目标状态及过渡状态。

1. 企业数据模型

有些企业将企业数据模型创建为单独的构件，还有些企业认为，数据模型是由不同角度和不同层级的细节组成的，这些细节一致地描述了企业对企业内数据实体、数据属性和它们之间关系的理解。企业数据模型包括通用的和特定于应用或具体项目的数据模型及其定义、规范、映射和业务规则。

采用行业标准模型能够加快开发企业数据模型的效率。这些模型提供了有用的指南和参考。然而，即使企业已经开始着手购买数据模型，但设计企业级的数据模型仍需要大量的投资。其工作包括定义和管理企业词汇、业务规则和企业知识。企业级数据模型设计、开发完成后，后继维护和丰富企业数据模型仍然需要投入持续的时间和精力。

需要设计企业数据模型的企业，决定构建及维护企业数据模型需要投入多少时间和精力。通过企业数据模型可以构建不同的层级，资源的可用性将影响其构建范围。随着时间的推移，企业需求会发生变化，随之带来的是企业数据模型中的范围和各层级中的内容通常会扩张。大多数成功的企业数据模型会利用不同层级增量和迭代的方式构建。

图 4-2 显示了不同的模型是如何关联的，以及概念模型如何最终与物理应用数据模型关联。其明显特征是：

（1）企业主题域的概念概述。

（2）各主题域的实体和关系概述。

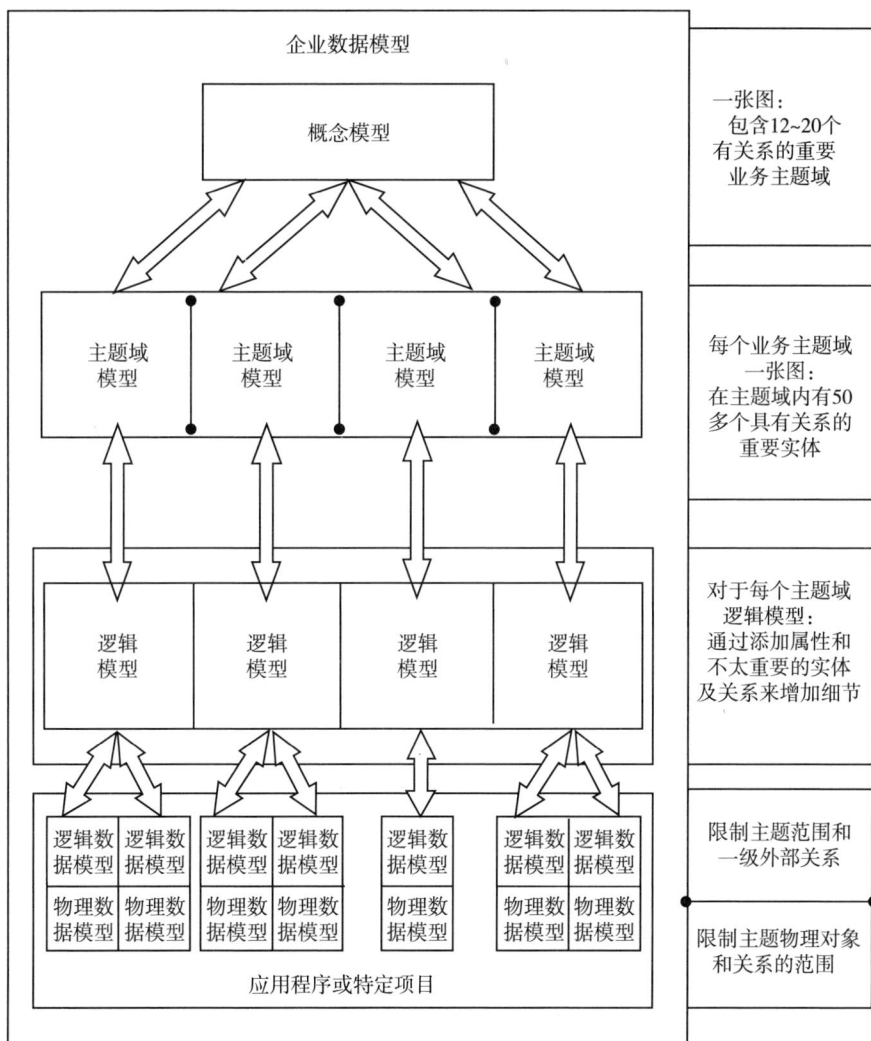

图 4-2 企业数据模型

（3）归属于同一主题域的详细逻辑概述。

（4）具体到应用或项目的逻辑和物理模型。

各层级的模型是企业数据模型的组成部分，模型链接定义和管理模型的纵向以及横向之间的关联路径。

（1）纵向。不同层级模型之间的映射。例如，项目的物理模型中定义"移动设备"存储的数据表 / 数据文件，可以和项目的逻辑模型中的移动设备实体对应，可以和企业逻辑模型中的产品主题域中的移动设备实体、产品主题域模型中的概念实体以及企业概念模型中的产品实体相关联。

（2）横向。同一个实体和关系可能出现在同一层级的多个模型中。位于一个主题域中的逻辑模型中的实体可以和其他主题域中的实体相关联，在模型图中标记为其他主题域的外键。例如，一个产品的部分实体可以出现在产品主题域模型中，也可以以外部关联的形式出现在销售订单、库存和营销主题域中。

通过使用数据建模技术可以开发企业数据模型。

包含三个主题域的模型如图 4-3 所示，每个主题域中包含一个概念数据

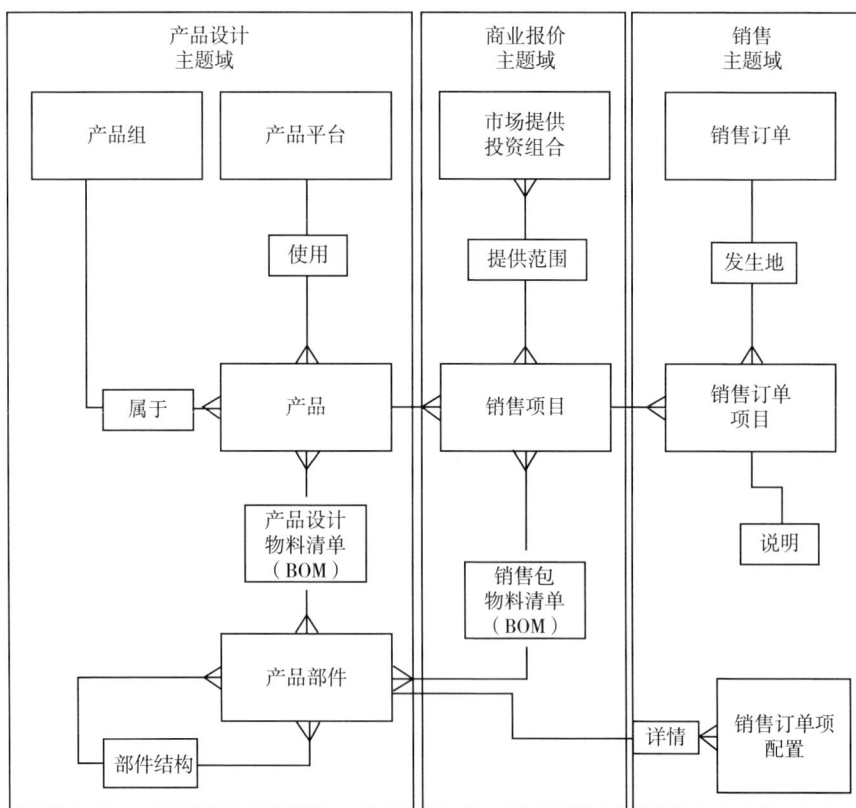

图 4-3　主题域模型图

模型和一套实体。横向实体间的关联可以超出主题域边界；每个企业数据模型中的实体应该仅属于一个主题域，但可以和任何其他主题域相关联。

因此，企业概念数据模型是由主题域模型相结合构建的。每个企业数据模型既可以采用自上而下，也可以采用自下而上的方法进行构建。自上而下是从主题域开始，先设计主题，再逐步设计下层模型。而采用自下而上的方法时，主题域结构则基于现有逻辑数据模型向上提炼抽象而成。通常推荐两种方法相结合，即自下而上地从分析现有模型开始，自上而下地设计主题模型，通过两种方法的结合来共同完成企业数据模型的设计工作。

主题域的识别准则必须在整个企业模型中保持一致。常用的主题域识别准则包括：使用规范化规则；从系统组合中分离主题域，基于顶级流程或者基于业务能力从数据治理结构和数据所有权中形成主题域；如果主题域结构是使用规范化规则形成的，那么它对于数据架构工作通常是最有效的。规范化过程将建立承载/构成每个主题域的主要实体。

2. 数据流设计

数据流是一种记录数据血缘的数据加工过程，用于描述数据如何在业务流程和系统中流动。端到端的数据流包含了数据起源于哪里，在哪里存储和使用，在不同流程和系统内或之间如何转化。数据血缘分析有助于解释数据流中某一点上的数据状态。

数据流映射记录了数据与以下内容的联系：

（1）业务流程中的应用。

（2）某个环境中的数据存储或数据库。

（3）网段。

（4）业务角色。

（5）出现局部差异的位置。

数据流可以用于描述不同层级模型的映射关系：主题域、业务实体，乃至属性层面的映射关系。系统可以通过网络、平台、常用应用集或独立服务器呈现。数据流可以通过二维矩阵或数据流图的方式呈现。

通过矩阵可以清晰地展现创建和使用数据的过程。采用矩阵方法显示数据需求的优势是可以清晰看出数据不是只在一个方向上流动。在复杂数据使用场景中，数据交换是多对多的，并会在多种地方出现，而且通过矩阵方法可以明确流程中的数据获取职责及数据依赖关系，反过来也可以促进流程的制定。将流程轴转变为系统能力，对业务熟悉的人便可以很容易上手使用。在企业模型中构建这些矩阵是一个长期的过程。IBM 在其业务系统规划方法中介绍了这种做法。20 世纪 80 年代，James Martin 在他的信息系统规划方法中推广了这种方法。

第二节　中小企业数据架构构建对策与实施

简化数据和企业架构所面临的复杂问题，主要基于以下两种方式解决：

一是面向质量。专注于业务和 IT 开发周期内对数据架构进行不断改进。如果架构没有得到妥善管理，也会慢慢遭到破坏，系统逐渐变得越来越复杂和缺乏扩展性，因而给企业带来风险。对数据整合、数据复制以及"意大利面"式接口关系无法控制，这会使企业效率越来越低，并降低数据的真实性。

二是面向创新。专注于业务和 IT 转换，致力于新的期待和机会。用创新性技术和数据驱动创新，已经成为现代企业架构的一种功能。

运用这两种方法有不同的方法论。面向质量的方法与传统的数据架构工作保持一致，其中架构质量改进是逐步完成的。架构任务被分解到项目中，由架构师参与或由委托项目执行。通常，架构师需要掌握整体架构，将治理、标准化、架构发展作为长期目标进行持续投入。面向创新的方法通常不用面面俱到地考虑，可以应用未经广泛验证的业务逻辑和前沿技术。该方法通常要求架构师与企业中那些缺少互动的 IT 专家进行联系。

一、建立企业数据架构

在理想情况下，数据架构应该是企业架构的组成部分。但如果没有企业架构，也依然可以构建数据构架团队。在这种情况下，企业应该设计有助于明确目标和驱动数据架构的框架。该框架将对数据架构实施路线图中的方法、范围和工作优先级产生影响。

选择适用于业务类型的框架。框架中的视图和分类必须利于不同利益相关方的沟通。这对于数据架构实施计划尤为重要，因为数据架构框架致力于业务和系统术语。数据架构与业务架构有非常密切的联系。

建立企业数据架构通常包括以下工作，这些工作可以串行或并行执行。

（1）战略：选择框架，制定方法，开发路线图。

（2）沟通与文化：建立沟通机制，并激励积极参与者。

（3）企业：通过明确责任和职责来组织数据框架工作。

（4）工作方法：与企业架构保持一致，在开发项目中定义最佳实践，并执行数据架构工作。

（5）结果：在总体路线图中产出数据架构产品。

企业数据架构也会影响项目和系统开发的范围边界，包括以下几个方面：

（1）定义项目数据需求：通过数据架构为企业提供每个项目的数据需求。

（2）审评项目数据设计：通过设计审评来确保概念、逻辑和物理数据模型与架构的一致，与企业的长期策略一致。

（3）确定数据溯源影响：确保数据流在应用中的业务规则一致并且可追溯。

（4）数据复制控制：复制是一种常见的、能够改善应用性能和便于获取数据的方法，但也有可能导致数据的不一致性。数据架构治理能保证充分的复制控制以达到所需的一致性。

（5）实施数据架构标准。为企业数据架构生命周期制定和实施标准。标准可以表示为原则、流程、指南和规划蓝图。

（6）指导数据技术和更新决策。数据架构与企业架构一起管理每个应用的数据技术版本、补丁和数据技术路线图策略。

（一）现有数据架构规范评估

每个企业都保存着现有系统的一系列文档。为了了解当前数据架构，需要识别这些文件，并评估其准确性、完整性和详细程度。如果必要，还需要更新这些文件，以使其真实反映系统的当前状态。

（二）开发路线图

如果一个企业是从零开始开发的，那么最佳的体系结构将仅仅基于运行该企业所需的数据，优先级将由业务战略确定，决策可以不受过去的阻碍。很少有企业处于这种状态。即使在理想的情况下，数据依赖关系也会迅速出现并需要进行管理。路线图提供了一种管理这些依赖性并做出前瞻性决策的方法。路线图有助于企业权衡并制订夯实的项目计划，使其与业务需求和机会、外部需求、可用资源保持一致。

企业数据架构路线图描述了架构 3～5 年的发展路径。考虑到实际情况和技术评估，路线图和业务需求共同将目标架构变为现实。企业数据架构路线图必须与企业架构路线图相整合，企业架构路线图包括高层次里程碑事件、所需资源、成本评估、业务能力工作流划分。路线图应以数据管理成熟度评估为指导。

多数业务能力都需要数据输入，有些业务能力还可以生成其他业务能力依赖的数据。在业务能力之间的依赖链上，解析这些数据能够形成一致的企业架构和企业数据架构。

业务数据驱动路线图可以从最独立的业务能力开始，再处理相互依赖程度较高的业务能力。按照顺序处理每个业务能力，需要遵循整体业务数据生成顺序。业务能力数据依赖链的例子如图 4-4 所示，顶部模块依赖最底部模块。产品管理和客户管理不依赖任何模块，因此属于主数据。依赖度最高的模块位于底部，客户发票管理依赖客户管理和销售订单管理，而销售订单管理也依赖另外两个管理模块。

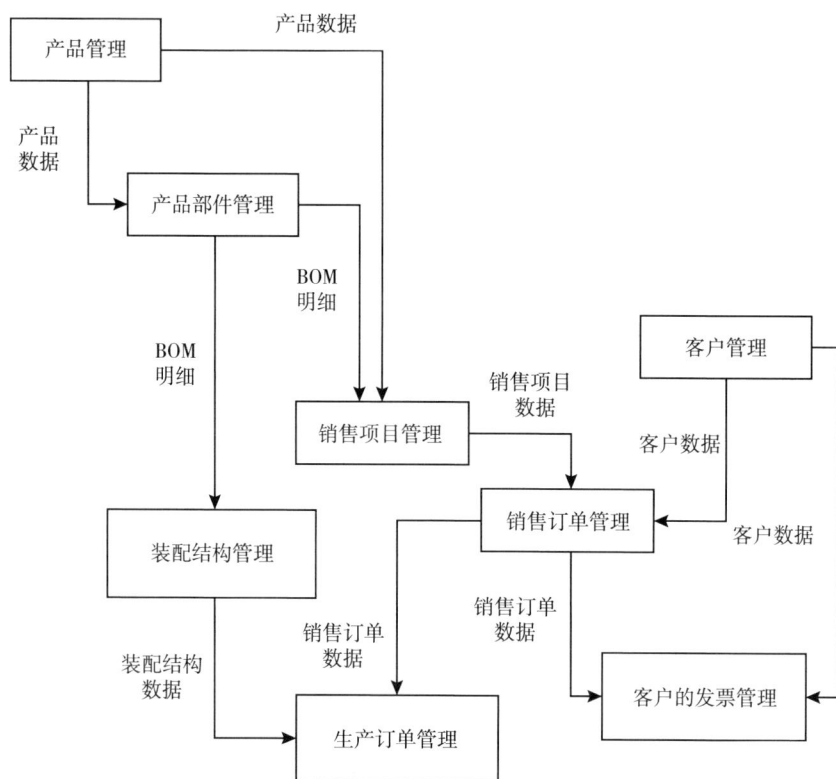

图 4-4　业务能力的数据依赖

因此，在理想中，建议从产品管理和客户管理能力开始路线图，然后从上到下解决每一步依赖关系。

（三）在项目中管理企业需求

架构不应该受开发时间的限制。利用数据模型及其有关规范描述的企业数据架构必须足够灵活，并能适应未来需求。构建架构层级的数据模型不仅应有企业全局观，而且有能够让企业内部完全清楚理解的定义。

对获取、存储、分发数据的开发项目实施解决方案，需要以业务需求和企业数据架构的标准为基础。这个过程需要逐步完成。

在项目级别上，通过数据模型定义需求的过程是从审查业务需求开始的。通常，这些需求是特定于项目目标的，不会对企业产生影响。该过程还包括开发术语定义和支持数据使用的其他活动。

重要的是，数据架构师必须能够理解需求与其他整体架构的关系。当项目范围完成时，数据架构师应该做出以下决定：

（1）规范中所描述实体是否符合标准。

（2）在需求中，哪些实体应该被包括在整体企业数据架构中。

（3）规范中的实体和定义是否需要扩大或加深以满足将来的趋势。

（4）是否更新了数据架构或者是否向开发人员指出了哪些可以重用。

企业经常要等到项目需要重新设计数据存储和集成的时候，才解决数据架构问题。因此，最好在规划的早期和整个项目生命周期中考虑这些因素。

企业数据架构项目相关的活动包括：

（1）定义范围。保证范围和接口与企业数据模型一致。理解项目对整体企业数据架构的潜在贡献、项目的建模和设计、哪些现有组件应该或能够被重用。在需要设计的部分，应该确定项目范围外的利益相关方的依赖性，如下游流程。确定项目共享或重要的数据构件，把它们整合到企业逻辑数据模型和指定的存储库中。

（2）理解业务需求。获取数据相关的需求，如实体、资源、可用性、质量和痛点，同时评估满足这些需求的业务价值。

（3）设计。形成详细的目标规范，包括数据生命周期内的业务规则、验证结果的有效性、需要提供的时间、提升模型的扩展性和改进标准模型等。企业逻辑数据模型和企业架构知识库可用于项目数据架构师查询，为企业内数据结构共享提供很好的支撑。同时，审核和使用数据技术标准。

（4）实施。①什么时候购买。可以考虑购买支持逆向工程的软件、逆向数据库中的数据模型，对比项目建设期提供的设计文档或模型，识别并记录数据模型、定义、规则等方面的差异和不同。在理想情况下，供应商应提供其产品的数据模型，然而考虑到优先事项，许多产品中并不提供数据模型。如果可能，尽量与供应商协商，让他们提供深度定义的数据模型。②什么时候重用数据。通过建立应用数据模型与通用数据结构、现有流程和新流程之间的对比映射关系，来理解 CRUD 操作。强制使用管理该结果的系统记录或其他权威数据，以便识别和存储差异。③什么时候构建。根据数据结构进行数据存储；根据标准或设计并评审通过的规范进行集成。

项目中的企业数据架构角色依赖软件开发过程。因采用的方法不同，将架构活动嵌入到项目中的过程也不同，具体采用的方式有以下三种：

（1）瀑布方式。作为整个企业设计的一部分，在连续阶段中理解需求和构建系统。这种方法包括设计用于控制变化的关口。按照这种方式开展数据架构活动通常没有太多问题，但需确保能够从企业视角设计架构和考虑问题，以避免局限性。

（2）迭代方式。逐步学习和构建。这种方式适合总体需求模糊的原型。这种方式在启动阶段至关重要，最好是早期迭代中创建一个全面的数据设计。

（3）敏捷方式。这种方式是指在离散的交付包中学习，构建并测试。离散的交付包很小，如需要丢弃，也不会损失太多。敏捷模型能提高目标导向的模型，强调用户界面设计、软件设计和系统行为，可以使用数据模型、数据捕获、数据存储和数据分布规范完成这些方法。当程序员和数据架构师有很强的工作联系，并且他们的标准和指南兼容时，可以采用 DevOps 方法。DevOps 是一种新兴且流行的敏捷方法，它可以帮助改进数据设计，并使得数据设计的选择更有效。

二、整合其他企业架构

从主题域层级到更细化的层面，每个层面都需要建立与其他类型架构的联系。开发企业数据架构规范的工作通常是在某些项目中一并进行的，这些项目决定了架构工作的优先级。然而，企业范围的架构问题应该及早解决。事实上，数据架构可能会影响项目的范围。因此，最好把企业数据架构问题和项目组合管理进行整合。这样做能促进路线图的实施，有助于获得更好的项目效果。

同样，企业数据架构师的工作应被包含在企业应用开发和整合计划中，同时将数据架构视图应用于目标应用场景以及该场景的路线图中。

三、工具和方法

（一）工具

1. 数据建模工具

在管理所有层级数据模型的过程中，数据模型工具和模型库是非常必需的。市场上，很多数据模型工具有数据血缘和关系跟踪功能，这便于架构师管理为了不同目的及在不同抽象层级中创建的数据模型。

2. 资产管理软件

资产管理软件用于管理数据资源目录，描述其内容以及跟踪它们之间的关系。另外，利用这些工具可以确保企业遵循软件许可相关的合同义务，并收集资产相关的数据，最小化成本，优化 IT 流程。由于通过数据资产管理软件盘点了 IT 资产，所以这些工具收集并包含了关于系统及相关数据的元数据。在创建数据流或研究当前状态时，这些元数据非常有用。

3. 图形设计应用

图形设计应用可以用于创建架构设计图形、数据流、数据价值链和其他架构构件。

（二）方法

1. 生命周期预测

架构设计可以是针对当前的，也可以是面向未来的，还可以是已实施并完成的，甚至是准备退役的产品。无论哪种情况，其工作成果都应该存档管理。

（1）当前的。当前支持和使用的产品。

（2）部署周期的。未来 1～2 年内部署使用的产品。

（3）策略周期的。未来两年后期待使用的产品。

（4）退役的。一年内，企业已经停止使用或打算停止使用的产品。

（5）优先的。被多数应用优先使用的产品。

（6）限制的。在一定应用中限制使用的产品。

（7）新兴的。为将来可能的部署研究和试行的产品。

（8）审核的。已经评估的产品，但评估结果目前不能用于以上状态的产品。

2. 图标使用规范

运用模型和图标呈现信息是指以已定义好的且达成共识的一套图标来表达待说明内容的一种方式。该方式是通过使用图标实现视觉转换，以达到提高可读性和便于理解的目的。对图标的使用必须保持一致，如果使用不当，会给读者造成误解或者曲解，那么就可能会适得其反。对图标的使用需要遵从"干扰最小化、有用信息最大化"的原则。具体使用规范如下所示：

（1）清晰一致的说明。应该清晰标识并说明所有对象和线条及图标所代表的内容。在所有图标中，应该在统一的位置描述说明。

（2）所有图标对象与说明相匹配。在使用的说明模板中，并不是所有的说明对象都会在图标中出现，但所有的图标对象都应该有与之相匹配的说明。

（3）清晰一致的线条方向。所有线条的流向都应该从某一侧或角开始，尽可能流向对侧或对角。有可能会出现循环，但仍然要确保回流和循环的线条方向清楚可见。

（4）一致的交叉线显示方法。要清楚交叉点并非连接点，在无法避免交叉的情况下允许线交叉；对同一个方向上的所有线使用跨线；不要将线与线直接连接；尽可能减少线交叉现象出现的次数。

（5）一致的对象属性。对任何大小、颜色、线条粗细等不同的图标均要求表示不同的内容，否则会因此增加读者的理解难度，容易造成混淆。

（6）线性对称。行和列排放整齐的图标比随机摆放的图标易读性更好，更容易理解。虽然几乎不可能使所有对象都能够保持一致并实现行和列排放整齐，但至少在某一个方向上排列整齐，这将在很大程度上提高图标的可读性。

四、实施指南

如简介所述，数据架构包括构件、活动和行为。因此，实施企业数据架构主要包含的工作内容是：建立企业数据架构团队和举办问题讨论会；生成数据架构构件的初始版本；在开发项目中，形成和建立数据架构工作方式；提高企业对数据架构工作价值的认识。

数据架构实施应该至少包括其中两项工作内容，因为这样可以实现互补，以获得相对较好的效果。所选择的两项工作内容最好可以串行进行，如因各种原因选择两项工作内容存在困难，则至少通过并行方式确保其实施活动。实施可以从部分企业中开始，或从某些数据域中开始，如产品数据或消费者数据。认知和工作方式成熟以后，可以逐步扩大实施范围。

在开发模型中获取数据模型和其他数据架构构件，然后被数据架构师标准化和管理。因此，数据架构工作在第一个项目中的投入相对比较大，但在此过程中形成的构件可以被后继项目重复使用，因而后继项目投入就会减少。这些早期的项目应该用特殊的架构资金来实施。

企业数据架构师要与其他业务和技术架构师合作，架构师的共同目标是提高企业的有效性和灵活性。企业整体架构的业务驱动策略也会明显影响企业数据架构实施决策。

在以解决问题为导向的文化中，当使用新兴技术创新时，建议企业数据架构考虑敏捷的实施方法。这就要求包括一个主题的全层级模型在敏捷实施的冲刺过程中被详细设计。因此，企业数据架构是一个逐步演变的过程。然而，对这种灵活的方法需要数据架构师尽早参与到开发活动中，因为在技术创新的文化中，它们演变得特别快。

对企业设计架构的质量驱动需求要求在规划项目时，强制将数据架构工作内容纳入企业所有项目的开发计划中。通常，从非常需要改进的主数据域开始建立企业数据架构，一旦被接受，就扩展到包括面向业务事件的数据中。这是传统的实现方法，企业数据架构师生成蓝图和模板，以便在整个系统环境中使用，并使用各种治理方法确保落地和遵守。

（一）就绪评估和风险评估

架构类项目可能相比其他项目，特别是在企业中第一次尝试时，容易暴露出更多的风险。最明显的风险有以下几种：

1. 缺少管理层支持

在计划的项目执行过程中，任何企业都可能影响架构流程。例如，新做决定的人可能对流程产生疑问，试图撤出参与数据架构工作的相关人员。管理层的支持是数据架构流程在企业重组过程中被应用的关键所在。因此，确保在数据架构开发过程中多寻求一些能够理解数据架构并愿意支持的高层管理人员，这是数据架构成败的关键。

2. 成功与否缺乏证据

高层支持对于这项工作的成功至关重要，因为他或她的信任对成功执行数据架构功能非常重要。执行最重要的步骤时，须寻求资深架构师的帮助。

3. 缺乏管理者的信任

如果高层要求所有沟通都需要经过他们允许，则可能暗示这些人不确定他们的角色，可能只对除了数据架构流程目标之外的东西感兴趣或不信任数据架构师的能力。不管哪种原因，高层必须允许项目经理和数据架构师在项目中发挥主导作用。争取获得高层信任，并在工作中保持独立。

4. 管理层不正确的决策

可能有一种情况，尽管管理层能够理解数据架构的价值，但却不知道如何实现它。因此，他们可能会做出与架构师工作相反的决定。这不是说管理不当，而是提示数据架构师需要经常与管理层进行沟通。

5. 文化冲击

数据架构工作文化将影响企业中的人。试着想象一下，对于员工来说，改变他们在企业中的行为是多么容易或困难。

6. 缺乏有经验的项目经理

确保项目经理具有企业数据架构经验，特别是项目具有非常重要的数据组件时。如果不是这样，应鼓励高层更换或培养项目经理。

7. 单一维度视角

有时业务应用的所有者可能会决定他们对整个企业级数据架构的看法，从而牺牲一个更平衡、更包容的观点。

（二）企业和文化

企业架构实施的速度依赖于适应文化的程度。设计工作中要求架构师与企业中的开发者和其他有创意的思想者进行合作。这些人往往习惯按照自己的工作方式工作，他们有可能欣然接受，也有可能抵制为适应规范的数据架构原则和工具而需要做出的改变。

以产出为导向，战略一致的企业能更好地适应架构实施。这些企业通常以目标为导向，能意识到客户和合作方的挑战，而且能根据共同目标确定优先级。

　　一个企业接受并实施数据架构的能力依赖于以下几个方面：

（1）对架构方法的接受度。

（2）确认数据属于企业的业务资产，而不仅仅是 IT 的任务。

（3）放弃局部数据视角，接受企业级数据视角的能力。

（4）将架构交付成果整合到项目实施中的能力。

（5）规范数据治理的接受程度。

（6）立足企业全局，而不仅仅局限于项目交付成果和 IT 解决问题的能力。

五、数据架构治理

　　数据架构活动能直接支持数据模型不同层级的映射管理及控制数据。数据架构师通常充当数据治理活动的业务联络人。因此，企业数据架构和数据治理企业必须保持一致。在理想情况下，数据架构师和数据管理员对每个主题域，甚至每个主题域的实体都保持一致。而且，数据监督应该与流程监督保持一致。业务事件主题域应该与流程监督保持一致，因为每个事件实体通常与业务流程相对应。

（一）数据架构治理活动

　　项目监督。这包括确保项目符合所需的数据架构活动、使用和提高架构资产，且必须根据架构标准实施。

　　管理架构设计、生命周期和工具。必须对架构设计进行定义、评估和维护。数据架构是企业长期整合规划的"分区规划"之一。数据架构的未来状态不仅影响项目目标，而且影响项目在项目群中的优先级。

　　定义标准。制定数据在企业内如何使用的规则、指南和规范。

　　创建数据相关构件。支持治理规范的构件。

（二）度量指标

　　企业数据架构衡量指标反映了架构目标：架构接受度、实施趋势、业务价值。数据架构衡量工作通常作为项目总体业务客户满意度的一部分，每年开展一次。

　　1. 架构标准接受率

　　可以测量项目数据与已建立的数据架构的紧密程度及项目与企业架构参与流程的遵循度。追踪项目预期的衡量指标也有助于理解和采纳执行过程中出现的问题及解决方法。

　　2. 实施趋势

　　企业实施项目能力的程度，至少沿两个方向进行改善：①使用 / 重用 / 代替 / 废弃测量，决定使用新架构构件与重用、代替或废弃构件的比例；

②项目执行效率测量，测量项目的交付时间和可重用构件及指导构件的交付改进成本。

3. 业务价值度量指标

追踪向期待的业务效果和利益方向的发展过程：

（1）业务敏捷性改进。解释生命周期改进或改变的好处，改进延误成本的测量方法。

（2）业务质量。测量业务案例是否按期完成；基于新创建或集成的数据导致业务发生的改变，测量项目是否实际交付了这些变更。

（3）业务操作质量。测量改进效率的方法。实例包括准确性改进、时间减少，由于数据错误而导致的纠错费。

（4）业务环境改进。实例包括由于数据错误减少而改变的客户保留率和在递交报告中当局评论的减少率。

第五章　中小企业数据安全

第一节　概　述

数据安全包括安全策略和过程的规划、建立与执行，为数据和信息资产提供正确的身份验证、授权、访问和审计。虽然数据安全的详细情况因行业和国家有所不同，但数据安全实践的目标是相同的，即根据隐私和保密法规、合同协议和业务要求来保护信息资产。这些要求来自以下几个方面：

一是利益相关方。应识别利益相关方的隐私和保密需求，包括客户、病人、学生、公民、供应商或商业伙伴等。企业中的每个人必须是对利益相关方数据负有责任的受托人。

二是政府法规。政府法规制定的出发点是保护利益相关方的利益。政府法规目标各有不同，有些规定是限制信息访问的，而另一些是确保公开、透明和问责的。

三是特定业务关注点。每个企业的专有数据都需要保护。这些数据运用得当，企业就可以获得竞争优势。若保密数据遭窃取或破坏，则企业就会失去竞争优势。

四是合法访问需求。企业在保护数据安全的同时，还须启用合法访问。业务流程要求不同角色的人能够访问、使用和维护不同的数据。

五是合同义务。合同和保密协议对数据安全要求也有影响。例如，PCI标准是信用卡公司和某个商业企业之间的协议，需要以规定方式保护某些类型的数据。

有效的数据安全策略和过程，可以确保合法用户能以正确的方式使用和更新数据，并且限制所有不适当的访问和更新。了解并遵守所有利益相关方隐私、保密需求，符合每个企业的最高利益。客户、供应商和各相关方都信任并依赖数据的可靠使用。数据安全需求的来源语境关系如图 5-1 所示。

一、业务驱动因素

降低风险和促进业务增长是数据安全活动的主要驱动因素。确保企业数据安全，可降低风险并增加竞争优势。安全本身就是宝贵的资产。

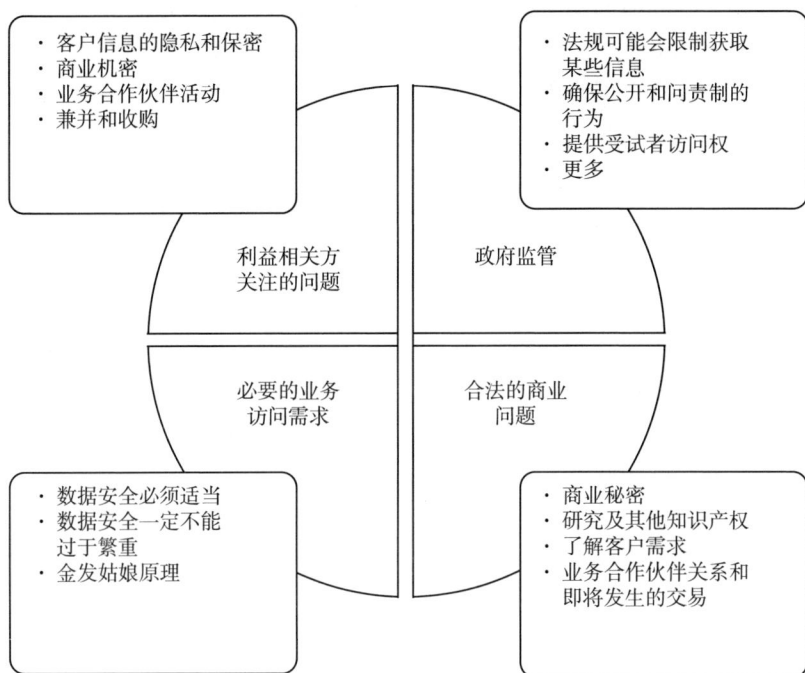

图 5-1　语境关系图：数据安全需求的来源

数据安全风险与法规遵从性、企业和股东的信托责任、声誉以及员工保护、业务合作伙伴、客户隐私、敏感信息的法律、道德责任等有关。企业可能因不遵守法规和合同义务而被罚款，而数据泄露会导致声誉和客户信心的丧失。

业务增长包括实现并维持运营业务目标。数据安全问题、违规以及对员工访问数据不合理的限制会对成功运营造成直接影响。

如果将降低风险和发展业务的目标整合到一个连贯的信息管理和保护战略中，那么这些目标可以是互补和相互支持的。

（一）降低风险

随着数据法规的增多，合规性要求随之增加。安全部门通常不仅负责管理 IT 合规性要求，还负责管理整个企业的策略、实践、数据分类分级和访问授权规则。

与数据管理的其他职责类似，数据安全最好在企业级层面开展。如果缺乏协同努力，业务单元各自寻找安全需求解决方案，那么将会导致总成本的增加，同时可能由于不一致的保护措施而降低安全性。无效的安全体系结构或流程可能会导致企业产生违规成本并降低工作效率。一个在整个企业中得到适当资金支持、面向系统并保持一致的运营安全策略将降低这些风险。

信息安全管理首先对企业数据进行分类分级，以便识别需要保护的数据。整个流程包括以下步骤：

（1）识别敏感数据资产并分类分级。有一些数据资产和敏感数据需要根据所属行业和企业类型等进行分类分级。

（2）在企业中查找敏感数据。这取决于数据存储的位置，其安全要求可能有所不同。大量敏感数据存储在单一位置，如果这个位置遭到破坏，那么将会带来极高的风险。

（3）确定保护每项资产的方法。根据数据内容和技术类型不同，确保采取针对性的安全措施。

（4）识别信息与业务流程如何交互。需要对业务流程进行分析，以确定在什么条件下允许访问哪些数据。

除了对数据本身进行分类分级外，还需对外部威胁和内部风险进行评估。许多数据的丢失或暴露是由于员工对高度敏感的信息缺乏认识或者绕过安全策略视而不见造成的。网络服务器中的客户销售数据被黑、员工数据库下载至承包商笔记本式计算机中后被盗、商业机密未加密保留在高管的计算机中后丢失，所有这些现象都是由于缺少或未强制实施安全控制造成的。

近年来，安全漏洞的负面影响对知名品牌造成了巨大经济损失和客户信任度的下降。来自犯罪黑客团体的外部威胁变得越来越复杂和有针对性，外部威胁和内部风险造成的损失也在逐年增加。在一个几乎全电子化商业基础设施的世界中，值得信赖的信息系统已成为一种商业优势。

（二）业务增长

在全球范围内，电子技术在办公室、市场和家庭中无处不在。台式机和笔记本式计算机、智能手机、平板计算机和其他设备是大多数商业和政府运营的重要组成部分。电子商务的爆炸式增长改变了商品和服务的提供方式。在个人生活中，人们已经习惯了与商品供应商、医疗机构、公共事业部门、政府办公室和金融机构开展线上业务。值得信赖的电子商务推动利润和业务的增长。产品和服务质量与信息安全有着相当直接的关系：强大的信息安全能够推动交易进行并建立客户的信心。

（三）安全性作为资产

元数据是管理敏感数据的方法之一。可以在数据元素和集合级别标记信息分类及合规敏感度。利用数据标记技术，可以使元数据跟随信息一起在企业内部流动。开发一个包含数据特征的主存储库意味着企业的所有部门都可准确了解敏感信息所需的保护级别。

如果实施了通用标准，那么这种方法就允许多个部门，包括业务部门和供应商之间使用相同的元数据。标准安全的元数据可用于优化数据保护，指导业务开展和技术支持流程，从而降低成本。这一层信息安全有助于防止对数据资产未经授权的访问和滥用。当敏感数据被正确识别出来时，企业就可以与客户和合作伙伴建立信任。与安全相关的元数据本身就成为一种战略资产，可以提高交易、报告和业务分析的质量，同时降低由于保护成本和丢失或被盗信息而导致的相关风险。

二、目标和原则

（一）目标

数据安全活动目标，包括以下几个方面：

（1）支持适当访问并防止对企业数据资产的不当访问。

（2）支持对隐私、保护和保密制度、法规的遵从。

（3）确保满足利益相关方对隐私和保密的要求。

（二）原则

企业数据安全遵循以下指导原则：

（1）协同合作。数据安全是一项需要协同的工作，涉及 IT 安全管理员、数据管理专员 / 数据治理、内部和外部审计团队以及法律部门。

（2）企业统筹。运用数据安全标准和策略时，必须保证企业的一致性。

（3）主动管理。数据安全管理的成功取决于主动性和动态性、所有利益相关方的关注、管理变更以及克服企业或文化瓶颈，如信息安全、信息技术、数据管理以及业务利益相关方之间的传统职责分离。

（4）明确责任。必须明确界定角色和职责，包括跨企业和角色的数据"监管链"。

（5）元数据驱动。数据安全分类分级是数据定义的重要组成部分。

（6）减少接触以降低风险。最大限度地减少敏感 / 机密数据的扩散，尤其是在非生产环境中。

三、基本概念

信息安全领域有一些特定的术语，了解这些关键术语有助于清楚阐明治理要求。

（一）脆弱性

脆弱性是系统中容易遭受攻击的弱点或缺陷，本质上是企业防御中的漏洞。某些脆弱性称为漏洞敞口。例如，存在过期安全补丁的网络计算机、不受可靠密码保护的网页、来自未知发件人的电子邮件附件的用户，不受技术命令保护的公司软件。

在许多情况下，非生产环境比生产环境更容易受到威胁。因此，将生产数据控制在生产环境之内至关重要。

（二）威胁

威胁是一种可能对企业采取的潜在进攻行动。威胁包括发送到企业感染病毒的电子邮件附件、使网络服务器不堪重负以致无法执行业务的进程，以及对已知漏洞的利用等。

威胁可以是内部的，也可以是外部的。它们并不总是恶意的。一个穿制服的内部人员可以在不知情的情况下对企业采取攻击性行动。威胁可能与特定的漏洞有关，因此可以优先考虑对这些漏洞进行补救。对每种威胁，都应该有一种相应的抵御能力，以防止或限制威胁可能造成的损害。存在威胁的地方也称为攻击面。

（三）风险

风险既指损失的可能性，也指构成潜在损失的事物或条件。对于每个可能的威胁，可从以下几个方面计算风险：

（1）威胁发生的概率及其可能的频率。

（2）每次威胁事件可能造成的损害类型和规模，包括声誉损害。

（3）损害对收入或业务运营的影响。

（4）发生损害后的修复成本。

（5）预防威胁的成本，包括漏洞修复手段。

（6）攻击者可能的目标或意图。

风险可按潜在损害程度或发生的可能性来确定优先级，而容易被利用的漏洞会更大可能发生风险。通常，优先级列表结合两方面的指标。风险的优先排序必须由各利益相关方通过正式的流程确定。

（四）风险分类

风险分类描述了数据的敏感性以及出于恶意目的对数据访问的可能性。分类用于确定谁可以访问数据。用户权限内所有数据中的最高安全分类决定了整体的安全分类。风险分类包括三个方面：

1. 关键风险数据

由于个人信息具有很高的直接财务价值，因此内部和外部各方可能会费尽心思寻求未经授权使用这些信息。滥用关键风险数据不仅会伤害个人，还会导致公司遭受重大的处罚，增加挽留客户、员工的成本以及损害公司品牌与声誉，从而对公司造成财务损害。

2. 高风险数据

高风险数据为公司提供竞争优势，具有潜在的直接财务价值，往往被主动寻求未经授权使用。如果高风险数据被滥用，那么可能会因此使公司遭受财务损失。高风险数据的损害可能会因不信任而使业务遭受损失，并可能导致法律风险、监管处罚以及品牌和声誉受损。

3. 中等风险数据

对几乎没有实际价值的公司非公开信息，未经授权使用可能会对公司产生负面影响。

（五）数据安全企业

数据安全企业取决于不同的企业规模。在信息技术领域内通常有完整的信息安全职能。大型企业通常设有向 CIO 或 CEO 报告的首席信息安全官。在缺失专职信息安全人员的企业中，数据安全的责任将落在数据管理者身上。任何情形下，数据管理者都需要参与数据安全工作。

在大型企业中，信息安全人员有让业务经理指导具体数据治理和用户授权的职能。例如，授予用户权限和数据法规遵从。专职信息安全人员通常最关心的是信息保护的技术，如打击恶意软件和系统攻击。但在项目的开发或安装期间，仍有足够的协作空间。

当 IT 和数据管理这两个治理实体缺乏由企业的流程来共享法规和安全要求时，这种协同作用的机会常常会错过。因此，需要有一个标准的程序来实现他们的数据法规、数据丢失威胁和数据保护要求，并在每个软件开发或安装项目开始时就实施。

例如，NIST 风险管理框架的第一步是对所有企业信息进行分类。建立企业数据模型对于这个目标的实现至关重要。如果无法清楚地了解所有敏感信息的位置，就不可能创建全面有效的数据保护计划。

数据管理者需要与信息技术开发人员和网络安全专业人员积极合作，以便识别法规要求的数据，恰当地保护敏感系统，并设计用户访问控制以强制实施保密性、完整性和数据合规性。企业越大，越需要团队合作，并依赖正确和更新的企业数据模型。

（六）安全过程

数据安全需求和过程分为 4 个方面，即 4A：访问、审计、验证和授权。为了有效遵守数据法规，还增加了一个 E，即权限。信息分类、访问权限、角色组、用户和密码是实施策略和满足 4A 的一些常用手段。安全监控对于保障其他进程的正常运行也至关重要。监控和审计都可连续或定期地进行。正式审计必须由第三方进行才能视为有效。第三方可以来自企业内部，也可以来自企业外部。

1. 4A

（1）访问。具有授权的个人能够及时访问系统。访问作动词用，意味着主动连接到信息系统并使用数据；访问作名词用，是指此人对数据具有有效的授权。

（2）审计。审查安全操作和用户活动，以确保符合法规和遵守公司制度和标准。信息安全专业人员会定期查看日志和文档，以验证是否符合安全法规、策略和标准。这些审核的结果会定期发布。

（3）验证。验证用户的访问权限。当用户试图登录系统时，系统需要验证此人身份是否属实。除密码这种方式外，更严格的身份验证方法包括安全令牌、回答问题或提交指纹。在身份验证过程中，所有传送过程均经过加密，以防止身份验证信息被盗。

（4）授权。授予个人访问与其角色相适应的特定数据视图的权限。在获得授权后，访问控制系统在每次用户登录时都会检查授权令牌的有效性。从技术上讲，这是公司活动目录中数据字段中的一个条目，表示此人已获得授权访问数据。它进一步表明，用户凭借其工作或公司地位有权获得此权限，这些权限由相关负责人授予。

（5）权限。权限是由单个访问授权决策向用户公开的所有数据元素的总和。在生成授权请求之前，负责的经理必须决定某人"有权"访问此信息。在确定授权决策的监管和保密要求时，需要对每个授权所暴露的所有数据进行清点。

2. 监控

系统应包括检测意外事件的监视控制。包括机密信息的系统通常实施主动、实时的监控，以提醒安全管理员注意可疑活动或不当访问。

某些安全系统将主动中断不遵循特定访问配置文件要求的活动。在安全管理人员详细评估前，账户或活动将保持锁定状态。

相反，被动监控是通过系统定期捕获系统快照，并将趋势与基准或其他标准进行比较，跟踪随时发生的变化。系统向负责的数据管理专员或安全管理人员发送报告。主动监控是一种检测机制，被动监控是一种评价机制。

（七）数据完整性

在安全性方面，数据完整性是一个整体状态要求，以免于遭受不当增/删改所造成的影响。例如，美国的萨班斯法案主要涉及对如何创建和编辑财务信息的规则进行识别，以保护财务信息的完整性。

（八）加密

加密是将纯文本转换为复杂代码，以隐藏特权信息、验证传送完整性或验证发送者身份的过程。加密数据不能在没有解密密钥或算法的情况下读取。解密密钥或算法通常单独存储，不能基于同一数据集中的其他数据元素进行计算。加密方法主要有3种类型，即哈希、对称加密、非对称加密，其复杂程度和密钥结构各不相同。

1. 哈希

哈希将任意长度数据转换为固定长度数据表示。即使知道所使用的确切算法和应用顺序，也无法解密出原始数据。通常哈希用于对传送完整性或身份的验证。常见的哈希算法有 MD5 和 SHA。

2. 对称加密

对称加密使用一个密钥来加解密数据。发送方和接收方都必须具有读取原始数据的密钥。可以逐个字符加密数据，也可对数据块加密。常见的私钥算法包括数据加密标准、三重 DES、高级加密标准和国际数据加密算法。Cyphers Twofish 算法和 Serpent 算法也被视为安全方法。由于 DES 现在可被多种攻击手段轻松攻破，因此使用简单的 DES 是不明智的。

3. 非对称加密

在非对称加密中，发送方和接收方使用不同的密钥。发送方使用公开提供的公钥进行加密，接收方使用私钥解密显示原始数据。当许多数据源只需将受保护的信息发送给少数接收方时，这种加密方法非常有用。非对称加密算法包括 RSA 加密算法和 Diffie-Hellman 密钥交换协议等。PGP 是一个免费的公钥加密应用程序。

（九）混淆或脱敏

可通过混淆处理或脱敏的方式来降低数据可用性，同时避免丢失数据的含义或数据与其他数据集的关系。例如，与其他对象或系统的外键关系。属性中的值可能会更改，但新值对这些属性仍然有效。当在屏幕上显示敏感信息供参考或者从符合预期应用逻辑的生产数据中创建测试数据集时，混淆或脱敏处理非常有用。

数据混淆或脱敏是测试数据使用过程中的一种安全手段。数据脱敏分为两种类型：静态脱敏和动态脱敏。

静态脱敏按执行方式又可以分为不落地脱敏和落地脱敏。

1. 静态数据脱敏

静态数据脱敏永久且不可逆转地更改数据。这种类型的脱敏通常不会在生产环境中使用，而是在生产环境和开发环境之间运用。静态脱敏虽然会更改数据，但数据仍可用于测试、应用程序、报表等。

（1）不落地脱敏。当在数据源和目标环境之间移动需要脱敏或混淆处理时，会采用不落地脱敏。由于不会留下中间文件或带有未脱敏数据的数据库，所以不落地脱敏方式非常安全。另外，如果部分数据在脱敏过程中遇到问题，则可重新运行脱敏过程。

（2）落地脱敏。当数据源和目标相同时，可使用落地脱敏。从数据源中读取未脱敏数据，进行脱敏操作后直接覆盖原始数据。假定当前位置不应该保留敏感数据，需要降低风险，或者在安全位置中另有数据副本，在移动至不安全位置之前就应当进行脱敏处理。这个过程存在一定的风险，如果在脱敏过程中进程失败，则很难将数据还原为可用格式。该技术在一些细分领域中还有些用途，但一般来说，不落地脱敏能更安全地满足项目需求。

2. 动态数据脱敏

动态数据脱敏是在不更改基础数据的情况下，在最终用户或系统中改变数据的外观。当用户需要访问某些敏感的生产数据时，这就相当有用。例如，在数据库中，假设社会安全号码存储为 123456789，那么采用此方法后，呼叫中心人员需要验证通话对象时，看到的该数据显示的是 *****6789。

3. 脱敏方法

可以脱敏或混淆数据的方法有以下几种：

（1）替换。将字符或整数值替换为查找或标准模式中的字符或整数值。例如，可以用列表中的随机值替换名字。

（2）混排。在一个记录中交换相同类型的数据元素或者在不同行之间交换同一属性的数据元素。例如，在供应商发票中混排供应商名称，以便将发票上的原始供应商替换为其他有效供应商。

（3）时空变异。把日期前后移动若干天，足以使它无法识别。

（4）数值变异。应用一个随机因素，要足以使它不可识别。

（5）取消或删除。删除不应出现在测试系统中的数据。

（6）随机选择。将部分或全部数据元素替换为随机字符或一系列单个字符。

（7）加密技术。通过密码代码将可识别、有意义的字符流转换为不可识别的字符流。

（8）表达式脱敏。将所有值更改为一个表达式的结果。例如，用一个简单的表达式将一个大型自由格式数据库字段中的所有值强制编码为“这是个注释字段”。

（9）键值脱敏。指定的脱敏算法／进程的结果必须是唯一且可重复的，用于数据库键值字段脱敏。这种类型脱敏在测试需要保持数据在企业范围内的完整性时极为重要。

（十）网络安全术语

数据安全涉及静态数据和动态数据两种情况。动态数据需要网络才能在系统之间移动。企业无法完全信任防火墙可保护其免受恶意软件和来自社交方面的攻击。每台计算机都需要一道防线，而 Web 服务器由于在互联网上持续向全世界开放，因此更需要复杂的安全保护。

1. 后门

后门是指计算机系统或应用程序的忽略隐藏入口。它允许未经授权用户绕过密码等限制获取访问权限。后门通常是开发人员出于维护系统的目的而创建的，其他的包括由商业软件包创建者设置的后门。

安装任何软件系统或网页包时，默认密码保持不变，这就是一个后门，黑客早晚会发现它的存在，所以任何后门都是安全风险。

2. 机器人或僵尸

机器人或僵尸是已被恶意黑客使用特洛伊木马、病毒、网络钓鱼或下载受感染文件接管的工作站。黑客远程控制机器人执行恶意任务，例如，发送大量垃圾邮件、使用网络阻塞互联网数据报、执行非法资金转移和托管欺诈性网站等来攻击合法企业。机器人网络是机器人计算机组成的网络。考虑到台式机和笔记本式计算机逐渐被智能手机、平板计算机、可穿戴设备和其他设备所取代，其中许多设备用于商业交易，数据暴露的风险只增不减。

3. Cookie

Cookie 是网站在计算机硬盘上安放的小型数据文件，用于识别老用户并分析其偏好。Cookie 用于互联网电子商务。由于 Cookie 有时会被间谍软件利用，从而引发隐私问题，所以 Cookie 的使用也是有争议的。

4. 防火墙

防火墙是过滤网络流量的软件或硬件，用于保护单个计算机或整个网络免受未经授权的访问和免遭对系统的攻击。防火墙可能会对传入和传出的通信信息进行扫描，以寻找受限或受监管的信息，并防止其未经许可通过。某些防火墙还限制对特定外部网站的访问。

5. 周界

周界是指企业环境与外部系统之间的边界。通常将防火墙部署在所有内部和外部环境之间。

6. DMZ

DMZ 是非军事区的简称，指企业边缘或外围区域。在 DMZ 和企业之间设有防火墙。DMZ 环境与 Internet 互联网之间始终设有防火墙。DMZ 环境用于传递或临时存储在企业之间移动的数据。

7. 超级用户账户

超级用户账户是具有系统管理员或超级用户访问权限的账户，仅在紧急情况下使用。这些账户的凭据保存要求具有高度安全性，只有在紧急情况下才能通过适当的文件和批准发布，并在短时间内到期。例如，分配给生产控制的员工可能需要对多个大型系统进行访问授权，但这些授权应严格控制时间、用户 ID、位置或其他要求，以防被滥用。

8. 键盘记录器

键盘记录器是一种攻击软件，对键盘上键入的所有击键进行记录，然后发送到互联网上的其他地方。因此，它将会捕获每个密码、备忘录、文档和Web地址。通常，受感染的网站或恶意软件下载将安装键盘记录器。某些类型的文档下载也允许安装键盘记录器。

9. 渗透测试

在未经测试以确保真正安全时，新建的网络和网站是不完整的。在渗透测试中，来自企业本身或从外部安全公司聘任的"白帽"黑客试图从外部侵入系统，正如恶意黑客一样，试图识别系统漏洞。通过渗透测试发现的漏洞应该在应用程序正式发布前予以解决。

有些人认为"白帽"黑客审计只会指手画脚，感觉受到威胁。现实情况是，在业务安全和犯罪黑客之间快速变换的冲突中，可以发现所有购买和内部开发的软件都包含了创建时不为人知的潜在漏洞。因此，必须定期对所有软件进行渗透测试。查找漏洞是一个持续的过程，不应受任何指责，唯一要做的是安装安全补丁。

作为持续软件漏洞消除的证据，可关注来自软件厂商源源不断的安全补丁。这种持续的安全补丁更新过程是这些供应商尽职勤勉和专业客户支持的标志。这些补丁中有许多是"白帽"黑客代表供应商执行检测行为的成果。

10. 虚拟专用网络

虚拟专用网络使用不安全的互联网创建进入企业环境的安全路径或"隧道"。隧道是高度加密的。VPN允许用户和内部网络之间通信，通过使用多重身份验证元素连接到企业环境外围的防火墙。然后，VPN对所有传送数据进行强加密。

（十一）数据安全类型

数据安全不仅涉及防止不当访问，还涉及对数据的适当访问。应通过授予权限来控制对敏感数据的访问。未经许可，不允许用户在系统内查看数据或执行操作。"最小权限"是一项重要的安全原则。仅允许用户、进程或程序访问其合法目的所允许的信息。

1. 设施安全

设施安全是抵御恶意行为人员的第一道防线。设施上至少应具有一个锁定能力的数据中心，其访问权限仅限于授权员工。社会工程威胁将"人"视为设施安全中最薄弱的环节。应确保员工拥有保护设施数据的工具和接受相关培训。

2. 设备安全

移动设备，包括笔记本式计算机、平板计算机和智能手机，由于可能丢失、被盗以及遭受犯罪黑客的物理／电子攻击，本身并不安全。移动设备通常存有公司的电子邮件、电子表格、地址和文档，如果遭公开，那么可能会对企业、员工或客户造成损害。

随着便携式设备的爆炸式增长，这些设备的安全性管理计划必须作为公司整体战略安全架构的一部分。该计划应包括软件和硬件工具。

设备安全的标准包括：

（1）使用移动设备连接的访问策略。

（2）在便携式设备上存储数据。

（3）符合记录管理策略的设备数据擦除和处置。

（4）反恶意软件和加密软件安装。

（5）安全漏洞的意识。

3. 凭据安全

凭据安全是每个用户访问系统时使用的。大多数凭据是用户 ID 和密码的组合。基于系统数据敏感性以及系统链接到凭据存储库的能力，在同一环境的系统之间使用凭据有多种不同方式。

（1）身份管理系统。传统上对于每个独立资源、平台、应用系统或工作站，用户都有不同的账户和密码。此方法要求用户管理多套密码和账户。具有企业用户目录的企业可以在异构资源之间建立同步机制，以简化用户密码管理。在这种情况下，用户只需一次性输入密码，之后所有身份验证和授权都通过引用企业用户目录执行。实现此功能的身份管理系统称为"单点登录"，从用户角度来看是最佳的。

（2）电子邮件系统的用户 ID 标准。在电子邮件域中，用户 ID 应当是唯一的。大多数公司使用一些名字或首字母以及完整或部分姓氏作为电子邮件或网络 ID，并使用数字区分冲突。姓氏通常为人所共知，在业务联系时更有用。不鼓励使用包含系统员工 ID 号的电子邮件或网络 ID，因为这些信息通常在企业外部不可用，并且为潜在供给者提供了应该在系统内保密的数据信息。

（3）密码标准。密码是保护数据访问的第一道防线。每一个用户账户都需要一个密码，由用户自己设置。要求在安全标准中定义足够高的密码级别，通常称为"强"密码。在创建新用户账户时，生成的临时密码应设置为首次使用立即过期，且后续访问必须由用户选择新密码，不得使用空白密码。

大多数安全专家建议用户每隔 45 ~ 180 天更改一次密码，具体更改频率取决于系统性质、数据类型和企业敏感程度。但是，更改密码过于频繁也会带来风险，因为员工会在本子上记录新密码。

（4）多因素识别。有些系统需要额外的识别程序。这包括对包含代码的用户移动设备的返回调用、用于登录所必需的硬件设备的使用或者诸如指纹、面部识别或视网膜扫描的生物特征因素。双重因素识别使得进入账户或登录用户设备更加困难，所有具有高度敏感信息权限的用户都应使用双重因素识别技术登录网络。

4. 电子通信安全

不安全的通信方式可被外部读取或拦截。为避免通过电子邮件或即时通信应用发送个人信息或任何限制级 / 机密级公司信息，用户必须接受安全培训。发送电子邮件后，用户将失去对其中信息的控制。它可以在发件人不知情或没有同意的情况下被转发给其他人。

社交媒体也应被视为不安全的通信方式，包括微博、门户、论坛和其他互联网或局域网社交媒体，都不应包含机密或限制级信息。

（十二）数据安全制约因素

数据安全制约因素包括数据的保密等级和监管要求。

保密等级。保密意味着机密或私密。企业确定哪些类型的数据不应泄露到企业外部，甚至不应为企业中某些部门所知道。机密信息仅在"需要知道"的基础上共享。保密等级取决于谁需要知道某些类型的信息。

监管要求。根据外部规则分配监管类别。监管信息在"允许知道"的基础上共享。数据共享方式受该法规明细条款的约束。

保密和监管的主要区别是要求来源不同。保密要求源自内部，而监管要求由外部定义。另外的区别是，任何数据集只能有一个密级，其密级是基于该数据集中最敏感的数据项设立的。然而，监管分类是附加的。单个数据集可能根据多个监管类别限制数据。为了确保法规遵从性，应执行每种法规类别所需的所有操作以及保密要求。

当安全限制应用于用户授权时，必须遵循全部保护策略，无论这些策略是内部的还是外部的。

1. 机密数据

保密范围要求从高到低。在以下列出的 5 个机密分类级别中，典型的分类架构可能包括其中两个或更多。

（1）对普通受众公开。可向任何人提供的信息。

（2）仅内部使用。仅限员工或成员使用的信息，但信息分享的风险很小。这种信息仅供内部使用、可在企业外部显示或讨论，但不得复制。

（3）机密。若无恰当的保密协议或类似内容，不得在企业外部共享。不得与其他客户共享客户机密信息。

（4）受限机密。受限机密要求个人通过许可才能获得资格，仅限于特定

"需要知道"的个人。

（5）绝密。信息机密程度非常高，任何信息访问者都必须签署一份法律协议才能访问数据，并承担保密责任。

保密级别并不意味着由于监管要求而受到任何限制的细节。例如，不会通知数据管理者，不得在数据来源国之外公开数据，或者某些员工不得查看某些基于 HIPAA 之类法规的信息。

2. 监管限制的数据

某些类型的信息受外部法律、行业标准或合同规范的约束，对其使用方式、谁可以访问以及出于何种目的访问将产生影响。由于有许多重叠的法规，所以更容易按主题域将其归纳到几个法规类别或法规系列中，以便更好地向数据管理者通报法规要求。

当然，每个企业都必须建立满足自身合规需求的法规类别。更重要的是，此过程和分类必须尽可能简单，以便具有可操作性。当法规类别的保护法案相似时，应合并为"系列"法规。每个法规类别都应包括可审计的保护措施，这并非企业工具，而是一种执行方法。

由于不同行业受到不同类型法规的影响，企业需要制定满足其运营需求的法规类别。例如，本国以外没有业务的公司可能无须纳入与出口有关的法规。

但是，由于各个国家／地区在个人数据隐私法律方面都有所交融，而且客户可能来自世界各地，因此将所有客户数据隐私法律整理到同一个法规类别中，并符合所有国家的要求，可能更为明智且容易。这样既可以提供统一实施标准，也可以确保全球任何地方的合规性。

例如，按照法律，法规合规的某个条例可能禁止数据库中某类数据元素流出原始国家的物理边界。国内和国际的一些法规都有此要求。

法规类别的最佳数量建议不超过 9 个。一些法规类别示例如下：

（1）法规系列举例。某些政府法规按名称指定数据元素，并要求以特定的方式对其进行保护。每个元素不需要多个不同的法规类别；相反，使用单个法案条例系列来保护所有特定目标的数据字段。在这些类别中可能包含某些 PCI 数据。PCI 合同义务在全球基本统一。①个人身份信息。个人身份信息也称为个人隐私信息，包括任何可以识别个人或一组人的信息，如姓名、地址、电话号码、日程安排、政府 ID 号码、账号数据报、年龄、种族、宗教、生日、家庭成员或朋友的姓名、职业和薪酬等数据。高度类似的保护行动可以满足欧盟隐私指令、加拿大隐私法、日本 PIP 法案、PCI 标准、美国 FTC 要求、GLB 与 FTC 标准以及大多数信息安全泄露法案的要求。②财务敏感数据。所有财务信息，包括可能称为"股东"或"内部人士"的数据以及尚未公开披露的所有当前财务信息。另外，还包括未公布的任何未来业务计划、计划中的并购或分拆、公司重大问题的非公开报告、高级管理层的意外变化、综合的销售以及订单和账单数据。对所有这些信息都可归为此类别并采用相同的保护策略。在美国，这些信息受内幕交易法、SOX 或 GLBA 的管辖。注意：萨班斯 – 奥克斯利法案限制和管理谁可以更改财务数据，从而确保数据完整性，而内幕交易法则对所有能够查看财务数据的人都有影响。③医疗敏感数据 / 个人健康信息。有关个人健康或医疗的所有信息。在美国，HIPAA 涵盖了这些信息。其他国家 / 地区也有关于保护个人信息和医疗信息的限制性法律。因此，要确保公司法律顾问意识到在业务开展或拥有客户的国家 / 地区，企业需要遵守法律要求的必要性。④教育记录。有关个人教育的所有信息。在美国，这些信息由 FERPA 涵盖。

（2）行业法规或基于合同的法规。某些行业对如何记录、保留和加密信息有特定的标准，有些还不允许删除、编辑或分发到禁止的地方。例如，有关药品、危险品、食品、化妆品和先进技术的法规，禁止在原产国之外传送或存储某些信息，或要求在传送过程中对数据进行加密。①支付卡行业数据安全标准。PCIDSS 是最广为人知的行业数据安全标准，其解决了可以识别具有金融机构账户的个人信息，如姓名、信用卡号、银行账号数据报或账户到期日期等问题。这些数据字段大多受法律和制度的监管。当这些数据包含在任何数据库、应用程序、报表、仪表板或用户视图中时，其元数据自动定义中带有此分类，数据管理专员应对这些数据进行仔细检查。②竞争优势或商业秘密。使用专有方法、组合、方案、来源、设计、工具、配方或操作技术以实现竞争优势的公司，可受到行业法规和 / 或知识产权法的保护。③合同限制。在与供应商和合作伙伴签订的合同中，企业可规定某些信息如何被使用、不得使用以及哪些信息可以共享、哪些不能共享。例如，环境记录、危险材料报告、批号、烹饪时间、原产地、客户密码、账号数据报以及某些国家的身份证件号码等。特定的技术公司可能需要将某些受限制产品或成分列入这一类别中。

（十三）系统安全风险

识别风险的第一步是确定敏感数据的存储位置以及这些数据需要哪些保护。第二步是需要确定系统的固有风险。系统安全风险包括可能危及网络或数据库的风险要素。这些威胁允许合法员工有意或无意地滥用信息，并有助于恶意黑客攻击成功。

1. 滥用特权

在授予数据访问权限时，应采用最小特权原则。仅允许用户、进程或程序访问其合法目的所允许的信息。风险指当具有超出工作职责需要的权限时，用户可能会出于恶意目的或意外地滥用这些权限。用户可能被过多地授予超出应有范围的访问权限。仅仅是管理用户授权工作，本身就具有很大的挑战性。DBA 可能缺乏时间或元数据来定义和更新每个用户的授权细粒度访问控制机制。因此，许多用户被赋予通用默认访问权限，该权限远远超过具体工作需要。缺乏对用户权限的监督，这是许多数据法规指定数据管理安全性的原因之一。

解决权限过大的方案是查询级访问控制，这种控制机制可将数据库权限限制为最低要求的 SQL 操作和数据范围。数据访问控制力度要从表格级访问深入到特定行和特定列。查询级访问控制可以检测出恶意员工滥用特权的行为。

大多数数据库软件在实施时都对查询级访问控制进行了一定程度的整合，但由于这些"内置"功能的手动特性，使得除了最基本的部署之外的所有其他部署都不切实际。为所有用户手动定义跨数据库行、列和操作查询级访问控制策略的过程非常耗时。更糟糕的是，当用户角色变化时，必须更新查询策略以匹配新角色。在某个时间点为少数用户定义有用的查询策略，大多数 DBA 都很难做到，更不用说数百个用户了。因此，在许多企业中有必要使用自动化工具，以使查询级访问控制真正发挥作用。

2. 滥用合法特权

出于未经授权的目的，用户可能滥用合法赋予他的数据库权限。如一个医护人员具有犯罪倾向，他有权通过定制的 Web 应用程序查看患者的病历。

公司 Web 应用程序的结构通常限制用户查看单个患者的医疗历史记录，无法同时查看多条记录，并且不允许电子拷贝。但医护人员可以通过使用替代系统，如 MS-Excel 连接到数据库来规避这些限制。使用 MS-Excel 以及合法登录凭据，医护人员可能会检索并保存所有患者记录。

两种风险都需要考虑：故意和无意滥用。当医护人员故意不当地使用企业数据时，就会发生故意滥用。恶意的医护人员想要用患者病历来换取金钱或进行蓄意伤害，如公开发布敏感信息。无意滥用的风险更常见：勤奋的医护人员为满足其所认为的合法工作目的，将大量患者信息检索并存储到工作计算机中。一旦数据保存到终端计算机中，就很容易受到笔记本式计算机被盗和丢失而造成的影响。

部分解决滥用合法特权的方案是数据库访问控制。这不仅适用于特定查询，而且适用于对终端计算机强制实施安全策略，以及降低任何用户无限制地访问包含敏感信息的全部记录的能力，除非他们的工作有明确要求并经其主管批准。例如，虽然现场代理人可能需要访问其客户的个人记录，但不允许他们为了"节省时间"将整个客户数据库下载到笔记本式计算机中。

3. 未经授权的特权升级

存储过程、内置函数、协议实现甚至 SQL 语句中都可能存在漏洞。攻击者可能会利用数据库平台软件漏洞将访问权限从普通用户权限变为管理员权限。例如，金融机构的软件开发人员可能会利用易受攻击的缺陷特性而获得数据库管理权限。使用管理权限，违规的开发人员可能会关停审计机制、创建虚假账户、转移资金或关闭账户。

将传统入侵防护系统和查询级访问控制入侵防护相结合，可以防止特权升级漏洞。这些系统检查数据库流量，以识别出与已知模式相对应的漏洞。例如，如果给定功能容易受到攻击，IPS 可能会对该进程的所有访问进行阻止，或者对允许嵌入式攻击的进程进行阻止。

将 IPS 与其他攻击指标相结合，可提高识别攻击的准确性。IPS 可检测出数据库请求所访问的是否为漏洞功能，而查询访问控制可以检测请求是否符合正常的用户行为。如果一个请求同时指示对脆弱功能的访问且行为异常，那么几乎肯定会发生攻击。

4. 服务账户或共享账户滥用

使用服务账户和共享账户会增加数据泄露风险，需要跟踪漏洞来源的能力强。有些企业将监控系统配置为忽略与这些账户相关的任何警报，则会进一步增加这些风险。信息安全经理应考虑运用工具来安全地管理服务账户。

（1）服务账户。服务账户的便利性在于可自定义对进程的增强访问。但如果用于其他目的，则无法跟踪到特定用户或管理员。除非有权访问解密密钥，一般服务账户不会对加密数据产生威胁。这一点对于服务器上保存法律文档、医疗信息、商业机密或机密运营计划等数据尤为重要。

将服务账户的使用限制为特定系统上的特定命令或任务，需要文档和批准才能分发凭据。考虑每次使用时分配新密码，可参考使用诸如超级用户账户之类的管理流程。

（2）共享账户。当所需用户账户数多到应用程序无法处理时，或添加特定用户需要大量工作或产生额外许可成本时，可创建共享账户。对于共享账户，会将凭据提供给多个用户。由于要通知所有用户，所以密码很少更改。由于共享账户提供的访问几乎不受控制，因此应仔细评估对共享账户的使用。默认情况下不应使用共享账户。

5. 平台入侵攻击

数据库资产的软件更新和入侵防护需要结合定期软件升级和部署专用入侵防御系统。IPS 通常与入侵检测系统一起部署。目标是杜绝大多数网络入侵企图，并对任何成功通过防御系统的入侵行为快速响应。入侵保护的最原始形式是防火墙。但随着移动用户、Web 访问和移动计算设备成为大多数企业环境的一部分，一个简单的防火墙虽然仍是必要的，但已无法满足安全需求。

随着时间的推移，厂商提供的更新减少了数据库平台中的漏洞。遗憾的是，软件更新通常由企业定期按维护周期实施，而不是在补丁可用后尽快实施。在补丁更新之前，数据库不受保护。此外，兼容性问题有时会完全阻止软件更新。要解决这些问题，需实施部署入侵防御系统。

6. 注入漏洞

在 SQL 注入攻击中，攻击者将未经授权的数据库语句插入到易受攻击的 SQL 数据通道中，如存储过程和 Web 应用程序的输入空间。这些注入的 SQL 语句被传递到数据库，在那里它们通常作为合法命令执行。使用 SQL 注入时，攻击者可以不受限制地访问整个数据库。

通过将 SQL 命令作为函数或存储过程的参数，SQL 注入也用于攻击数据库管理系统。例如，提供备份功能的组件通常拥有较高运行特权，在该特定组件中调用 SQL 注入易受攻击函数可能允许常规用户提升其特权、成为 DBA 并接管数据库。

一般在将所有输入数据上传服务器处理之前对其进行清理，从而降低这种风险。

7. 默认密码

在软件包安装期间创建默认账户是软件业长期以来的一种惯例。有一些是用于安装本身的需要，另一些是为用户提供开箱即用的测试软件的方法。

默认密码是许多演示包的一部分。安装第三方软件会产生其他账户默认密码。例如，CRM 包可能在后端数据库中创建多个账户，用于安装、测试和管理。SAP 在安装时创建了多个默认数据库用户。DBMS 行业也采用了这种做法。

攻击者不断寻找一种窃取敏感数据的捷径。创建必需的用户名和密码组合，并确保 DBMS 中并未保留默认密码，可缓解对敏感数据的威胁。清除默认密码是每次实施过程中的重要安全步骤。

8. 备份数据滥用

备份是为了降低数据丢失而产生的相关风险，但备份也代表一种安全风险。新闻报道了许多有关丢失备份介质的故事。对所有数据库备份加密，可防止有形介质或电子传送中丢失备份数据。要安全地管理备份的解密密钥，密钥必须异地可用，才有助于灾难恢复。

（十四）黑客行为 / 黑客

"黑客行为"一词产生于以寻找执行某些计算机任务的聪明方法为目标

的时代。黑客是在复杂的计算机系统中发现未知操作和路径的人。黑客有好有坏。

道德或"白帽"黑客致力于改进系统。如果没有这些道德黑客，就只有在偶然情况下才能发现并纠正系统漏洞。道德黑客有助于系统性地修补计算机系统，以提高其安全性。

恶意黑客是故意破坏或"黑入"计算机系统以窃取机密信息或造成损害的人。恶意黑客通常寻找财务或个人信息，以窃取金钱或身份信息。他们试图猜测简单的密码，并试图找到现有系统中尚未记录的弱点和后门。他们有时被称为"黑帽"黑客。

（十五）网络钓鱼 / 社工威胁

安全的社工威胁通常涉及直接通信，旨在诱使有权访问受保护数据的人提供该信息给拟用于犯罪或恶意目的的人。

社会工程是指恶意黑客试图诱骗人们提供信息或访问信息的方法。黑客利用所获得的各种信息来说服有关员工他们有合法的请求。有时，黑客会按顺序联系几个人，在每一步收集信息以用于获得下一个更高级别员工的信任。

网络钓鱼是指通过电话、即时消息或电子邮件诱使接收方在不知情的情况下提供有价值的信息或个人隐私。通常，这些呼叫或消息似乎来自合法来源。例如，在折扣或降低利率的销售宣传中，要求提供个人信息，如姓名、密码、社会保险号码或信用卡信息。为减少怀疑，这些消息通常会要求接收者"更新"或"确认"信息。网络钓鱼的即时消息和电子邮件还可能引导用户访问虚假网站，诱骗他们提供个人信息。特别危险的是专门针对高管的虚假电子邮件。这被称为"鲸鱼的鱼叉"。除了打电话和欺骗外，黑客还亲自前往目标地点，直接与员工交谈，有时会伪装或冒充供应商以便获取敏感信息。

（十六）恶意软件

恶意软件是指为损坏、更改或不当访问计算机或网络而创建的软件。计算机病毒、蠕虫、间谍软件、密钥记录器和广告软件都是恶意软件的例子。如果不是出于其他原因，未经系统所有者授权而占用磁盘空间和可能的处理周期，以及任何未经许可安装的软件都可视为恶意软件。恶意软件可以有多种形式，具体取决于其用途。

1. 广告软件

广告软件是一种从互联网下载至计算机的间谍软件。广告软件监控计算机的使用，如访问了哪些网站。广告软件也可能在用户的浏览器中插入对象和工具栏。广告软件并不违法，但它用于收集完整的用户浏览和购买习惯的个人资料并出售给其他营销公司。恶意软件也很容易利用它来窃取身份信息。

2. 间谍软件

间谍软件是指未经同意而潜入计算机以跟踪在线活动的任何软件程序。这些程序倾向于搭载在其他软件程序上。当用户从互联网站点下载并安装免费软件时，往往在用户不知情的情况下就安装了间谍软件。不同形式的间谍软件跟踪不同的活动类型。有的程序监视网站访问，有的程序则记录用户按键以窃取个人信息，如信用卡号、银行账户信息和密码。

包括搜索引擎在内的许多合法网站都会安装跟踪间谍软件，这也是一种广告软件。

3. 特洛伊木马

特洛伊木马是希腊人送给特洛伊人的一座大型木制"雕像礼物"，特洛伊人迅速将其作为战利品带入城中。不幸的是，木马中隐藏了希腊士兵，这些士兵在进入特洛伊城后就溜出来并袭击了这座城市。

在计算机安全术语中，特洛伊木马是指通过伪装或嵌入合法软件而进入计算机系统的恶意程序。安装后的特洛伊木马将删除文件、访问个人信息、安装恶意软件、重新配置计算机、安装键盘记录器，甚至允许黑客将计算机用作攻击网络中其他计算机的武器。

4. 病毒

病毒是一种计算机程序，它将自身附加到可执行文件或易受攻击的应用程序上，能造成从让人讨厌到极具破坏性的后果。一旦受感染文件被打开，就可执行病毒文件。病毒程序总是需要依附于另一个程序上。下载打开这些受感染的程序可能会释放病毒。

5. 蠕虫

计算机蠕虫是一种自己可以在网络中进行复制和传播的程序。受蠕虫感染的计算机将源源不断地发送感染信息。其主要是通过消耗大量带宽来危害网络，从而导致网络中断。蠕虫也可能会执行多种其他恶意的活动。

6. 恶意软件来源

（1）即时消息。即时消息允许用户实时地相互传递消息。IM 也正在成为网络安全的新威胁。由于许多 IM 系统在添加安全功能方面进展缓慢，恶意黑客发现 IM 是传播病毒、间谍软件、网络钓鱼诈骗和各种蠕虫的有效手段。通常，受感染的附件和邮件可将威胁渗透到用户系统中。

（2）社交网。在社交网站，如 Facebook、Twitter、Instagram 或 MySpace 上，用户建立在线个人资料并分享个人信息、观点、照片、博客条目和其他信息，而这些网站已成为在线罪犯、垃圾邮件发送者和身份盗窃者的目标。

除了代表性的来自恶意攻击者的威胁之外，某些员工在社交网站上可能发布企业敏感信息或可能影响上市公司股价的"内部"知识，从而引发风险。要告知用户无论他们发布什么，都将永久存留在互联网上的现实情况及其危险。即使他们后来删除了这些数据，许多人也会留有副本。一些公司会在其防火墙上阻止这些站点的访问。

（3）垃圾邮件。垃圾邮件是指批量发送那些未经请求的商业电子邮件。通常发送给数千万用户，希望获得一些用户回复。1%的回复率就有可能换来数百万美元收益。大多数电子邮件路由系统都设有"陷阱"，它将已知模式的垃圾邮件进行过滤，以减少内部网流量。这些排除模式包括：①已知的垃圾邮件传送域；②抄送或密送的地址超出限量；③电子邮件正文只有一个超链接的图；④特定文本字符串。

垃圾邮件的回复会使发送者得以确认并获得一个合法电子邮件地址。由于有效电子邮件列表可出售给其他垃圾邮件发送者，未来垃圾邮件数量会增加。

垃圾邮件也可能是互联网恶作剧或包含恶意软件的附件，其带有附件名称和扩展名、邮件文本和图像等合法通信的外观。检测垃圾邮件方法：一种是将光标悬停在任意超链接上，该超链接将显示实际链接是否与文本中的公司有共同之处；另一种看是否显示为无法取消订阅。

第二节　中小企业数据安全保护对策与实施

尚无放之四海而皆准的数据安全实施方法能满足所有必需的隐私和保密要求。监管关注的是安全的结果，而非实现安全的手段。企业应设计自己的安全控制措施，并证明这些措施已达到或超过了法律法规的严格要求。记录这些控制措施的实施情况，并随着时间的推移进行监控和测量。与其他知识领域一样，数据安全活动包括确定需求、评估当前环境的差距或风险、实施安全工具与流程以及审核数据安全措施，以确保其有效性。

一、识别数据安全需求

区分业务需求、外部监管限制和应用软件产品的规则很重要。尽管应用程序系统是执行业务规则和过程的载体，但这些系统通常具有超出业务流程所需的数据安全要求。在套装软件和现成的系统中，这些安全需求变得越来越普遍。同时有必要确保支持企业的数据安全标准。

（一）业务需求

在企业内实施数据安全的第一步是全面了解企业的业务需求。企业的业务需求、使命、战略和规模以及所属行业，决定了所需数据安全的严格程度。例如，美国的金融证券行业受到高度监管，需要保持严格的数据安全标准。相比之下，一个小型零售企业可能不大会选择大型零售商的同类型数据安全功能，即使他们都具有相似的核心业务活动。

通过分析业务规则和流程，确定安全接触点。业务工作流中的每个事件都可能有自己的安全需求。在进行这些需求与数据安全角色组、参数和权限定义之间的映射时，数据—流程矩阵和数据—角色关系矩阵是非常有效的工具。有计划地处理短期和长期目标，以实现均衡有效的数据安全功能。

（二）监管要求

当今全球环境瞬息万变，企业需遵从的法律法规越来越多。信息时代的道德法律问题促使各国政府制定新的法律和标准，这些都对企业信息管理施加了严格的安全控制。

创建一份完整的清单，其中包含所有相关数据法规以及受每项法规影响的数据主题域，为法规遵从而制定的相关安全策略和实施的控制措施之间建立链接关系。法规、策略、所需行动和受影响的数据将随时间推移而变化，因此采用的清单格式应易于管理和维护。

遵守公司制度或监管限制通常需要调整业务流程。例如，为遵从 HIPAA 要求，需要授权多个独立用户组访问用户健康信息。

二、制定数据安全制度

企业在制定数据安全制度时应基于自己的业务和法规要求。制度是所选行动过程的陈述以及为达成目标所期望行为的顶层描述。数据安全策略描述了所决定的行为，这些行为符合保护其数据的企业的最佳利益。要使这些制度产生可衡量的影响，则它们必须是可审计且经审计过的。

公司的制度通常具有法律含义。法院认为，为支持法律监管要求而制定的制度是该企业为法律遵从而努力的内在组成部分。如发生数据泄露事件，未能遵守公司制度可能会带来负面的法律后果。

制定安全制度需要 IT 安全管理员、安全架构师、数据治理委员会、数据管理专员、内部和外部审计团队以及法律部门之间的协作。数据管理专员还必须与所有隐私官以及具有数据专业知识的业务经理协作，以开发监管类元数据并始终如一地应用适当的安全分类。所有数据法规遵从行动必须协调一致，以降低成本、工作指令混乱和不必要的本位之争。

管理与企业安全相关的行为需要不同级别的制度，例如：

（1）企业安全制度。员工访问设施和其他资产的全局策略、电子邮件标准和策略、基于职位或职务的安全访问级别以及安全漏洞报告策略。

（2）IT安全制度。目录结构标准、密码策略和身份管理框架。

（3）数据安全制度。单个应用程序、数据库角色、用户组和信息敏感性的类别。

通常，IT安全制度和数据安全制度是安全制度组合的一部分。然而最好将其区别开来。数据安全制度在本质上颗粒度更细，针对不同内容，需要不同的控制和过程。数据治理委员会是数据安全制度的审查和批准方。数据管理专员是制度的主管方和维护方。

员工需要了解并遵从安全制度。制定安全制度应明确定义和实现所需流程及其背后的原因，以便安全制度易于实现和遵从。制度需要在不妨碍用户访问的前提下保护数据，以确保数据安全。

安全制度应便于供应商、消费者和其他利益相关方轻松访问，应在公司局域网或类似协作门户上被提供和维护。

应定期重新评估数据安全制度、过程和活动，在所有利益相关方的数据安全要求之间取得尽可能的平衡。

三、定义数据安全细则

制度可提供行为准则，但并不能列出所有可能的意外情况。细则是对制度的补充，并提供有关如何满足制度意图的其他详细信息。例如，制度可能声明密码必须遵循强密码准则，强密码的标准将单独详细阐述，如果密码不符合强密码标准，将会通过阻止创建密码的技术强制执行该制度。

（一）定义数据保密等级

保密等级分类是重要的元数据特征，用于指导用户如何获得访问权限。每个企业都应创建或采用满足其业务需求的分级方案。任何分级方案都应清晰易行，它包含从最低到最高的一系列密级。例如，从"一般用途"到"绝密"。

（二）定义数据监管类别

高度公开的数据泄露事件日益增多，导致出台了很多与数据相关的法律。聚焦于金融的数据事件，促使全球各国政府实施更多的法规。

因此产生了新的数据类别，可称为"监管信息"。法规要求是信息安全的延伸。需要采取其他措施，以对监管要求进行有效管理。与公司法律顾问协商通常有助于确定某些法规对企业的要求。通常，法规仅仅意味着给出一个信息保护目标，由公司决定其实现方法，并为审计提供了合规的法律证据。

就像将各种风险归到几个安全类别中一样，对待特定数据法规的有效方法是分析类似法规并分组归类。

　　世界各地有关数据的特定条例超过百种，为每个法规分别制定不同的类别毫无意义。大多数数据法规都是由单独法律实体发布的，其诉求相同。例如，保护客户机密数据的合同义务与美国、日本和加拿大政府保护个人身份信息的法规非常相似，与欧盟隐私法规遵从也类似。列出并比较各法规的可审计合规行为，很容易看出这种模式。因此，可通过使用相同的保护措施类别对数据法规进行恰当的管理。

　　安全分级和监管分类的一项关键原则是，大多数信息可以聚合，从而使其具有更高或更低的敏感性。开发人员需要知道聚合如何影响整体安全分级和监管类别。当仪表板、报表或数据库视图的开发人员知道所需的某些数据可能是个人隐私或内部受控或与竞争优势相关时，那么在系统中可将这些数据从授权中去除。或者，如果数据必须保留在用户授权中，那么在用户授权时强制执行全部安全和法规要求。

　　分类分级的工作成果是一组经正式批准的安全分级和监管类别，以及从中央存储库中获得此类元数据的流程，以便业务和技术员工了解他们所处理、传送和授权信息的敏感性。

（三）定义安全角色

　　数据访问控制可根据需要在单个用户级或企业级中进行管理。也就是说，逐个用户账户授予和更新访问权限需要大量的冗余工作。小型企业可能会发现，在单个级别管理数据访问是可接受的。但大型企业将从基于角色的访问控制中获益匪浅，通过为角色组授予权限，从而为组中每个成员授予权限。

　　角色组使得安全管理员能够按角色定义权限，并通过在适当角色组中注册用户实现权限授予。虽然从技术上讲，可将用户注册到多个组中，但这种做法可能使得授予特定用户的权限难以理解。尽可能将每个用户分配到一个角色组内，可能需要为某些数据授权而创建不同的用户视图以遵守法规。

　　用户和角色管理中的挑战之一是数据一致性。用户信息不得不冗余存储在多个位置，这些代表着"真相"的多个版本的"数据孤岛"经常发生冲突。为避免数据完整性问题，需要对用户身份数据和角色组成员身份集中管理，这也是有效访问控制数据质量的要求。安全管理员创建、修改和删除用户账户和角色组以及对组分类和成员资格的变更应得到批准。应通过变更管理系统跟踪变更。

　　在企业内不一致或不恰当地应用数据安全措施可能会导致员工不满，并给企业带来重大风险。基于角色的安全取决于明确定义、一致分配的角色。

对角色进行定义和组织的方法有两种：网格或层次结构。

1. 角色分配矩阵

基于数据机密性、法规和用户功能，矩阵可用于映射数据的访问角色。公共用户角色可以访问公开级别中列出的所有数据，不受任何法规约束。营销角色可以访问某些 PII 信息，用于开展营销活动，但不能访问任何受控数据或客户机密数据。角色分配矩阵如表 5-1 所示。

表 5-1　角色分配矩阵示例

	保密级别		
	一般受众	客户机密	受限机密
不受监管	公共用户角色	客户经理角色	受限访问角色
PII	营销角色	客户营销角色	人力资源角色
PCI	财务角色	客户财务角色	受限财务角色

2. 角色分配层次结构

在工作组或业务单元级别构建组定义。在层次结构中组织这些角色，以便子角色进一步限制父角色的权限。这些层次结构的持续维护是一项复杂的活动，需要能够深入获取到单个用户权限的报告系统。安全角色层次结构如图 5-2 所示。

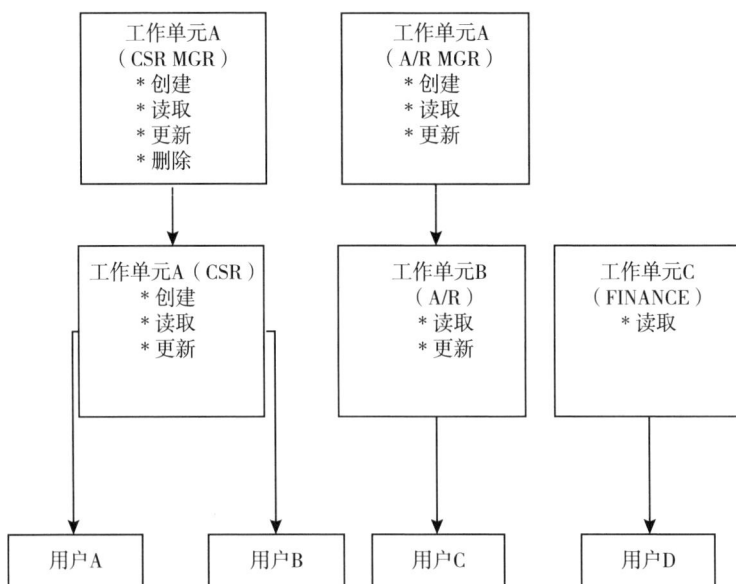

图 5-2　安全角色层次结构示例图

（四）评估当前安全风险

安全风险包括可能危及网络和／或数据库的因素。识别风险的第一步是确定敏感数据的存储位置，以及这些数据需要哪些保护措施。对每个系统进行以下评估：

（1）存储或传送的数据敏感性。

（2）保护数据的要求。

（3）现有的安全保护措施。

记录调查结果以此为将来的评价创建基线。记录文档也可能是隐私法规遵从的要求，如在欧盟。因此，必须通过技术支持的安全流程改进来弥补差距。同时，应对改进效果进行衡量和监测，以确保风险得到缓解。

在大型企业中，可能会聘用"白帽"黑客来评估漏洞。"白帽"测试可作为企业不可渗透的证明，可用于市场声誉的宣传。

四、实施控制和规程

数据安全策略的实施和管理主要由安全管理员负责，与数据管理专员和技术团队协作。例如，数据库安全性通常是 DBA 的职责。

企业必须实施适当的控制以满足安全策略要求。控制和规程应涵盖：

（1）用户如何获取和终止对系统和／或应用程序的访问权限。

（2）如何为用户分配角色并从角色中去除。

（3）如何监控权限级别。

（4）如何处理和监控访问变更请求。

（5）如何根据机密性和适用法规对数据进行分类。

（6）检测到数据泄露后如何处理。

对允许原始用户授权的要求要进行记录，以便在条件不再适用时取消授权。

例如，"维护适当用户权限"的策略可以具有每月"审查 DBA 和用户权限"的控制目标。一个企业要满足此控制过程可能实施和维护如下流程：

（1）根据用于跟踪所有用户权限请求的变更管理系统，验证分配的权限。

（2）需要工作流审批流程或签名的纸质表单，来对每个变更请求记录和归档。

（3）包括取消授权流程，对工作状态或部门不再适合继续拥有某些访问权限的人取消授权。

对用户和组授权的所有初始授权和后续变更，必须经由某些管理层级别的正式申请、跟踪和批准。

（一）分配密级

根据企业的分类方案，数据管理专员负责评估和确定适当的数据密级。

文件和报告的分类应基于文件中发现的任何信息的最高密级。在每个页面的页眉或页脚中标记分类。分类为最不机密的信息产品无须标签。假定任何未标记的产品都是面向一般受众的。

文件作者和信息产品设计人员负责评估、正确分类和标记每个文档以及每个数据库的适当密级。

在大型企业中，大部分安全分类和保护工作由专门的信息安全部门负责。信息安全部门乐于由数据管理专员负责这些分类，他们通常负责实施及网络的物理保护。

（二）分配监管类别

企业应创建或采用能确保满足法规遵从要求的分类方案。此分类方案为响应内部和外部审计提供了基础。一旦确定后就需要在架构中评估和分类信息。由于安全人员使用的是基础设施系统，而非某项数据法规，他们可能不熟悉这一概念。因此，需要有与这些类别相关的数据保护文档要求，因为其中定义了可实施的行为。

（三）管理和维护数据安全

一旦所有需求、制度和过程都到位，则主要任务是确保不会发生安全漏洞。如果发生漏洞，则尽快检测出来。持续监视系统和审核安全程序的严密执行，对于维护数据安全至关重要。

1. 控制数据可用性／以数据为中心的安全性

控制数据可用性需要管理用户权限，以及对在技术上基于权限的访问控制的结构进行管理。某些数据库在提供保护存储数据的结构和流程方面比其他数据库更好。

安全合规经理可能直接负责设计用户授权配置文件，在遵循相关限制的同时，使业务能够顺利运行。

定义授权和授予授权需要数据清单、对数据需求仔细分析以及每个用户权利中公开的数据文档。高度敏感信息通常与非敏感信息混合在一起。企业数据模型对于识别和定位敏感数据至关重要。

即使数据无意暴露，利用数据脱敏也可以保护数据。某些数据法规需要加密，这是落地脱敏的极端情况。解密密钥授权可以是用户授权过程的一部分。授权访问解密密钥的用户可以看到未加密的数据，而其他人只能看到随机字符。

关系数据库视图可用于强制执行数据安全级别。视图可以基于数据值限制对某些行的访问，或对某些列的限制访问，从而限制对机密／受监管字段的访问。

2. 监控用户身份验证和访问行为

报告访问是合规性审计的基本要求。监视身份验证和访问行为提供了有关谁正在连接和访问信息资产的信息。监控还有助于发现值得调查的异常、意外或可疑的交易。通过这种方式，弥补了数据安全规划、设计和实现方面的缺陷。

应根据业务和法规要求进行仔细分析，以决定需要监控什么、监控多长时间以及决定在警报发生时要采取哪些行动。监控涉及多种活动，可具体到某些数据集、用户或角色。监控可用于验证数据完整性、配置或核心元数据。监控可在系统内实现，也可以跨异构系统实现。监控可以专注于特定权限，如下载大量数据或在非工作时间访问数据的能力。

监控可自动或手动执行，也可通过自动化和监督相结合的方式来执行。自动监控确实会给底层系统带来开销，并可能影响系统性能。活动的定期快照有助于理解趋势和对标比较。可能需要迭代配置变更来获得适当监控的最佳参数。

敏感或异常数据库事务的自动记录应该是任何数据库部署的一部分。缺乏自动化监控意味着严重的风险，有如以下几种：

（1）监管风险。数据库审计机制薄弱的企业将越来越多地发现他们与政府的监管要求相悖。金融服务领域的萨班斯－奥克斯利法案和医疗保健部门的医疗保健信息可移植性和责任法案只是两个典型的美国政府法规，其中有明确的数据库审计要求。

（2）检测和恢复风险。审计机制代表最后一道防线。如果攻击者绕过其他防御，则审计数据可以在事后识别是否存在违规行为。审计数据还可作为系统修复指南或将违规关联到特定用户。

（3）管理和审计职责风险。具有数据库服务器管理访问权限的用户，都可以关闭审计以隐藏欺诈活动。在理想的情况下，审计职责应独立于 DBA 和数据库服务器平台支持人员。

（4）依赖于不适当的本地审计工具的风险。数据库软件平台通常集成基本审计功能，但它们往往受到很多限制或部署的阻碍。当用户通过 Web 应用程序访问数据库时，该机审计机制无法识别特定的用户身份，且所有用户活动都与 Web 应用程序账户名称相关联。因此，当该机审计日志显示欺诈性数据库事务时，缺乏指向对此负责的用户链接。

为了降低风险，可以部署实施基于网络的审计设备。虽然这可以解决与单机审计工具相关的大多数弱点，但不能代替由受过培训的审计人员进行的定期审计。此类设备具有以下优点：

（1）高性能。基于网络的审计设备可以在线运行，对数据库性能的影响很小。

（2）职责分离。基于网络的审计设备应独立于 DBA 运行，从而能够恰当地将审计职责与管理职责分开。

（3）精细事务跟踪。它支持高级欺诈检测、取证和恢复。日志包括源应用程序名称、完整查询文本、查询响应属性、源操作系统、时间和源名称等详细信息。

（四）管理安全制度遵从性

管理安全制度遵从性包括确保遵循制度并有效维护控制的日常活动。管理还包括提供满足新需求的建议。在通常情况下，数据管理专员将与信息安全和公司法律顾问协作，使运营制度和技术控制保持一致。

1. 管理法规遵从性

管理法规遵从性包括：

（1）衡量授权细则和程序的合规性。

（2）确保所有数据需求都是可衡量的，因此也是可审计的。

（3）使用标准工具和流程保护存储和运行中的受监管数据。

（4）发现潜在不合规问题以及存在违反法规遵从性的情况时，及时使用上报程序和通知机制。

合规性控制需要审计跟踪。例如，如果制度规定用户在访问某些数据之前必须接受培训，那么企业必须能够证明所有指定的用户都参加了培训。没有审计跟踪，就没有合规的证据。应设计控制措施以确保其是可审计的。

2. 审计数据安全和合规活动

应确保对数据安全和法规制度遵从情况进行连续性的定期内部审计。当颁布新的数据法规或现有法规发生变化时，必须重新审视合规性控制本身，并定期回顾确保控制的有效性。审计工作可以从内部或外部开展。在任何情况下，审计师必须独立于审计中涉及的数据和 / 或流程，以避免任何利益冲突，并确保审计活动和审计结果的完整性。

审计不是为了发现错误。审计的目标是为管理层和数据治理委员提供客观、公正的评估以及合理、实用的建议。

数据安全制度的表述、标准文档、实施指南、变更请求、访问监控日志、报告输出和其他记录构成了审计的输入来源。除检查现有证据外，审计通常还包括执行测试和检查。

（1）评估制度和细则，确保明确定义合规控制并满足法规要求。

（2）分析实施程序和用户授权实践，确保符合监管目标、制度、细则和预期结果。

（3）评估授权标准和规程是否充分且符合技术要求。

（4）当发现存在违规或潜在违规时，评估所要执行的上报程序和通知机制。

（5）审查外包和外部供应商合同、数据共享协议以及合规义务，确保业务合作伙伴履行义务及企业履行其保护受监管数据的法律义务。

（6）评估企业内安全实践成熟度，并向高级管理层和其他利益相关方报告"监管合规状态"。

（7）推荐的合规制度变革和运营合规改进。

数据安全性审计不能替代数据安全管理。审计是客观地评估管理是否达到目标的支持过程。

五、工具和方法

（一）工具

信息安全管理使用的工具，在很大程度上取决于企业规模、网络架构以及安全企业采用的策略和标准。

1. 杀毒软件／安全软件

杀毒软件可保护计算机免受网上病毒的侵扰。每天都有新的病毒和其他恶意软件出现，因此重要的是定期更新安全软件。

2. https

如果 Web 地址以"https：//"开头，则表示网站配备了加密的安全层。用户通常必须提供密码或其他身份验证手段才能访问该站点。在线支付或访问机密信息都采用此加密保护。在通过 Internet 或企业内部执行敏感操作时，培训用户在 URL 地址中查找它。如果缺乏加密，同一网段上的用户就可以读取纯文本信息。

3. 身份管理技术

身份管理技术是存储分配的凭据，并根据请求与系统共享。大多数或所有应用程序使用中央凭据存储库，虽然这对于用户来说更方便，但一些应用程序仍然会管理自身的凭据存储库。有很多用于管理凭据的协议，轻量级目录访问协议就是其中之一。

某些公司采用并提供企业许可的"密码安全"产品，该产品在每个用户的计算机上创建加密的密码文件。用户只需学习一个长密码即可打开程序，并且可以安全地将所有密码存储在加密文件中。单点登录系统也可以起到同样的作用。

4. 入侵侦测和入侵防御软件

当黑客入侵防火墙或其他安全措施时，有能够检测入侵并动态地拒绝访问的工具很有必要。在不当事件发生时，入侵检测系统将通知相关人员。IDS 最好与入侵防御系统进行连接，IPS 系统可对已知攻击和不合逻辑的用户命令组合自动响应。检测通常是通过分析企业内的模式进行。对预期模式的了解可检测出异常事件，当异常事件发生时系统会发送警报。

5. 防火墙

安全且复杂的防火墙应部署在企业网关上，它具有在允许高速数据传送的同时还能够执行详细的数据报告分析的能力。对于暴露于 Internet 的 Web 服务器，建议使用更复杂的防火墙结构，因为许多恶意黑客攻击可以通过有意扭曲的合法流量，对数据库和 Web 服务器漏洞加以利用。

6. 元数据跟踪

跟踪元数据的工具有助于企业对敏感数据的移动进行跟踪。这些工具会存在一种风险：外部代理可从与文档关联的元数据中检测出内部信息。使用元数据标记敏感信息是确保数据得到防护的最佳方式。大量数据丢失事件都是由于不知道数据的敏感性而缺少数据保护造成的。如果元数据以某种方式从元数据库中暴露出来，则可能会发生这种风险，因为元数据文档完全掩盖了任何假设的风险。由于经验丰富的黑客在网络上查找不受保护的敏感数据非常简单，因此这种风险可以忽略不计。最有可能忽视保护敏感数据的人，往往是员工和管理人员。

7. 数据脱敏／加密

进行脱敏或加密的工具对限制敏感数据的移动很有用。

（二）方法

管理信息安全取决于企业规模、网络架构、要保护的数据类型以及企业采纳的安全策略和标准。

1. 应用 CRUD 矩阵

创建和使用数据—流程矩阵和数据—角色关系矩阵有助于映射数据访问需求，并指导数据安全角色组、参数和权限的定义。某些版本中添加 E 执行，以创建 CRUDE 矩阵。

2. 即时安全补丁部署

应该有一个尽可能快地在所有计算机上安装安全补丁程序的流程。恶意黑客只需获取一台计算机超级访问权限，就可以在网络上成功地开展攻击，因此不应该推迟这些更新。

3. 元数据中的数据安全属性

元数据存储库对于确保企业数据模型在跨业务流程使用中的完整性和一致性至关重要。元数据应包括数据的安全性和监管分类。安全元数据的到位可保护企业避免员工对敏感数据缺乏认知而造成的影响。当数据管理专员确定适用密级和监管类别时，类别信息应记录在元数据存储库中。如果技术允许的话，则标记到数据。这些分类可用于定义和管理用户权限和授权，并告知开发团队与敏感数据相关的风险。

4. 项目需求中的安全要求

对每个涉及数据的项目都必须解决系统和数据安全问题，在分析阶段应详细确定数据和应用程序安全要求。预先识别有助于指导设计，避免安全流程的改造。如果实施团队一开始就了解数据保护要求，那么可将合规性构建到系统的基本架构中。此信息还可用于选择适当的供应商/采购软件包。

5. 加密数据的高效搜索

搜索加密数据显然包括解密数据。减少需要解密数据量的方法之一是采用相同的加密方法来加密搜索条件，然后用密文去查找匹配项。匹配加密搜索条件的数据量要少得多，因此解密成本会更低。然后在结果集上使用明文搜索以获得完全匹配。

6. 文件清理

文件清理是在文件共享之前从中清理元数据的过程。文件清理降低了注释中的机密信息可能被共享的风险。特别是在合同中，获取这些信息可能会对谈判产生负面影响。

六、实施指南

实施数据安全项目取决于企业文化、风险性质、公司管理数据的敏感性以及系统类型。实施系统组件应在战略性的安全规划和支持架构的指导下开展。

（一）就绪评估/风险评估

保持数据安全与企业文化息息相关。企业往往会对危机作出反应，而不是主动管理问责并确保可审计性。虽然完美的数据安全几乎不可能，但避免数据安全漏洞的最佳方法是建立安全需求、制度和操作规程的意识。企业可通过以下方式提高合规性：

（1）培训。通过对企业各级安全措施的培训促进安全规范。通过在线测试等评估机制进行培训，以提高员工数据安全意识。此类培训和测试应是强制性的，同时是员工绩效评估的前提条件。

（2）制度的一致性。为工作组和各部门制定数据安全制度和法规遵从制度，以健全企业制度为目标。采取"因地制宜"的方式更有助于有效地吸引大家参与。

（3）衡量安全性的收益。将数据安全的收益同企业计划联系起来。企业应在平衡计分卡度量和项目评估中有包括数据安全活动的客观指标。

（4）为供应商设置安全要求。在服务水平协议和外包合同义务中包括数据安全要求。SLA 协议必须包括所有数据保护操作。

（5）增强紧迫感。强调法律、合同和监管要求，以增强数据安全管理的紧迫感。

（6）持续沟通。支持持续的员工安全培训计划，向员工通报安全计算实践和当前威胁。通过持续性的规划传递一个信息，即安全计算十分重要，这需要管理层的支持。

（二）企业与文化变革

企业需要制定数据相关制度，使其能够实现业务目标，同时保护受监管和敏感信息免遭滥用或未经授权的披露。在权衡风险与易获得性时，企业必须考虑到所有利益相关方的利益。通常，技术架构必须适应数据架构以平衡这些需求，以创建安全有效的电子环境。在大多数企业中，如果要成功保护其数据，那么管理层和员工的行为都需要改变。

在许多大型公司中，信息安全小组的工作涉及制定制度、保障措施、安全工具、访问控制系统以及信息保护设备和系统。应该清楚地理解和认同这些要素是对数据管理专员和数据管理人员所做工作的补充。数据管理专员通常负责数据分类。信息安全团队协助其遵从执行，并根据数据保护制度以及安全和监管分类建立操作规程。

在忽视客户和员工期望的情况下，实施数据安全措施可能会导致员工不满、客户不满和企业风险。为了促进其合规，制定数据安全措施必须站在使用数据和系统的人的角度考虑。精心规划和全面的技术安全措施应使利益相关方更容易获得安全访问。

（三）用户数据授权的可见性

必须在系统实施期间审查每个用户的数据授权，以确定是否包含任何受控信息。了解谁可以访问哪些数据、需要包含密级和监管分类描述的元数据管理以及对权利和授权本身的管理。监管敏感性分级应是数据定义过程的标准部分。

（四）外包世界中的数据安全

任何事情皆可外包，但责任除外。外包IT运营会带来额外的数据安全挑战和责任。外包增加了跨企业和地理边界共担数据责任的人数。对以前非正式的角色和责任必须明确定义为合同义务，必须在外包合同中明确每个角色的职责和期望。

任何形式的外包都增加了企业风险，包括失去对技术环境、对企业数据使用方的控制。数据安全措施和流程必须将外包供应商的风险既视为外部风险，又视为内部风险。

IT外包的成熟使企业能够重新审视外包服务。一个广泛的共识是，包括数据安全架构在内的IT架构和所有权应该是一项内部职责。换句话说，内部企业拥有并管理企业和安全架构。外包合作伙伴可能负责实现体系架构。转移控制，并非转移责任，而是需要更严格的风险管理和控制机制。其中一些机制包括：

（1）服务水平协议。

（2）外包合同中的有限责任条款。

（3）合同中的审计权条款。

（4）明确界定违反合同义务的后果。

（5）来自服务提供商的定期数据安全报告。

（6）对供应商系统活动进行独立监控。

（7）定期且彻底的数据安全审核。

（8）与服务提供商的持续沟通。

（9）如果供应商位于另一国家/地区并发生争议时，应了解合同法中的法律差异。

在外包环境中，跟踪跨系统和个人的数据血缘或流转对于维护"监管链"至关重要。外包企业从 CRUD 矩阵的创建中受益匪浅。该矩阵映射出跨业务流程、应用程序、角色和企业的数据职责，以跟踪数据转换、血缘关系和监管链。此外，执行业务决策或应用程序功能的能力必须包含在矩阵中。

负责、批注、咨询、通知矩阵也有助于明确不同角色的角色、职责分离和职责，包括他们的数据安全义务。

RACI 矩阵可成为合同协议和数据安全制度的一部分。通过定义责任矩阵，在参与外包的各方间确立明确的问责制和所有权，从而支持总体数据安全制度及其实施。

在外包信息技术业务中，维护数据的责任仍在企业方。建立适当的履约机制，并对签订外包协议的缔约方抱有现实期望至关重要。

（五）云环境中的数据安全

Web 计算以及 B2B、B2C 交互的蓬勃发展，使得数据边界超出了企业边界，云计算的最新进展进一步扩展了数据边界。现在"即服务"在技术和业务栈中随处可见。"数据即服务""软件即服务""平台即服务"是当今常用术语。云计算或通过互联网分发资源来处理数据和信息是对"XaaS"配置的补充。

数据安全制度需要考虑跨不同服务模型的数据分布。这包括需要利用外部数据安全标准。在云计算中，共担责任、定义数据监管链以及定义所有权和托管权尤为重要。基础设施方面的考虑对数据安全管理和数据制度有着直接的影响。例如，当云计算提供商通过网络交付软件时，谁负责防火墙？谁负责服务器上的访问权限？

各种规模的企业都需要微调甚至创建面向云计算的新数据安全管理制度。

即使企业尚未在云中直接实施资源，但业务合作伙伴可能会实施。在互联的数据世界中，允许业务合作伙伴使用云计算意味着企业的数据也被放在了云中。相同的数据扩散安全原则也适用于敏感／机密的生产数据。私有云架构，包括虚拟机，即使可能更安全，也应遵循与企业其他部分相同的安全制度要求。

七、数据安全治理

保护企业系统及其存储的数据需要 IT 和业务利益相关方之间的协作。清晰有力的制度和规程是数据安全治理的基础。

（一）数据安全和企业架构

企业架构定义了企业的信息资产和企业组件、它们之间的相互关系以及关于转换、原则和指南的业务规则。数据安全架构是企业架构的一部分，描述了在企业内如何实现数据安全以满足业务规则和外部法规。安全架构涉及：

（1）用于管理数据安全的工具。

（2）数据加密标准和机制。

（3）外部供应商和承包商的数据访问指南。

（4）通过互联网的数据传送协议。

（5）文档要求。

（6）远程访问标准。

（7）安全漏洞事件报告规程。

安全架构对于以下数据的集成尤为重要：

（1）内部系统和业务部门。

（2）企业及其外部业务合作伙伴。

（3）企业和监管机构。

例如，内部和外部各方之间面向服务集成的架构模式，将要求用不同于传统电子数据交换集成体系架构的数据安全模式实现。

对于大型企业而言，以上各方之间的正式联络对于保护信息免遭误用、盗窃、泄露和丢失至关重要。各方都必须了解与其他方有关的内容，以便能够以共同的语言沟通并朝着共同的目标努力。

（二）度量指标

必须对信息保护过程进行衡量并确保按要求运行。指标还有助于流程改进，一些指标可用于衡量流程的进度：开展的审计量、安装的安全系统、报告的事件数以及系统中未经检查的数据量。更复杂的指标将侧重于审计结果或企业在成熟度模型上的变动。

拥有信息安全人员的大型企业可能已存在大量这样的指标。将现有指标作为整体威胁管理衡量过程的一部分加以复用，防止重复工作，这一点很有帮助。创建每个指标的基线，用以显示随时间而取得的进展。

虽然可以度量和跟踪大量安全活动和状态，但是应关注可操作的指标。与明显不相关的几个指标页面相比，企业在一起的几个关键指标更易于管理。改进行动可能包括对数据监管政策和合规行动意识方面的培训。

许多企业都面临着类似的数据安全挑战。以下是可能有助于选择适用的指标。

1. 安全实施指标

这些常见的安全指标可以设定为正值百分比：

（1）安装了最新安全补丁程序的企业计算机百分比。

（2）安装并运行最新反恶意软件的计算机百分比。

（3）成功通过背景调查的新员工百分比。

（4）在年度安全实践测验中得分超过 80% 的员工百分比。

（5）已完成正式风险评估分析的业务单位的百分比。

（6）在发生如火灾、地震、风暴、洪水、爆炸或其他灾难时，成功通过灾难恢复测试的业务流程百分比。

（7）已成功解决审计发现的问题百分比。

可以根据列表或统计数据的指标跟踪趋势：

（1）所有安全系统的性能指标。

（2）背景调查和结果。

（3）应急响应计划和业务连续性计划状态。

（4）犯罪事件和调查。

（5）合规的尽职调查以及需要解决的调查结果数量。

（6）执行的信息风险管理分析以及导致可操作变更的分析数量。

（7）制度审计的影响和结果，如清洁办公桌制度检查，由夜班安保人员在换班时执行。

（8）安全操作、物理安全和场所保护统计信息。

（9）记录在案的、可访问的安全标准。

（10）相关方遵守安全制度的动机。

（11）业务行为和声誉风险分析，包括员工培训。

（12）基于特定类型数据的业务保健因素和内部风险。

（13）管理者和员工的信心和影响指标，作为数据信息安全工作和制度如何被感知的指示。

随着时间的推移，应在适当的类别中选择和维护合理数量的可操作指标，以确保合规性；在问题成为危机之前被发现，并向高级管理层表明保护企业信息的决心。

2. 安全意识指标

考虑以下这些常规领域并选择适当的指标:

(1)风险评估结果。评估结果提供了定性数据,需要反馈给相关业务单位,以增强其责任意识。

(2)风险事件和配置文件。通过这些事件和文件确定需要纠正的未管理风险敞口。在安全意识倡议实施后,通过后续的测试来确定风险敞口以及制度遵从方面的缺失或可衡量改进的程度,以了解这些信息的传达情况。

(3)正式的反馈调查和访谈。通过这些调查和访谈来确定安全意识水平。此外,还要衡量在目标人群中成功完成安全意识培训的员工数量。

(4)事故复盘、经验教训和受害者访谈。这些为安全意识方面的缺口提供了丰富的信息来源。具体指标可包括已减小了多少漏洞。

(5)补丁有效性审计。涉及使用机密和受控信息的计算机,以评估安全补丁的有效性。

3. 数据保护指标

需求决定哪些指标与企业相关:

(1)特定数据类型和信息系统的关键性排名。如果无法操作,那么将对企业产生深远影响。

(2)与数据丢失、危害或损坏相关的事故、黑客攻击、盗窃或灾难的年损失预期。

(3)特定数据丢失的风险与某些类别的受监管信息以及补救优先级排序相关。

(4)数据与特定业务流程的风险映射,如与销售点设备相关的风险将包含在金融支付系统的风险预测中。

(5)对某些具有价值的数据资源及其传播媒介遭受攻击的可能性进行威胁评估。

(6)对可能意外或有意泄露敏感信息的业务流程中的特定部分进行漏洞评估。

敏感数据的可审计列表的位置信息,要在整个企业中传播。

4. 安全事件指标

安全事件指标包括:

(1)检测到并阻止了入侵尝试数量。

(2)通过防止入侵节省的安全成本投资回报。

5. 机密数据扩散

应衡量机密数据的副本数量,以减少扩散。机密数据存储的位置越多,泄露的风险就越大。

第六章 中小企业数据集成和互操作

第一节 概　　述

数据集成和互操作描述了数据在不同数据存储、应用程序和企业这三者内部和之间进行移动及整合的相关过程。数据集成是将数据整合成物理的或虚拟的一致格式。数据互操作是多个系统之间进行通信的能力。数据集成和互操作的解决方案提供了大多数企业所依赖的基本数据管理职能：

（1）数据迁移和转换。

（2）数据整合到数据中心或数据集市。

（3）将供应商的软件包集成到企业的应用系统框架中。

（4）在不同应用程序或企业之间数据共享。

（5）跨数据存储库和数据中心分发数据。

（6）数据归档。

（7）数据接口管理。

（8）获取和接收外部数据。

（9）结构化和非结构化数据集成。

（10）提供运营智能化和管理决策支持。

数据集成和互操作依赖于数据管理的其他领域，如：

（1）数据治理。用于治理转换规则和消息结构。

（2）数据架构。用于解决方案设计。

（3）数据安全。无论数据是持久化、虚拟化还是在应用程序和企业之间流动，都要确保解决方案对数据的安全性进行适当保护。

（4）元数据。用于知晓数据的技术清单、数据的业务含义、数据转换的业务规则、数据操作历史和数据血缘。

（5）数据存储和操作。管理解决方案的物理实例化。

（6）数据建模和设计。用于设计数据结构，包括数据库中的物理持久化的结构、虚拟化的数据结构以及应用程序和企业间传送的消息结构。

数据集成和互操作对数据仓库和商务智能、参考数据和主数据管理至关重要，因为所有这些都关注数据从源系统转换和集成到数据中心，以及从数据中心到目标系统，最终交付给数据消费者的过程。

数据集成和互操作是新兴大数据管理领域的核心。大数据旨在整合各种类型的数据，包括存储在数据库中的结构化数据、存储在文档或文件中的非结构化文本数据以及其他类型的非结构化数据，如音频、视频和流媒体数据。这种数据整合后可被用来进行挖掘、开发预测模型，并将其用于运营智能活动中。

一、业务驱动因素

数据集成和互操作的主要目的是对数据移动进行有效管理。由于大多数企业都有数以百计的数据库和存储库，因此每个信息技术企业的主要责任是管理数据在企业内部的存储库与其他企业之间的双向流动过程。如果管理不当，移动数据的过程可能会压垮 IT 资源和能力，并弱化对传统应用程序和数据管理领域需求的支持能力。

一些企业从软件供应商处购买应用程序而不是开发定制应用程序，这扩大了企业数据集成和互操作性的需求。每个购买的应用程序都有自己的一组主数据存储、交易数据存储和报表数据存储，这些数据存储必须与企业中的其他数据存储集成。即使是运行企业公共功能的企业资源规划系统，也很少包含企业中的所有数据存储。软件供应商也必须将其数据与其他企业数据集成。

对企业来说，管理数据集成的复杂性以及相关成本是建立数据集成架构的原因。企业级的数据集成设计远远比分散的或点对点的解决方案效率更高、成本更低。在应用程序之间采用点对点的解决方案，可能产生出成千上万的接口，即使最有效率和最有能力的 IT 支撑企业也会被迅速拖垮。

数据仓库和主数据解决方案，如数据中心，通过整合许多应用程序所需的数据，并为这些应用程序提供一致的数据视图，从而能缓解这个问题。类似地，对于需要跨企业共享的操作和交易数据，通过使用企业数据集成技术和规范化消息模型等，可以极大地简化管理这些数据的复杂性。

还有一个业务驱动因素是维护管理成本。在使用多种技术来移动数据时，每种技术都需要特定的开发和维护技术，这样都会造成支持成本增加。标准工具的应用可以降低维护和人力成本，并提高故障排除工作的效率。降低接口管理的复杂性，可以减少接口的维护成本，并使支撑资源能更有效地在企业其他优先事务中发挥作用。

数据集成和互操作还支持企业遵守数据处理标准和规则的能力。企业级数据集成和互操作系统可以重用代码，从而实现规则的兼容性，并简化兼容性验证工作。

二、目标和原则

数据集成和互操作实践与解决方案的实施目标是：

（1）及时以数据消费者所需的格式提供数据。

（2）将数据物理地或虚拟地合并到数据中心。

（3）通过开发共享模型和接口来降低管理解决方案的成本及复杂度。

（4）识别有意义的事件，自动触发警报并采取相应行动。

（5）支持商务智能、数据分析、主数据管理以及运营效率的提升。

在实施数据集成和互操作时，企业应遵循以下原则：

（1）采用企业视角确保未来的可扩展性设计，通过迭代和增量交付实现。

（2）平衡本地数据需求与企业数据需求，包括支撑与维护。

（3）确保数据集成和互操作设计和活动的可靠性。业务专家应参与数据转换规则的设计和修改，包括持久性和虚拟性。

三、基本概念

（一）抽取、转换、加载

数据集成和互操作的核心是抽取、转换和加载这一基本过程。无论是在物理状态下还是在虚拟状态下，批量地或实时地执行 ETL 都是在应用程序和企业之间数据流动的必要步骤。ETL 处理过程如图 6-1 所示。

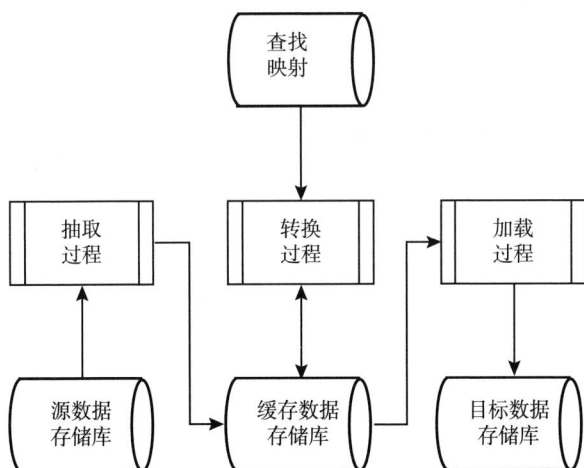

图 6-1　ETL 处理过程

根据数据集成的需求，ETL 可以作为定期调度事件执行，也可以在有新数据或数据更新后执行。操作型数据处理往往是实时或准实时的，而分析或报表所需的数据通常在批量作业中。

数据集成的需求还可以决定抽取和转换的数据是否存储在物理状态下的分段结构中。物理分段结构允许追踪数据的审计痕迹，并且可以从中间点重新启动潜在进程。然而，分段结构不仅占用磁盘空间，而且读写耗时。对于需要超低延迟的数据集成需求来说，它通常不包括数据集成中间结果的物理分段。

1. 抽取

抽取过程包括选择所需的数据并从其源数据中提取。然后，被抽取的数据会在磁盘或内存中的物理数据存储库中进行储存。如果在磁盘上进行物理缓存，则缓存数据库可以和源数据库或目标数据库合并，或者与两者都合并。

在理想情况下，当这个过程在一个操作型系统上执行时，为了避免对操作流程产生负面影响，设计时应考虑尽可能少地使用资源。在非高峰时间进行批处理是抽取的一个选项，其中包括执行选择或识别待抽取更改数据的复杂处理。

2. 转换

转换过程是让选定的数据与目标数据库的结构相兼容。

转换包括多种情况。例如，当数据向目标移动时将它从源数据中移除，或是数据复制到多个目标中，或是数据用于触发事件但不会持久化。

转换的例子包括：

（1）格式变化。技术上的格式转换，如从 EBCDIC 到 ASCII 的格式转换。

（2）结构变化。数据结构的变化，如从非规范化到规范化的记录。

（3）语义转换。数据值转换时保持语义的一致化表达，如源性别代码可以包括 0、1、2 和 3，而目标性别代码可以表示为 UNKNOWN、FEMALE、MALE 或 NOT PROVIDED。

（4）消除重复。如规则需要唯一的键值或记录，以确保包括扫描目标、检测和删除重复行的方法。

（5）重新排序。改变数据元素或记录的顺序以适应已定义的模式。

转换可以批量执行，也可以实时执行，或者是将转换结果存储在物理状态下的缓存区域中，或者是将转换后的数据存储在虚拟状态下的内存中，直至移动到加载步骤为止。转换阶段所产生的数据应准备好与目标结构中的数据进行集成。

3. 加载

加载过程是在目标系统中物理存储或呈现转换结果。根据所执行的转换、目标系统的目的及其预期用途，数据可能需要被进一步地处理以便与其他数据集成，或者可能以一种最终形式呈现给消费者。

4. 抽取、加载、转换

如果目标系统比源系统或中间应用系统具有更强的转换能力，那么数据处理的顺序可以切换为 ELT——抽取、加载、转换。ELT 允许在数据加载到目标系统后再进行转换。ELT 允许源数据以原始数据的形式在目标系统上实例化，这对其他进程是有用的。用 ELT 的方式加载至数据库，这在大数据环境中是很常见的，如图 6-2 所示。

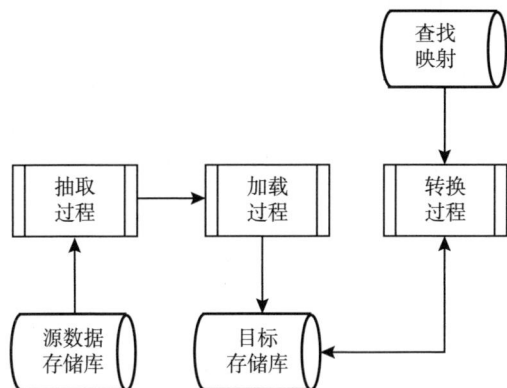

图 6-2　ELT 处理过程

5. 映射

映射是转换的同义词，它既是从源结构到目标结构建立查找矩阵的过程，也是该过程的结果。映射定义了要抽取的源数据与抽取数据的识别规则、要加载的目标与要更新的目标行的识别规则以及要应用的任何转换或计算规则。许多数据集成工具提供了映射的可视化界面，因此开发人员可以使用图形界面创建转换代码。

（二）时延

时延是指从源系统生成数据到目标系统可用该数据的时间差。不同的数据处理方法会导致不同程度的数据延迟。延迟可以是很高或较高，也可以是非常低。

1. 批处理

大多数数据在应用程序和企业之间以一批文件的形式移动，要么是根据数据使用者的人工请求，要么是按周期自动触发。这种类型的交互称为批处理或 ETL。

以批处理模式移动的数据将代表在给定时间点的全部数据，如一个周期结束后的账户余额或自上次发送数据以来已更改的数据值，如一天内已完成的地址的更改。这组变化的数据称为增量，而某一时刻的数据称为快照。

对于批处理数据集成解决方案，在源中的数据更改和目标中的数据更新之间，通常会有明显的时延，从而导致高延迟。批处理对于在短时间内处理大量数据非常有用，它倾向用于数据仓库数据集成解决方案，即使在低延迟解决方案可用时也是如此。

为了实现快速处理和低延迟，一些数据集成解决方案使用微批处理。微批处理是指使批处理的运行频率高于按天更新的频率，如每5分钟运行一次。

批量数据集成可用于数据转换、迁移和归档以及从数据仓库和数据集市中抽取和加载数据。批量处理的时机可能存在风险。为了尽量减少应用程序的更新问题，可以将应用程序之间的数据移动安排在工作日的逻辑处理结束时或者在夜间对数据进行特殊处理后。为了避免数据集的不完整，对数据转移到数据仓库的作业应按照每日、每周或每月的报表进行调度。

2. 变更数据捕获

变更数据捕获是一种通过增加过滤来减少传送带宽需求的方法，只包含在特定时间范围内更改过的数据。变更数据捕获监视数据集的更改，然后将这些更改传送给使用这些数据的其他数据集、应用程序和企业。作为变更数据捕获过程的一部分，对数据也可以用标记或时间戳等标识符来标识。变更数据捕获可以是基于数据的，也可以是基于日志的。

基于数据的变更数据捕获技术有三种：

（1）源系统填入特定的数据元素。例如，某一个范围内的时间戳、代码或标志，它们都可以作为变更指示符。抽取过程使用规则来识别要抽取的行。

（2）源系统进程在更改数据时被添加到一个简单的对象和标识符列表，然后用于控制抽取数据的选择。

（3）源系统复制已经变化的数据。这些数据已经作为交易的一部分变成了独立对象，然后用于抽取处理。此对象不需要在数据库管理系统内。

这些类型的提取使用源应用程序内置的功能，这可能是资源密集型的，需要有修改源应用程序的能力。

在基于日志的更改数据捕获中，数据库管理系统创建的数据活动日志被复制和处理，然后寻找将其转换并应用到目标数据库的特定更改。复杂的转换可能比较难，但是可以使用类似源对象的中间结构作为进一步处理变更数据的一种方式。

3. 准实时和事件驱动

大多数未采用批量方式的数据集成解决方案都是使用准实时或事件驱动的方式。数据在特定的时间表内是以较小的集合进行处理，或者在事件发生时处理，如数据更新。与批处理相比，准实时处理具有更低的延迟，而且通常因为工作是随时间分布的，所以系统负载较低。但是，它通常比同步数据集成解决方案要慢一些。准实时数据集成解决方案通常是使用企业服务总线来实现的。

状态信息和进程的依赖必须由目标应用程序加载过程来进行监控。进入目标的数据可能无法按照目标构建所需的正确顺序进入。例如，要在处理主数据关联的交易数据之前先处理主数据或维度数据。

4. 异步

在异步数据流中，提供数据的系统在继续处理之前不会等待接收系统确认更新。异步意味着发送或接收系统可能会在一段时间内离线，而另一个系统可以正常运行。

异步数据集成不会阻塞源应用程序继续执行，也不会在任何目标应用程序不可用时导致源应用程序不可用。由于在异步配置中对应用程序进行的数据更新不是及时的，所以称为准实时集成。在接近实时的环境中，源中进行的更新与中继到目标数据集之间的延迟通常为秒级或分级。

5. 实时同步

有些情况下，源数据和目标数据之间不允许存在时间延迟或其他差异。当一个数据集的数据必须与另一个数据集的数据保持完美的同步时，必须使用实时的同步解决方案。

在同步集成解决方案中，执行过程在执行下一个活动或事务之前需等待接收来自其他应用程序或进程的确认。因为必须花费时间等待数据同步的确认，所以这意味着解决方案只能处理更少的事务。如果任何需要更新数据的应用程序处于不可用状态，那么主应用程序中的事务就无法完成。这种情况可以使数据保持同步，但有可能使关键应用程序依制于不太重要的应用程序。

采用这种类型的架构存在于一个连续体中。采用这种架构的基础是数据集可能有多大差异以及这种解决方案的价值有多少。可以通过数据库能力保持数据集同步。两阶段提交要确保事务中的所有内容更新，要么都是成功的，要么都没有成功。例如，金融机构使用两阶段提交解决方案来确保财务交易表与财务平衡表完全同步。因为应用程序出现意外中断时，其中一个数据集更新而另一个数据集不更新的可能性很小，所以不是所有项目都使用两阶段提交。

在状态管理方面，实时的、同步的解决方案比异步解决方案的需求少，因为事务处理的顺序显然应由更新应用程序管理。然而，应用程序的自我状态管理也可能导致阻塞和延迟其他交易。

6. 低延迟或流处理

快速的数据集成解决方案已经取得了巨大的进展。这些解决方案需要大量的硬件和软件投资。如果一个企业需要非常快速地进行远距离移动数据，那么为低时延解决方案付出的额外成本是合理的。随着事件的发生，"流数据"在事件发生后应立即从计算机系统实时连续地流出。数据流捕捉事件，诸如购买商品或金融证券、社会媒体评论以及从传感器监控位置、温度、使用情况或其他的读数等。

低延迟数据集成解决方案旨在减少事件的响应时间。它们可能包括使用像固态硬盘的硬件解决方案或使用内存数据库的软件解决方案，这样就不会因为读写传统磁盘而造成延迟。传统磁盘驱动器的读写过程比处理内存或固态硬盘驱动器中数据的速度要慢得多。

异步解决方案通常用于低延迟解决方案，这样事务在处理下一个数据之前不需要等待后续进程的确认。

大规模多处理器或并行处理也是低延迟解决方案中一种常见的配置，这样传入数据的处理可以同时分散在多个处理器上，而不是在单个或少量的处理器上，以免造成阻塞。

（三）复制

考虑为世界各地的用户提供更好的响应时间，一些应用程序在多个物理位置上有维护数据集的精确副本。复制技术将分析和查询对主事务操作环境性能的影响降至最低。

这种解决方案必须把物理上分布的各个数据集副本进行数据同步。大多数数据库管理系统中都由复制工具来完成这项工作。当所有数据集都在相同的数据库管理系统技术中维护时，这些复制工具工作得最好。复制解决方案通常监视数据集的更改日志，而不是数据集本身。因为它们不会与应用程序竞争访问数据集，所以它们可以最大限度地减少对任何操作应用程序的影响。只有来自更改日志的数据在复制副本之间传送。标准复制解决方案是准实时的，数据集的一个副本和另一个副本之间的更改有很小的延迟。

由于复制解决方案的好处是对源数据集的影响最小，传送的数据量也最小，因此许多数据集成解决方案中都使用了复制，即使是那些不包括远程物理分布的解决方案也是如此。因为使用这些数据库管理工具不需要大量的编程工作，所以很少会有程序缺陷问题。

当源数据集和目标数据集是彼此的精确副本时，复制工具的表现最佳。

源数据和目标数据的差异给同步带来了风险。如果最终目标数据不是源数据的精确副本，那么就需要维护出一个暂存区域来容纳源数据的精确副本。这需要使用额外的磁盘，并且可能需要额外的数据库技术。

如果数据更改动作发生在多个副本站点，那么数据复制解决方案不是最佳的选择。如果有可能在两个不同的站点更改相同的数据片段，则存在数据不同步的风险，或者其中一个站点的更改可能会在没有警告的情况下被覆盖。

（四）归档

不经常使用的数据，可以移动到成本较低的备用数据结构或存储解决方案中。ETL功能可用于归档数据并可能将其转换为存档环境中的数据结构。使用归档存储来自正在退役的应用程序的数据以及来自长期未使用的生产系统的数据，可以提高操作效率。

监控归档技术非常重要，要确保在技术发生改变时，数据仍然可以被访问。使用新技术却无法读取旧结构或旧格式的存档，这样可能会存在风险，特别是对于那些仍然合法需要的数据。

（五）企业消息格式／规范格式

规范化的数据模型是企业或数据交换团队使用的通用模型，用于标准化数据共享的格式。在中心辐射型数据交互设计模型中，所有想要提供或接收数据的系统只与中央信息中心进行交互。根据通用的或企业的规范消息格式将数据从发送系统转换到接收系统中。规范格式的使用降低了系统或企业之间的数据转换量。每个系统都只需要将数据转换为中央规范格式的数据，而不需要将数据转换为众多系统格式。

开发和商定共享消息格式是一项重要的任务，拥有规范格式可以显著降低企业中数据互操作的复杂性，从而大大降低支持成本。在使用中心辐射型数据交互模型来实现企业数据集成解决方案时，创建和管理所有数据交互的公共规范数据格式是一项开销巨大的工作。3个以上系统之间的数据交互就应当考虑这些因素，对于管理100多个应用系统数据交互的环境则更要考虑。

（六）交互模型

交互模型描述了在系统之间建立连接以传送数据的方式。

1. 点对点

共享数据系统之间的绝大多数交互都是"点对点"的，它们直接相互传递数据。这个模型在少数系统的上下文中是行得通的。但是，当许多系统需要来自同一来源的相同数据时，它会很快变得效率低下并增加企业风险。具体有以下几个方面：

（1）影响处理。如果源系统是操作型的，那么提供数据的工作量可能会影响交易处理。

（2）管理接口。点对点交互模型所需的接口数量接近系统数量的平方数。一旦建立了这些接口，就需要维护和支撑这些接口。管理和支撑系统之间接口的工作量很快就会大于系统本身的支持。

（3）潜在的不一致。当多个系统需要不同的版本或数据格式时，就会出现设计问题。使用多个接口获取数据会导致发送给下游系统的数据不一致。

2. 中心辐射型

中心辐射型模型是点对点的替代方案，它将共享数据整合到应用程序可以使用的一个中央数据中心。所有想交换数据的系统都是通过一个中央公共数据控制系统进行交换的，而不是直接与其他系统进行交换。数据仓库、数据集市、操作数据存储和主数据管理中心都是数据中心的最佳示范。

数据中心提供一致的数据视图，对源系统性能的影响有限。数据中心甚至最小化了必须访问的数据源系统和抽取的数量，从而减少对源系统资源的影响。向组合中添加新系统，只需要构建到数据中心的接口。如果涉及系统数量不多，中心辐射型交互效率会更高。此外，可以对成本进行合理调整，尤其对于管理成百上千的系统组合至关重要。

企业服务总线是用于在多个系统之间接近实时共享数据的数据集成解决方案，其数据中心是一个虚拟概念，代表企业中数据共享的标准和规范格式。

中心辐射型模型可能并不总是最好的解决方案。部分中心辐射型模型存在着不可接受的时延或性能问题。数据中心本身在中心辐射型架构中存在创建开销。点对点解决方案不需要数据中心。然而，当3个或更多的系统参与共享数据时，数据中心的好处就超过了开销大的缺点。利用中心辐射型设计模式来交换数据，可以显著减少数据的转换工作和集成解决方案的需求，从而大大简化必要的企业支持。

3. 发布与订阅

发布与订阅模型涉及推送数据的系统和其他接受数据的系统。在数据服务的目录中列出推送数据的系统，希望使用数据的系统订阅这些服务。在发布数据时，数据会自动发送给订阅用户。

当多个数据消费者需要特定格式的数据集时，集中开发该数据集并使其对所有需要的人都可用，可确保所有参与者及时收到一致的数据集。

（七）数据集成和互操作架构概念

1. 应用耦合

耦合描述了两个系统交织的程度。两个紧密耦合的系统通常有一个同步接口，其中一个系统等待另一个系统的响应。紧密耦合代表了运营上的风险：如果一方系统不可用，那么它们实际上都不可用，并且两个系统的业务连续性计划必须保持一致。

在某些情况下，松耦合是一种优选的接口设计，其中在系统之间传送数据不需要等待响应，而且一个系统不可用时，不会导致另一个系统无法使用。可以使用服务、API 或消息队列等各种技术来实现松耦合。松耦合的设计模式如图 6-3 所示。

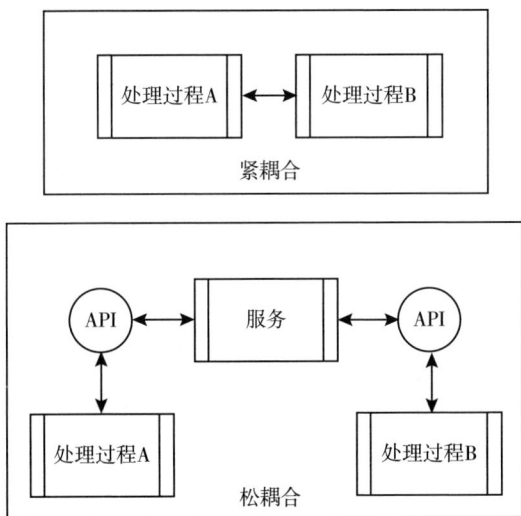

图 6-3　应用耦合

基于企业服务总线的面向服务架构是松耦合数据交互设计模式的一个示例。

当系统松耦合时，因为交互点有良好的定义，所以理论上可以在不重写与之交互系统的情况下，替换应用程序清单中的系统。

2. 编排和流程控制

编排是一个术语，用来描述在一个系统中如何组织和执行多个相关流程。所有处理消息或数据报的系统，必须能够管理这些流程的执行顺序，以保持一致性和连续性。

流程控制是确保数据的调度、交付、抽取和装载的准确和完整的组件。基本数据传送架构中经常被忽略的有以下几个方面：

（1）数据库活动日志。

（2）批量作业日志。

（3）警报。

（4）异常日志。

（5）作业依赖图，包含补救方案、标准回复。

（6）作业的时钟信息，如依赖作业的定时、期望的作业长度、计算的窗口时间。

3. 企业应用集成

在企业应用集成模型中，软件模块之间仅通过定义良好的接口调用进行交互。数据存储只能通过自己的软件模块更新，其他软件不能直接访问应用程序中的数据，只能通过定义的 API 访问。企业应用集成是基于面向对象的概念，它强调重用和替换任何模块而不影响任何其他模块的能力。

4. 企业服务总线

企业服务总线是一个系统，它充当系统之间的中介，在它们之间传送消息。应用程序可以通过 ESB 现有的功能封装发送和接收的消息或文件。作为一个松耦合的例子，ESB 充当两个应用程序之间的服务角色，如图 6-4 所示。

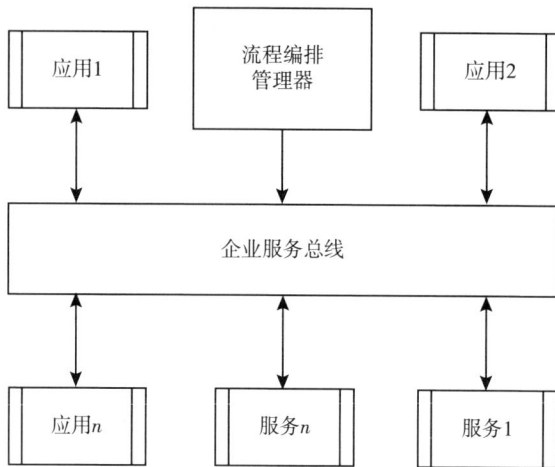

图 6-4　企业服务总线

5. 面向服务的架构

大多数成熟的企业数据集成策略都采用面向服务的架构思想。通过在应用程序之间定义良好的服务调用，可以提供推送数据或更新数据的功能。使用这种方法，应用程序不必与其他应用程序直接交互或了解其他应用程序的内部工作。SOA 支持应用程序的独立性和企业替换系统的能力，而无须对与之交互的系统进行重大更改。

SOA 的目标是在独立的软件模块之间定义良好的交互。每个模块可供其他软件模块或个人消费者执行功能。SOA 的关键概念是提供了独立的服务：该服务没有调用应用程序的预先知识，服务的实现是调用应用程序的黑匣子。SOA 可以通过 Web 服务、消息传送、RESTful API 等多种技术来实现。通常作为可以供应用系统或个人消费者调用的 API 实现服务。一个定义良好的 API 注册表包含了可用的选项、需要提供的参数以及提供的结果信息。

数据服务可以包括数据的添加、删除、更新和检索，这些服务被指定在可用服务的目录中。为了实现企业的可扩展性和重用性目标，必须围绕服务和 API 的设计及注册建立一个强大的治理模型。在开发出新的数据服务之前，要确保不存在能够满足所请求数据的已有服务。此外，新的服务设计需要考虑满足广泛的需求，这样它们才能不受当前需要的限制，满足可以重用的要求。

6. 复杂事件处理

事件处理是跟踪和分析有关发生事件的信息流，并从中得出结论的方法。复杂事件处理将多个来源的数据进行合并，通过识别出有意义的事件，为这些事件设置规则来指导事件处理及路由，进而预测行为或活动，并根据预测的结果自动触发实时响应，如推荐消费者购买产品。

企业可以使用复杂事件处理来预测行为或活动，并根据预测的结果自动触发实时响应，诸如销售机会、Web 点击、订单或客户服务电话等事件可能发生在企业的各个层面上。它们可以包括新闻、短信、社交媒体、股票市场、流量报表、天气报告或其他类型的数据。当测量值超过预定的时间、温度或其他值的阈值时，事件也可以定义为状态的变化。

CEP 存在很多数据挑战。有时事件发生的概率让在发生事件时检索必要的额外数据变得不切实际。高效的处理通常要求预先在 CEP 引擎的内存中预存一些数据。

复杂事件处理需要一个能够集成各种类型数据的环境。由于预测通常涉及大量各种类型的数据，所以复杂事件处理常常与大数据相关。复杂事件处理通常需要使用支持超低时延要求的技术，如处理实时流式数据和内存数据库。

7. 数据联邦和虚拟化

当数据存在于不同的数据存储库时，还可以通过除物理集成以外的方式来聚合。无论各自结构如何，数据联邦提供访问各个独立数据存储库组合的权限。数据虚拟化使分布式数据库以及多个异构数据存储能够作为单个数据库来访问和查看。

8. 数据即服务

软件即服务是一种交付和许可模式。许可应用程序提供服务，但软件和数据位于软件供应商控制的数据中心，而不是获得许可企业的数据中心。提供不同层次的计算基础设施即服务也是类似的概念。

数据即服务的一个定义是从供应商获得许可并按需由供应商提供数据，而不是存储和维护在被许可企业数据中心的数据。一个常见的例子是证券交易所出售证券和相关价格的信息。

尽管 DaaS 通常适用于表示向行业内的用户销售数据的供应商，但这个"服务"概念同样也适用于企业内部，如向各种功能和操作系统提供企业数据或数据服务。服务企业提供可用服务目录、服务级别和定价计划。

9. 云化集成

云化集成，也称为集成平台即服务或 IPaaS，是作为云服务交付的一种系统集成形式。用它处理数据、流程、面向服务架构和应用集成。

在云计算出现之前，集成可以分为内部集成和企业间集成。内部集成需求是通过内部中间件平台提供服务，并且通常使用服务总线来管理系统之间的数据交换。企业间集成是通过电子数据交换网关、增值网络或市场完成。

基于云化集成，SaaS 模式为整合位于企业数据中心外部的数据创造了一种新的需求。自从这种模式出现后，许多集成内部应用程序以及类似 EDI 网关功能的能力被开发出来了。

云化集成解决方案通常作为 SaaS 应用程序在供应商的数据中心运行，而不是在拥有被集成数据的企业中运行。云化集成涉及与要使用 SOA 交互服务集成的 SaaS 应用程序数据的交互。

（八）数据交换标准

数据交换标准是数据元素结构的正式规则。如同许多行业一样，国际标准化企业也制定了数据交换标准。数据交换规范是企业或数据交换团队使用的通用模型，用于标准化数据共享格式。交换模式定义了任何系统或企业交换数据所需的数据转换结构。数据需要映射到交换规范中。

制定开发一项能够共享信息格式的工作是非常重要的，在系统之间达成一致的交换格式或数据布局可以大大简化企业中的数据共享过程，从而降低支撑的成本，并使工作人员能更好地理解数据。

例如，国家信息交换模型是为在美国政府机构之间交换文件和交易而开发的数据交换标准。其目的是使信息的发送者和接收者对该信息的含义有一个共同的、明确的理解。与 NIEM 的一致性确保了基本的信息集被很好地理解，并且在不同的社区中具有相同的一致性的含义，从而实现互操作性。

国家信息交换模型使用可扩展标记语言来定义模式和元素的表示，允许通过简单但详细的 XML 语法定义规则来定义数据的结构和含义。

第二节　中小企业数据集成和
互操作对策与实施

数据集成和互操作涉及在什么时间、什么地点、以什么方式能获得数据。数据集成活动遵循开发生命周期模型，从规划开始，经过设计、开发、测试和实施等过程。一旦实施，就必须对集成系统进行管理、监控和升级。

一、规划和分析

（一）定义数据集成和生命周期需求

定义数据集成需求涉及理解企业的业务目标，以及为实现这些目标而需要的数据和建议的技术方案，还需要收集这些数据的相关法律或法规。由于数据内容的原因，有些活动可能受到限制，而预先了解这些情况能防止以后出现问题。还必须考虑有关数据保留和数据生命周期其他部分的企业策略。数据保留的要求通常因数据域和类型而异。

数据集成和生命周期需求通常由业务分析师、数据管理专员和具有各种职能的架构师定义。这些架构师希望以特定的格式在特定的位置获取数据，并与其他数据集成。这种需求将确定数据集成和互操作交互模型的类型，然后确定满足需求所需的技术和服务。

定义需求的过程可以创建并发现有价值的元数据。这些元数据从发现到操作，应该在整个数据生命周期中进行管理。企业的元数据越完整和准确，其管理数据集成风险和成本的能力就越强。

（二）执行数据探索

数据探索应该在设计之前进行。数据探索的目标是为数据集成工作确定潜在的数据来源。数据探索将确定可能获取数据的位置以及可能集成的位置。该过程将技术搜索与主题专业知识相结合，搜索技术会使用能够扫描企业数据集上元数据和／或实际内容的工具。

数据探索还包括针对数据质量的高级别评估工作，以确定数据是否适合集成计划的目标。这个评估不仅需要审查现有的文档，采访主题专家，而且需要通过数据剖析或其他分析来验证根据实际数据收集的信息。几乎在任何情况下，对数据集的看法与实际探索，发现的数据集都会存在差异。

数据探索生成完善企业的数据目录，这个目录应该在元数据仓库中维护。应确保该目录作为集成工作的标准部分得到维护：添加或删除数据存储、更改文档结构等。

大多数企业都需要集成来自其内部系统的数据。然而，数据集成解决方案也可能涉及从企业外部获取数据。有大量且越来越多的有价值的信息可以免费或者从数据供应商那里获得。当来自企业外部的数据和企业内部数据集成在一起时，这是非常有价值的。但是，获取和集成外部数据需要做好规划。

（三）记录数据血缘

数据探索过程还将揭示数据如何在一个企业中流动的信息。此信息可用于记录高级数据血缘：数据是如何被企业获取或创建的，它在企业中是如何移动和变化以及如何被企业用于分析、决策或事件触发的。详细记录的数据血缘可以包括根据哪些规则改变数据及其改变的频率。

血缘分析可能会识别使用中的系统所需的更新。自定义编码的 ETL 和其他遗留数据操作对象应当被记录下来，以确保企业能够分析出数据流中任何更改的影响。

分析过程还可以提供改进现有数据流的机会。例如，发现一处代码可以升级为对工具中函数的简单调用，或者由于不再相关而被丢弃。有时，一个旧工具正在执行一个转换，这个转换在后面发现不必再做了。发现和消除这些低效率或无效的配置，可以极大地帮助项目的成功，并提升企业使用其数据的整体能力。

（四）剖析数据

理解数据的内容和结构是实现数据集成成功的关键。数据剖析有助于实现这一目标。实际的数据结构和内容总是和假定的有差异。有时差异很小，有时差异大到足以破坏集成工作。剖析数据可以帮助集成团队发现这些差异，并利用这些差异对采购和设计做出更好的决策。如果跳过数据剖析过程，那么有些影响设计的信息直到测试或实际操作之前都不会被发现。

基本剖析包括：

（1）数据结构中定义的数据格式和从实际数据中推断出来的格式。

（2）数据的数量，包括 null 值、空或默认数据的级别。

（3）数据值以及它们与定义的有效值集合的紧密联系。

（4）数据集内部的模式和关系，如相关字段和基数规则。

（5）与其他数据集的关系。

对潜在的源数据和目标数据进行更广泛的剖析，可以了解数据在多大程度上能满足特定数据集成活动的要求。对源数据和目标数据进行剖析，可以了解如何将数据转换为符合要求的数据。

剖析的目标之一是评估数据的质量。对于特定用途的适用性，评估数据时需要记录业务规则，并测量数据满足这些业务规则的程度。需要将评估的准确性与确定正确的一组数据进行比较。有时可能未必找得到这样的一组数据，因此作为剖析工作的一部分，准确的测量有时也是不现实的。

与高级数据探索一样，数据剖析包括验证与实际数据相关的数据假设。在元数据存储库中捕获数据剖析的结果，以便在以后续的项目中使用，并使用从过程中获得的知识来提高现有元数据的准确性。

剖析数据的要求必须与企业的安全和隐私规定保持平衡。

（五）收集业务规则

业务规则是需求的一个关键子集，是定义或约束业务处理方面的语句。业务规则旨在维护业务结构、控制或影响业务的行为。业务规则分为四类：业务术语定义、相互关联的术语的事实、约束或行为断言以及派生。

实现数据集成和互操作需要业务规则的支撑。具体内容包括以下四个方面：

（1）评估潜在的源数据集和目标数据集的数据。

（2）管理企业中的数据流。

（3）监控企业中的操作数据。

（4）指示何时自动触发事件和警报。

对于主数据管理而言，业务规则包括匹配规则、合并规则、存活规则和信任规则。对于数据归档、数据仓库和使用数据存储的其他情况，业务规则还包括数据保留规则。收集业务规则也称为规则获取或业务规则挖掘。业务分析师或数据管理专员可以从现有文档中提取规则，他们也可以通过企业研讨会和业务主题专家访谈来获得，或者两者兼而有之。

二、设计数据集成解决方案

（一）设计数据集成解决方案

数据集成解决方案应该在企业和单个解决方案两个层面上统筹考虑。因为评估和协商工作需要在确定数据集成解决方案之前进行，所以通过建立企业标准可以让企业节省实施单个解决方案的时间。企业可以通过集团折扣的方法来节省许可证成本，以及通过操作一致、复杂性下降的方法来解决方案成本。支持和备份的操作资源是共享池的一部分。设计一个满足需求的解决方案，尽可能多地重用现有的数据集成和互操作性组件。解决方案体系结构表示将要使用的技术，它将包括所涉及数据结构的清单、数据流的编排和频率指示、法规、安全问题和补救措施以及有关备份和恢复、可用性和数据存档和保留。

1. 选择交互模型

确定哪个交互模型或组合（中心辐射型、点对点或发布订阅）将满足需求。如果需求与已经实现的现有交互模式相匹配，则尽可能地重用现有系统，以减少开发工作。

2. 设计数据服务或交换模式

创建或重用现有的集成流来移动数据。这些数据服务应该与现有类似数据服务相辅相成，但要注意，不要创建多个几乎完全相同的服务，因为在服务激增的情况下，故障排除和支持会变得越来越困难。如果一个现有的数据流可以被修改以支持多种需求，那么这种修改做法可能是值得提倡的，而不是创建一个新的服务。

任何数据交换规范设计都应该基于行业标准开始，或者以已经存在的其他交换模式为标准。在可能的情况下，对现有模式进行更改要考虑通用性，以使更改对其他系统具有通用性；如果只是针对一种特定交换模式更改，会存在像点对点连接类似的问题。

（二）建模数据中心、接口、消息、数据服务

数据集成和互操作中所需的数据结构包括数据持久化的数据结构，如主数据管理中心、数据仓库和数据集市、操作型数据存储库以及那些只是用于移动或转换数据的临时数据结构，如接口、消息布局和规范模型。这两种类型都应该建模。

（三）映射数据源到目标

几乎所有的数据集成解决方案都包括从源结构到目标结构的数据转换。做好从一个位置到另一位置的数据格式转换映射规则。

对于映射关系中的每个属性，映射规范如下：

（1）指明源数据和目标数据的技术格式。

（2）指定源数据和目标数据之间所有中间暂存点所需的转换。

（3）描述最终或中间目标数据存储区中每个属性的填充方式。

（4）描述是否需要对数据值进行转换，如通过在表示适当目标值的表中查找源值。

（5）描述需要进行哪些计算。

转换可以在批量计划中执行，也可以由实时事件触发。可以通过目标格式的物理持久化或通过对目标格式数据的虚拟化呈现来完成。

（四）设计数据编排

数据集成解决方案中的数据流必须做好设计和记录。数据流程编排是从开始到结束的数据流模式，包括完成转换和／或事务所需的所有中间步骤。

批量数据集成的流程编排将设定数据移动和转换的频率。批量数据集成通常被编码为一个调度器，它会在某个时间、周期或在事件发生时被触发启动。调度器可能包括具有依赖关系的多个步骤。

实时数据集成流程编排通常由事件触发，如数据新增或更新。实时数据集成流程编排通常更复杂，通常需要跨越多个工具来实现，甚至可能都不是

线性的过程。

三、开发数据集成解决方案

（一）开发数据服务

开发服务可以获取、转换和交付指定的数据，并且匹配所选的交互模型。实现数据集成解决方案经常用到一些工具或供应商套件，如数据转换、主数据管理、数据仓库等。为了实现这些不同的目的，建议在整个企业中使用一致的工具或标准的供应商套件，并且可以通过启用共享支持解决方案来简化操作支持，并降低运营成本。

（二）开发数据流编排

对集成或 ETL 数据流通常会采用专用工具以特有的方式进行开发。对批量数据流将在一个调度器中开发，以管理执行已开发的数据集成组件的顺序、频率和依赖关系等。

互操作性需求可能包括开发数据存储之间的映射点或协调点。一些企业使用 ESB 订阅企业中创建或更改的数据，以及其他应用程序来发布对数据的更改。企业服务总线将不断地对应用程序进行轮询，以查看它们是否有任何要发布的数据，并将所订阅的新的或已更改的数据传递给它们。

开发实时数据集成流涉及监控事件，这些事件触发相应服务执行来获取、转换或发布数据。这个过程通常采用一些专有技术，最好使用能够跨技术管理操作的解决方案来实现。

（三）制定数据迁移方法

当上线新的应用程序，或当应用程序退役或合并时，数据需要进行迁移。这个过程涉及将数据转换为接收应用程序的格式。几乎所有的应用程序开发项目都涉及一些数据迁移工作，即使所涉及的可能只是迁移参考数据。考虑到需要在测试阶段和最终实现中执行，迁移工作并不是一次性的过程。

数据迁移项目经常被低估或缺乏充分的设计，因为程序员只是被告知简单地移动数据。他们没有参与数据集成的分析和设计活动。在没有进行适当分析的情况下迁移数据时，这些数据通常看起来与通过正常业务处理而获得的数据不一样。或者，迁移后的数据可能无法像预期的那样与应用程序一起工作。核心操作型应用程序的数据剖析过程通常会突出显示从上一代或者多代以前系统迁移而来的数据。这些数据不符合通过当前应用程序代码输入数据的标准。

（四）制定发布方式

创建或维护关键数据的系统需要将这些数据提供给企业中的其他系统。生成数据的应用程序应该在数据更改或定期调度时，将新数据或更改后的数据推送到其他系统。

最佳实践是为企业中的各种数据类型确定一个通用的消息定义，并让具有适当访问权限的数据使用者订阅接收有关数据更改的通知。

（五）开发复杂事件处理流

开发复杂事件处理方案需要做三个方面的工作：

（1）准备有关预测模型的个人、企业、产品或市场和迁移前的历史数据。

（2）处理实时数据流，充分填充预测模型、识别有意义的事件。

（3）根据预测执行触发的动作。

对预测模型所需历史数据的准备和预处理可以在夜间进行批处理或准实时执行。通常，一些预测模型可以预先在触发事件前填充。例如，确定哪些产品通常是一起购买的，把它作为额外推荐购买的内容。

一些处理流触发对实时流中的每一个事件的响应，如将一个物品添加到购物车；其他处理流可以尝试识别触发一些特别有意义的事件，如可疑的信用卡欺诈性扣款尝试。识别出有意义事件的反应可以简单到只发出警告信息，也可以是特别复杂场景的自动部署。

（六）维护数据集成和互操作的元数据

正如前面提到的，在开发数据集成和互操作解决方案过程中，企业将创建和发现有价值的元数据。应该管理和维护这些元数据，以确保正确理解系统中的数据，并防止在将来的解决方案中需要重新整理这些信息。可靠的元数据提高了企业管理风险、降低成本和从数据中获得更多价值的能力。

记录所有系统的数据结构涉及源、目标和缓存的数据集成，包括业务定义和技术定义以及数据在持久化的数据存储之间的转换。数据集成元数据无论是存储在文档中，还是存储在元数据仓库中，如果没有业务和技术利益相关方的审核和批准过程，就不应该改变它。

大多数 ETL 工具供应商都将其元数据存储库打包为附加功能，以实现治理和管理监督。如果将元数据存储库用作操作工具，那么它甚至可能包括有关何时在系统之间复制和转换数据的操作元数据。

对于数据集成和共享解决方案来说，特别重要的是 SOA 注册中心，它提供了一个不断发展变化的受控信息目录，即访问和使用应用程序中数据和功能的可用服务。

四、工具

（一）数据转换引擎 /ETL 工具

数据转换引擎是数据集成工具箱中的主要工具，是每个企业数据集成程序的核心。这些工具通常支持数据转换活动的操作和设计。

无论是批量的还是实时的，物理的还是虚拟的数据都存在运用非常复杂的工具来开发和执行 ETL。对于使用单一的点对点解决方案，数据集成过程经常通过自定义程序编码来实现。企业级解决方案通常需要使用各种工具在整个企业内以标准方式执行相关处理。

数据转换引擎选择的基本考虑应该包括是否需要运用批处理和实时功能，以及是否包括非结构化和结构化数据。目前最成熟的是用于结构化数据的批量处理工具。

（二）数据虚拟化服务器

数据转换引擎通常对数据进行物理抽取、转换和加载，而数据虚拟化服务器对数据进行虚拟抽取、转换和集成。数据虚拟化服务器可以将结构化数据和非结构化数据进行合并。数据仓库经常是数据虚拟化服务器的输入，但数据虚拟化服务器不会替代企业信息架构中的数据仓库。

（三）企业服务总线

企业服务总线既指软件体系结构模型，又指一种面向消息的中间件，用于在同一企业内的异构数据存储、应用程序和服务器之间实现近乎实时的消息传递。大多数内部数据集成解决方案需要比日常使用更频繁地执行此架构和此技术。最常见的，ESB 以异步格式使用，以实现数据的自由流动。ESB 也可以在某些情况下同步使用。

企业服务总线中通过在各个环境中安装适配器或代理软件，在参与消息交换的各个系统上实现数据传入和传出的消息队列。ESB 的中央处理器通常在独立于其他参与系统的服务器上实现，如处理器跟踪哪些系统、对什么类型的消息感兴趣。中央处理器不断轮询每个参与系统的传出消息，并将传入消息存入消息队列，以查找已订阅类型的消息和直接发往该系统的消息。

因为数据从发送系统到接收系统需要几分钟的时间，这种模型被称为"准实时"型。这是一个松耦合模型，发送数据的系统在继续处理之前不会等待来自接收系统的确认而更新信息。

（四）业务规则引擎

许多数据集成解决方案依赖于业务规则。作为一种重要的元数据形式，这些规则可用于基本的集成，也可用于包含复杂事件处理的解决方案中，以便于企业实时地响应这些事件。业务规则引擎中允许非技术用户管理软件的业务规则，因为业务规则引擎可以在不改变技术代码的情况下支持对预测模型的更改，所以它是一个非常有价值的工具，可以用较低的成本支持解决方案的演进。例如，预测客户可能想要购买什么的模型，可以定义为业务规则而不是代码更改。

（五）数据和流程建模工具

数据建模工具不仅用来设计目标数据结构，而且用来设计数据集成解决方案所需的中间数据结构。在系统和企业之间传送的信息或数据流通常不会持久化，但也应对其进行建模。另外，如同复杂事件处理流一样，还应该对系统和企业之间的数据流进行设计。

（六）数据剖析工具

数据剖析包括对数据集的内容统计分析，以了解数据的格式、完整性、一致性、有效性和结构。所有数据集成和互操作开发应该包括对潜在数据源和目标的详细评估，以确定实际数据是否满足所提议解决方案的需要。由于大多数集成项目涉及大量数据，所以进行这种分析的最有效方法是使用数据剖析工具。

（七）元数据存储库

元数据存储库包含有关企业中数据的信息，包括数据结构、内容以及用于管理数据的业务规则。在数据集成项目中，可以使用一个或多个元数据存储库来记录数据源、转换和目标的数据的技术结构和业务含义。

通常，像触发器和定时器等预定过程的指令一样，数据集成工具使用的数据转换、血缘和处理规则也存储在元数据存储库中。每个工具通常都有自己的元数据存储库。来自同一个供应商的工具套件可能共享一个元数据存储库。可以将其中一个元数据存储库指定为用于合并来自各种操作工具数据的中心节点。

五、实施指南

（一）就绪评估 / 风险评估

每个企业都有某种形式的数据集成和互操作解决方案。因此，就绪评估 /风险评估应该围绕企业集成工具实现或增强允许互操作性能力来考虑。

企业数据集成解决方案的选择通常是基于多个系统之间实现集成的成本合理性。设计一个企业数据集成解决方案，不仅要实现第一个应用程序和企业的集成，而且能支持在多个应用程序和企业之间移动数据。

许多企业花费时间重构现有的解决方案，却没有带来额外的价值。应专注于实现当前还没有集成或部分集成的数据集成解决方案，而不是想着使用跨企业的通用企业解决方案替换企业正在运行的数据集成解决方案。

如果某些数据项目可以证明只针对特定应用程序的数据集成解决方案是合理的，那么在这些情况下任何对数据集成解决方案的额外使用都会增加投资的价值，因为第一个系统的使用已经达到了预期的效果。

应用程序支撑团队倾向于在本地管理数据集成解决方案。他们会认为这样做的成本比利用企业级解决方案的成本低。支持这些团队的软件供应商也更倾向于使用他们销售的数据集成工具。因此，在解决方案设计和技术采购时，有足够权威级别的团队来支持企业数据集成项目的实施是很有必要的。此外，通过正面激励措施来鼓励参与，或者通过负面的管控措施进行否决也是很有必要的。

采用新技术的数据集成开发项目常常将实施重点放在技术上，而忽略了业务目标。必须确保实施数据集成解决方案的关注点放在业务目标和需求上，包括确保每个项目中的参与者都有面向业务或应用程序的人员，而不仅仅是数据集成工具专家。

（二）企业和文化变革

企业必须确定数据集成实施的管理是由集中管理的团队负责，还是由分散的应用程序团队负责。本地团队了解他们的应用程序中的数据，中心团队对工具和技术有深刻的理解。许多企业组建了专门从事企业数据集成解决方案设计和部署的卓越中心团队。本地和中心团队协作开发，将应用程序整合到企业数据集成解决方案中。本地团队主要负责管理和解决整合过程中的问题，必要时升级到卓越中心。

数据集成解决方案通常被视为纯粹的技术性解决方案。但是，为了成功地实现价值，必须基于深入的业务知识来开发它们。开发规范化消息模型或者在企业中实现共享数据的一致标准，需要投入大量的资源，这些资源包括业务建模资源和技术资源。在每个涉及的系统中，由业务专家审查所有数据转换映射设计和更改。

六、数据集成和互操作治理

数据消息、数据模型和数据转换规则设计的决策，直接影响到企业使用数据的能力。这些决策必须由商业因素驱动。虽然在实现业务规则时需要考虑很多技术因素，但当数据流入、通过和流出企业时，单纯从技术角度考虑数据集成和共享的方法可能导致数据映射和转换的错误。

业务利益相关方负责定义数据建模和转换规则，并应由他们批准对这些业务规则的任何更改。应该将这些规则捕获为元数据，并进行合并以进行跨企业分析。识别和验证预测模型以及定义预测自动触发的操作也属于业务功能。

如果用户不相信集成和互操作设计将以安全、可靠的方式按承诺执行，那么就没有有效的业务价值。在数据集成和互操作中，支持信任的治理控制布局可能是很复杂和具体的。一种方法是确定什么事件触发治理评审，将每个触发器映射到与治理机构对应的审查中。当从系统开发生命周期的一个阶段移动到另一个阶段时，事件触发器可能是每个阶段入口的一部分。

控制可能来自数据治理驱动的日常管理工作。例如，强制审查模型、审核元数据、控制可交付结果以及批准更改转换规则。

在服务水平协议和业务连续性／灾难恢复计划中，实时操作数据集成解决方案必须与它们提供数据的最关键系统采用同样的备份和恢复要求。

需要制定相应制度，以确保企业从企业数据整合和互操作方法中获益。例如，可以制定制度，要求确保遵循 SOA 原则，只有在审查现有服务之后才能创建新服务，并且系统之间的所有数据都须通过企业服务总线。

（一）数据共享协议

在开发接口或以电子方式提供数据之前，应制定一份数据共享协议或谅解备忘录。该协议规定了交换数据的责任和可接受的使用用途，并由相关数据的业务数据主管批准。数据共享协议应指定预期的数据使用和访问、使用的限制以及预期的服务级别，包括所需的系统启动时间和响应时间。这些协议对于受监管的行业，或者涉及个人或安全的信息的行业尤其重要。

（二）数据集成和互操作与数据血缘

数据血缘对于数据集成和互操作解决方案的开发非常有价值。通常它对于数据消费者使用数据也很有帮助，并随着数据在企业之间集成，变得更加重要。治理需要确保记录数据来源和数据移动的信息。数据共享协议可能规定了数据使用的限制。为了遵守这些限制，有必要知道数据在哪里移动和保留。一些新兴的合规标准要求企业能够描述其数据的来源以及在不同系统中的变化情况。

此外，对数据流进行更改时需要数据血缘信息。必须将此信息作为元数据解决方案的关键部分进行管理。前向和后向数据血缘是数据结构、数据流或数据处理更改时进行影响分析的重要组成部分。

（三）度量指标

要衡量实现数据集成解决方案的规模和收益，包括可用性、数量、速度、成本和使用方面的指标。

（1）数据可用性。请求数据的可获得性。

（2）数据量和速度。它包括：传送和转换的数据量，分析数据量，传送速度，数据更新与可用性之间的时延，事件与触发动作之间的时延，新数据源的可用时间。

（3）解决方案成本和复杂度。它包括：解决方案开发和管理成本，获取新数据的便利性，解决方案和运营的复杂度，使用数据集成解决方案的系统数量。

第七章 中小企业数据仓库和商务智能

第一节 概　　述

数据仓库的概念始于 20 世纪 80 年代。该技术赋能企业将不同来源的数据整合到公共的数据模型中去，整合后的数据能为业务运营提供洞察，为企业决策支持和创造企业价值开辟新的可能性。同样重要的是，数据仓库还是减少企业建设大量决策支持系统的一种手段，大部分 DSS 系统使用的都是企业中同样的核心数据。企业数据仓库提供了一种减少数据冗余、提高信息一致性，让企业能够利用数据做出更优决策的方法。

真正实施数据仓库的建设，要到 20 世纪 90 年代。从那时开始，数据仓库建设逐渐成为主流，特别是与商务智能作为业务决策主要驱动力协同发展。大多数企业都建有数据仓库，数据仓库被公认为企业数管理的核心。即使数据仓库已经建设得很好了，但相关技术仍然在不断发展，各种新形式的数据产生得越来越快，新的概念不断创立，它们将影响数据仓库的未来。

一、业务驱动因素

数据仓库建设的主要驱动力是运营支持职能、合规需求和商务智能活动。越来越多的企业被要求用数据来证明他们是合规的，因为数据仓库中包含历史数据，所以经常被用来响应这类要求。不仅如此，商务智能支持一直是建设数据仓库的主要原因，商务智能为企业、客户及产品提供洞察。通过商务智能获得决策知识并采取行动的企业，能提升其运营效率，增强其竞争优势。越来越多的数据以越来越快的速度被使用，商务智能从回顾性评价发展到预测分析领域。

二、目标和原则

一个企业建设数据仓库的目标通常包括：

（1）支持商务智能活动。

（2）赋能商业分析和高效决策。

（3）基于数据洞察寻找创新方法。

数据仓库建设应遵循如下指导原则：

（1）聚焦业务目标。确保数据仓库用于企业最优先级的业务并解决业务问题。

（2）以终为始。让业务优先级和最终交付的数据范围驱动数据仓库内容的创建。

（3）全局性的思考和设计，局部性的行动和建设。让最终的愿景指导体系架构，通过集中项目快速迭代构建增量交付，从而实现更直接的投资回报。

（4）总结并持续优化，而不是一开始就这样做。以原始数据为基础，通过汇总和聚合来满足需求并确保性能，但不替换细节数据。

（5）提升透明度和自助服务。上下文信息越丰富，数据消费者越能从数据中获得更多数据价值。向利益相关方公开集成的数据及其流程信息。

（6）与数据仓库一起建立元数据。数据仓库成功的关键是能够准确解释数据。能回答一些基本问题，如"这个数字为什么是 X""这个怎么计算出来的""这个数据哪里来的"。元数据的获取应该作为软件开发周期的一部分，元数据的管理也应该作为数据仓库持续运营的一部分。

（7）协同。与其他数据活动协作，尤其是数据治理、数据质量和元数据管理活动。

（8）不要千篇一律。应为每种数据消费者提供正确的工具和产品。

三、基本概念

（一）商务智能

商务智能这个术语有两层含义：

第一层含义，商务智能指的是一种理解企业诉求和寻找机会的数据分析活动。数据分析的结果用来提高企业决策的成功率。当人们说数据是竞争优势的关键要素时，他们其实是在说商务智能的内在逻辑：如果一个企业向自己的数据"正确提问"，他就能获得关于产品、服务及客户方面的洞见，为实现自己的战略目标做出更好的决策。

第二层含义，商务智能指的是支持这类数据分析活动的技术集合。决策支持工具、商务智能工具的不断进化，促成了数据查询、数据挖掘、统计分析、报表分析、场景建模、数据可视化及仪表板等一系列应用，它们被用于从预算到高级分析的方方面面。

（二）数据仓库

数据仓库有两个重要组成部分：一个集成的决策支持数据库和与之相关

的用于收集、清理、转换、存储来自各种操作及外部源数据的软件程序。为了支持历史的、分析类的和商务智能的需求，数据仓库建设还包括相依赖的数据集市，数据集市是数据仓库中数据子集的副本。从广义上说，数据仓库包括为任何支持商务智能目标实现提供数据的数据存储或提取操作。

企业级数据仓库是集中化的数据仓库，为整个企业的商务智能需求服务。EDW 的建设遵循企业级数据模型，以确保整个企业内部决策支持活动的一致性。

（三）数据仓库建设

数据仓库建设指的是数据仓库中数据的抽取、清洗、转换、控制、加载等操作过程。数据仓库建设流程的重点，是通过强制业务规则、维护适当的业务数据关系，在运营的数据上实现一个集成的、历史的业务环境。数据仓库建设还包括与元数据资料库交互的流程。

传统意义上的数据仓库建设，主要关注结构化数据：定义字段中的元素，无论是在文件中还是在表中，都要与数据模型中记录的一致。随着技术的不断发展，商务智能和数据仓库空间现在也包含半结构化数据和非结构化数据。半结构化数据，定义为作为语义实体企业的电子元素，不需要属性关联，比 XML 出现得早，晚于 HTML。EDI 传送数据就是半结构化数据的一个例子。非结构化数据指的是无法通过数据模型预定义的数据。因为非结构化数据形式多样，存在于电子邮件、自由格式文本、商业文档、视频、照片和网页中，因此定义一个可行的存储结构来维持数据仓库管理中的分析工作负载一直是一个尚未克服的难题。

（四）数据仓库建设的方法

大部分关于数据仓库构建的讨论，都受到两位有影响力的思想领袖 Bill Inmon 和 Ralph Kimball 的影响，他们各有不同的数据仓库建模和实施方法。Inmon 把数据仓库定义为"面向主题的、整合的、随时间变化的、相对稳定的支持管理决策的数据集合"，用规范化的关系模型来存储和管理数据。Kimball 把数据仓库定义为"为查询和分析定制的交易数据的副本"，他的方法通常称作多维模型。

虽然 Inmon 和 Kimball 提倡的数据仓库建设方法不同，但他们遵循的核心理念相似：

（1）数据仓库存储的数据来自其他系统。

（2）存储行为包括以提升数据价值的方式整合数据。

（3）数据仓库便于数据被访问和分析使用。

（4）企业建设数据仓库，因为需要让授权的利益相关方访问到可靠的、集成的数据。

（5）数据仓库数据建设有很多目的，涵盖工作流支持、运营管理和预测分析。

（五）企业信息工厂

Bill Inmon 的企业信息工厂是两种主要的数据仓库建设模式之一。Inmon 关于数据仓库的组成是这样描述的："面向主题的、整合的、随时间变化的、包含汇总和明细的、稳定的历史数据集合。"这种概念描述也适用于 CIF，并指出了数据仓库和业务系统的区别。

（1）面向主题的。数据仓库是基于主要业务实体企业的，而不关注功能或应用。

（2）整合的。数据仓库中的数据是统一的、内聚的。保持相同的关键结构，结构的编码和解码、数据定义和命名规范在整个仓库中都是一致的。因为数据是整合的，数据仓库不是简单的运营数据的副本。相反，数据仓库变成了一个数据记录的系统。

（3）随时间变化的。数据仓库存储的是某个时间段的数据。数据仓库中的数据像快照一样，每一张快照都反映了某个时点的数据状态。这意味着基于某个时间段的数据查询总是得到相同的结果，无论什么时候去查询。

（4）稳定的。在数据仓库中，数据记录不会像在业务系统里那样频繁更新。相反，新数据只会追加到老数据的后面。一组记录可以代表同一个交易的不同状态。

（5）聚合数据和明细数据。数据仓库中的数据包括原子的交易明细，也包括汇总后的数据。业务系统很少聚合数据。数据仓库一旦建好，出于成本和空间的考虑，都会有把数据汇总的需求。在当前的数据仓库环境中，汇总数据可以是持久地存在一个表里，也可以是非持久的、以视图的形式展现。汇总数据是否持久化的决定因素通常是性能上是否需要。

（6）历史的。业务系统的重心是当前的数据。数据仓库还包括历史数据，通常要消耗很大的存储空间。

Inmon、Claudia Imhoff 和 Ryan Sousa 等是在 CIF 的语境下描述数据仓库的，如图 7-1 所示。

CIF 的组成部分包括：

（1）应用程序。应用程序处理业务流程。应用程序产生的明细数据流转到数据仓库和操作型数据存储中，继而用作分析。

（2）数据暂存区。介于业务系统源数据库和目标数据仓库之间的一个数据库。暂存区是用于数据抽取、转换和加载的地方，对最终用户透明。暂存区中的大部分数据是短时留存的，通常只有相当少的一部分数据是持久性数据。

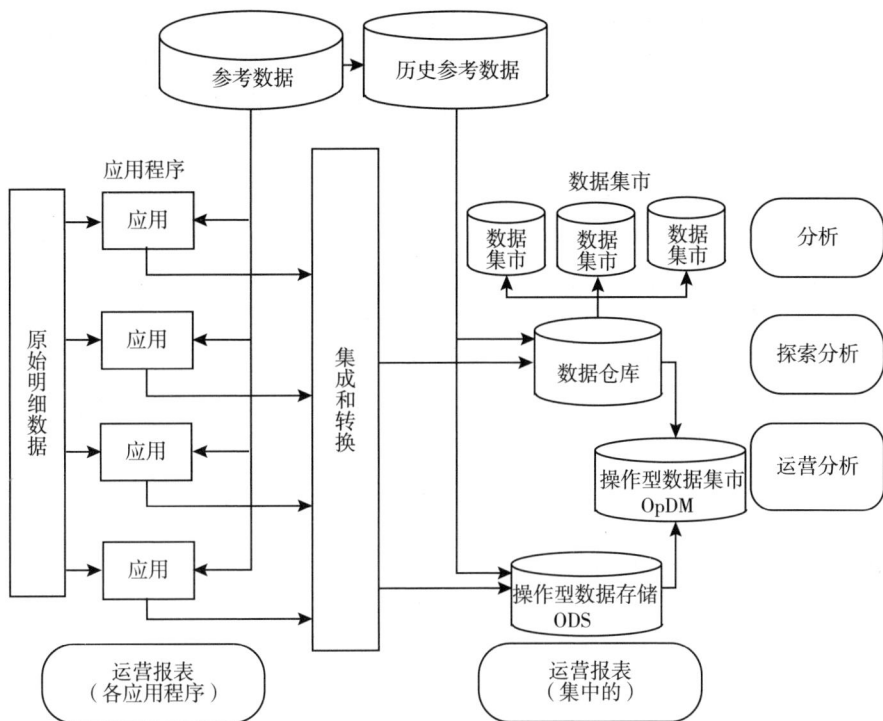

图 7-1　企业信息工厂

（3）集成和转换。在集成层，来自不同数据源的数据被转换整合为数据仓库和 ODS 里的标准企业模型。

（4）操作型数据存储。操作型数据存储是业务数据的集成数据库。数据可能直接来源于应用系统，也可能来自其他数据库。操作型数据存储中通常包括当前的或近期的数据，而数据仓库还包含历史数据。操作型数据存储的数据变化较快，而数据仓库的数据相对稳定。不是所有的企业都会建设操作型数据存储，操作型数据存储的存在满足了企业对低延迟数据的需求。操作型数据存储可以作为数据仓库的主要来源，还可审计数据仓库。

（5）数据集市。数据集市为后续的数据分析提供数据。这里说的数据通常是数据仓库的子集，用于支持特定分析或特定种类的消费者。例如，数据集市可以聚合数据，以支持更快的分析。多维模型通常针对面向用户类型的数据集市。

（6）操作型数据集市。操作型数据集市是专注于运营决策支持的数据集市。它直接从操作型数据存储而不是从数据仓库获取数据，具有与操作型数据存储相同的特性：包含当前或近期的数据，这些数据是经常变化的。

（7）数据仓库。数据仓库为企业数据提供了统一的整合入口，以支持管理决策、战略分析和规划。数据从应用程序系统和操作型数据存储流入数据仓库，然后流到数据集市，这种流动通常只是单向的。需要更正的数据将被拒绝进入，理想情况是在其源头系统完成更正，然后通过 ETL 流程系统重新加载。

（8）运营报告。运营报告从数据存储中输出。

（9）参考数据、主数据和外部数据。除了来自应用程序的交易数据，企业信息工厂还包括理解交易所需的数据，如参考数据和主数据。对通用数据的访问简化集成在数据仓库中。当应用程序使用当前的参考数据和主数据时，数据仓库还需要它们的历史值及其有效的时间范围。

企业信息工厂内的数据流动，从通过应用程序进行数据的收集和创建，到通过集市进行信息创建和分析，在从左到右的数据流动过程中还包括其他一些更改。例如：

（1）目标从业务功能的执行转向数据分析。

（2）系统最终用户从一线业务人员变成企业决策者。

（3）系统使用从固定操作转向即席查询。

（4）响应时间的要求不再重要。

（5）每个操作、查询或流程涉及更多数据。

数据仓库和数据集市的数据与应用程序中的数据不同：

（1）数据的组织形式是按主题域而不是按功能需要。

（2）数据是整合的数据，而不是"孤立"的烟囱数据。

（3）数据是随时间变化的系列数据，而非仅当前时间的值。

（4）数据在数据仓库中的延迟比在应用程序中高。

（5）数据仓库中提供的历史数据比应用程序中提供的历史数据多。

（六）多维数据仓库

Kimball 的多维数据仓库是数据仓库开发的另一个主要模式。Kimball 将数据仓库简单地定义为"专为查询和分析而构建的事务数据的副本"。但是，"副本"的说法并不精确。仓库数据存储在多维数据模型中。多维模型旨在方便数据使用者理解和使用数据，同时还支持更优的查询性能。它不是以实体关系模型的规范化要求企业的。

多维模型通常称为星型模型，由事实表和维度表组成。事实表与许多维度表关联，整个图看上去像星星一样。多个事实数据表将通过"总线"共享公共的维度或遵循一致性的维度，类似于计算机中的总线。通过插入遵循维度的总线，可以将多个数据集市集成为企业级的数据集市。

数据仓库的总线矩阵展示的是生成事实数据的业务流程和表示维度的数据主题域的交汇。当多个流程使用相同的数据时，存在遵循维度的机会。总线矩阵如表 7-1 所示。在这个例子中，销售、库存和订单的业务流程都需要日期和产品数据。销售和库存都需要商店数据，而库存和订单需要供应商数据。日期、产品、商店和供应商都是遵循维度的候选项。相对而言，仓库数据不共享，仅供库存使用。

表 7-1　数据仓库总线矩阵示例

业务流程	主题域				
	日期	产品	商店	供应商	仓库
销售					
库存					
订单					
一致性维度候选项					

企业数据仓库总线矩阵独立于技术，可用于表示数据仓库/商务智能系统长期数据的内容需求。这个工具可以帮助企业确定可管理的开发工作范围。每一个新的实现都构成整体架构的增量部分。在某种程度上，存在足够多的维度模式，以兑现实现集成企业数据仓库环境的承诺。

Kimball 的数据仓库/商务智能架构的数据工厂棋子视图如图 7-2 所示。请注意，Kimball 的数据仓库比 Inmon 的数据仓库的可扩展性更强。数据仓库包含数据暂存和数据展示区域的所有组件。

（1）业务源系统。企业中的操作型/交易型应用程序。这些应用程序产生数据，数据再被集成到操作型数据存储和数据仓库中。此组件等同于企业信息工厂图中的应用程序系统。

（2）数据暂存区域。Kimball 的暂存区域包括需要集成的流程和用于展示的转换数据，可以与企业信息工厂的集成、转换和数据仓库组件的组合进行类比。Kimball 的重点是分析类数据的高效终端交付，比 Inmon 的企业管理数据范围要小。Kimball 的企业数据仓库可以适配数据暂存区域架构。

（3）数据展示区域。与企业信息工厂中的数据集市类似，关键的架构差异在于"数据仓库总线"的集成范式，如应用于若干个数据集市的共享或一致的维度。

（4）数据访问工具。Kimball 方法侧重于最终用户的数据需求。这些需求推动采用适当的数据访问工具。

（七）数据仓库架构组件

数据仓库环境包括一系列组织起来以满足企业需求的架构组件。大数据的发展为数据流入企业增加了一个新的途径，因而改变了数据仓库/商务智能的格局。

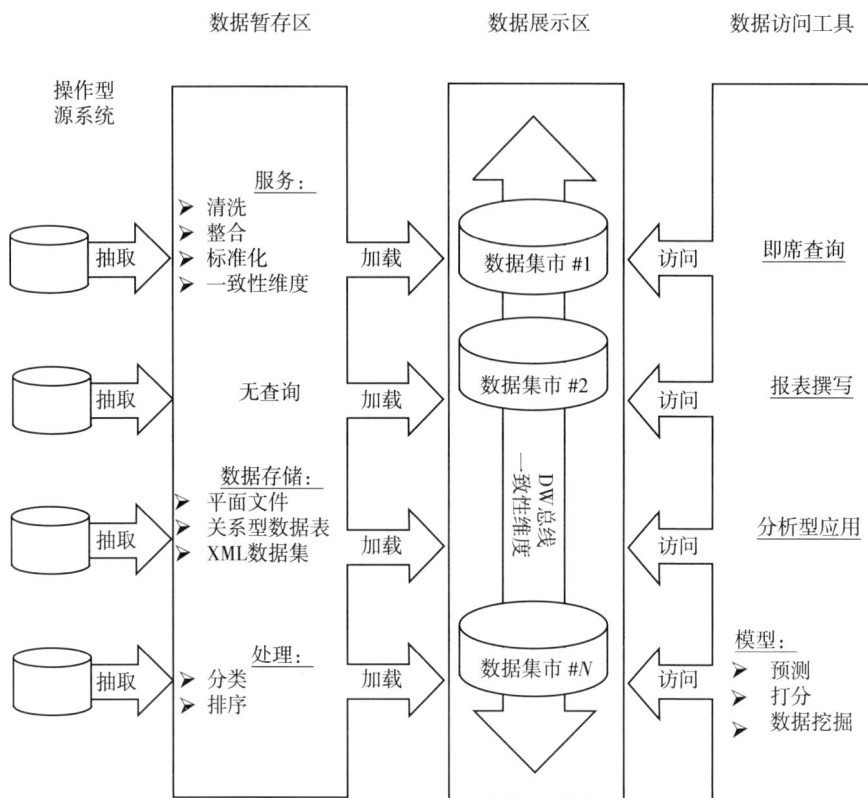

图 7-2　Kimball 的数据仓库棋子视图

从源系统流动到数据暂存区，数据可以在这里被清洗，当数据集成并存储在数据仓库或操作型数据存储中时，可以对其进行补充丰富。在数据仓库中，可以通过数据集市或数据立方体访问数据，生成各种各样的报表。大数据经历了一个类似的过程，但有一个显著的区别：虽然大多数仓库在将数据放入表之前进行数据整合，但大数据解决方案会在整合数据之前先将数据加载进来。大数据的商务智能除了各种传统类型的报表之外，还可能包括预测分析和数据挖掘。

1. 源系统

源系统包括要流入数据仓库/商务智能环境的业务系统和外部数据。它们通常包括如客户关系管理系统、账务系统和人力资源系统等业务系统，以及与特定行业相关的一些业务系统。来自供应商和外部来源的数据也可能包括 DaaS 服务、网页内容和大数据计算结果。

2. 数据集成

数据集成包括抽取、转换和加载、数据虚拟化以及将数据转换为通用格式和位置的其他技术。在 SOA 环境中，数据服务层是该组件的组成部分之一。

3. 数据存储区域

数据仓库包括多个不同用途的存储区域：

（1）暂存区。暂存区是介于原始数据源和集中式数据存储库之间的中间数据存储区域。数据在这里短暂存留，以便可以对其进行转换、集成并准备加载到仓库。

（2）参考数据和主数据一致性维度。参考数据和主数据可以存储在单独的存储库中。数据仓库为主数据系统提供数据，这个单独的存储库为数据仓库提供同样维度的数据。

（3）中央数据仓库。完成转换和准备流程后，数据仓库中的数据通常会保留在中央或原子层中。在这一层保存所有历史的原子数据以及批处理运行后的最新实例化数据。该区域的数据结构是根据性能需求和使用模式来设计和开发的。数据结构的设计元素包括：①基于性能考虑而设计的业务主键和代理主键之间的关系。②创建索引和外键以支持维度表。③用于检测、维护和存储历史记录的变更数据捕获技术。

（4）操作型数据存储。操作型数据存储是中央持久存储的一个解决方案，它能支持较低的延迟，因此可以支持业务应用。由于操作型数据存储包含一个时间窗口的数据而不是全部历史记录，因此可以比数据仓库有更快地刷新频率。有时，实时数据流以预定义的时间间隔进入操作型数据存储，实现报告集成和分析。随着时间的推移，随着业务需求驱动更新频率的增加，以及将实时数据集成到数据仓库技术的不断发展，许多软件产品已将其操作型数据存储合并到其现有的数据仓库或数据集市架构中。

（5）数据集市。数据集市是一种数据存储，通常用于支持数据仓库环境的展示层，还用于呈现数据仓库的部门级或功能级子集，以便对历史信息进行集成报表、查询和分析。数据集市面向特定主题域、单个部门或单个业务流程。它还可以是构成虚拟化数据仓库的基础，合并的数据集市构成了最终的数据仓库实体。数据集成过程会刷新、更新或扩展来自持久层各个集市的内容。

（6）数据立方体。存在三种经典的支持在线分析处理系统实现方法：基于关系数据库的、基于多维数据库的及混合型存储结构的。它们的名称与底层数据库类型有关。

（八）加载处理的方式

数据仓库建设涉及两种主要的数据集成处理类型：历史数据加载和持续不断的数据更新。历史数据通常只需要加载一次，或者为了处理数据问题加载有限的几次，然后再也不会加载。"持续不断的数据更新"需要始终如一地规划和执行，以保证数据仓库中包含最新的数据。

1. 历史数据

数据仓库的一个优势是它可以捕获所存储数据的详细历史记录。有多种不同的方法来捕捉这些详细信息，想要获取历史数据信息，企业应该根据需求进行针对性的设计，能够重现时间点的快照与简单地显示当前状态，这需要采用两种截然不同的方法。

Inmon 类型的数据仓库建议所有数据存储在单个数据仓库层中。这一层中存储已清洗过的、标准化的和受管控的原子级数据。通用的集成和转换层有助于在多个交付实施项目中进行重用，企业级数据模型有助于数据仓库项目的成功。一旦经过验证，单一数据存储就可以通过星型架构的数据集市面向不同的数据消费者提供数据。

Kimball 类型的数据仓库建议，数据仓库由包含已清洗过的、标准化的和受管控数据的部门级数据集市合并而成。数据集市将在原子级别存储历史记录，由一致性维度表和一致性事实表提供企业级信息。

还有一种方法，称作 Data Vault，作为数据暂存处理的一部分，同样进行数据清洗和标准化。历史数据以规范化的原子结构存储，每个维度定义了代理键、主键、备用键。确保业务键和代理键关系保持不变，进而成为 Vault 的次要角色，这就是数据集市的历史。在这里，事实表以原子结构的形式持续存在。然后，通过数据集市，各种数据消费者可以使用该 Vault。通过保留 Vault 内的历史数据，当后来的增量引入粒度变化时，可以重新加载事实表。可以对表示层进行虚拟化，促进敏捷增量交付以及与业务社区的协作开发。最终的实现过程可以采用更传统的星型数据集市，供生产最终用户消费。

2. 批量变更数据捕获

通常，数据仓库是通过每天晚上的批处理窗口进行一次数据加载服务。因为不同源系统可能需要不同的变更捕获技术，所以加载过程可以包含各种变更检测。

数据库日志技术可能是内部开发应用程序的候选技术，因为购买的供应商应用程序不太可能容忍使用触发器或额外开销进行修改。时间戳或日志表加载是最常见的技术方式。在处理没有原生时间戳功能的遗留系统或某些批量恢复条件时，会用到全量加载。

各种变更数据捕获技术之间的差异如表 7-2 所示，包括它们的相对复杂度和加载效率。重叠列判断源系统的更改与目标环境之间是否存在数据重复。当重叠的判断是"Yes"时，此更改数据可能在目标端已存在。当删除提示符设置为"Yes"时，更改数据方法将跟踪源系统中发生的任何删除操作，这对于不再使用的到期维度表非常有用。当源系统未跟踪删除操作时，需要额外的能力来确定它们何时发生。

表 7-2　CDC 技术比对

方法	对源系统的要求	复杂度	事实表加载	维度表加载	重叠	删除
时间戳增量加载	源系统中的变化由系统日期和时间戳标识	低	快	快	是	否
日志表增量加载	捕获源系统中的变化并记录在日志表	中	普通	普通	是	是
数据库交易日志	在交易日志记录数据库变化	高	普通	普通	否	是
消息增量	源系统中的变化发布在实时消息（队列）	极高	慢	慢	否	是
全量加载	没有更改标识符，抽取全表数据并比较判断改动	极低	慢	普通	是	是

3. 准实时和实时数据加载

操作型商务智能的出现推动了更低延迟的需求，将更多实时的或准实时的数据集成到数据仓库中，新的架构方法随之出现，用于处理易变化的数据。例如，操作型商务智能的常见应用是自动柜员机数据需求。在进行银行交易时，需要实时向银行客户提供历史余额和当前进行的银行操作产生的新余额。准实时的供应数据所需的两个关键设计概念是变更隔离和批处理的替代方案。

需注意的是必须将新的易变化的数据与大量历史的非易变的数据仓库数据隔离开来。传统数据隔离的架构方法包括建分区，不同的分区使用不同的联合查询。批处理的替代方案解决数据仓库中对数据可用性延迟越来越短的要求，有涓流式加载、消息传送和流式传送三种主要的替代方案，它们在等待处理时的数据累积位置不同。

（1）涓流式加载。与夜间窗口批量加载不同，涓流式加载是以更频繁的节奏或者以阈值的方式进行批量加载。这种方式允许在白天就做一些批处理操作，而不必集中到晚上进行专门的批处理。需要注意的是，如果涓流加载所需时间比两次加载的间隔时间还长，则下一次加载时间会被推迟，以便数据仍然以正确顺序加载。

（2）消息传送。当极小的数据报发布到消息总线时，实时或接近实时的消息交互就非常有用。目标系统订阅消息总线，并按需增量加载数据报到仓库中。源系统和目标系统彼此独立。这种方法在 DaaS 应用中经常使用。

（3）流式传送。与在源端定时或按阀值加载不同，目标端系统用缓冲区或队列方式收集数据，并按顺序处理。交互或聚合的结果可能作为数据仓库的额外反馈稍后显示出来。

第二节　中小企业数据仓库和商务智能对策与实施

一、理解需求

构建一个数据仓库与开发一套业务系统不同。业务系统的开发取决于精确的、具体的业务需求。数据仓库建设是把数据汇集在一起，再以各种不同的方式使用这些数据。此外，数据的使用方式也会随着时间的推移、用户分析和探索数据需求的发展而发展。在初始设计阶段花些时间来思考与数据功能和数据来源相关的问题，可以支撑这种能力。使用实际数据源进行数据处理测试时，能体会到初始阶段所花的构思可以降低返工成本，这是一种回报。

在收集数据仓库 / 商务智能项目的需求时，首先，要考虑业务目标和业务战略，确定业务领域并框定范围；其次，确定并对相关的业务人员进行访谈，了解他们想做些什么和这么做的原因，记录他们当下关心的具体问题和想要询问的数据，以及他们如何区分和分类重要信息。在可能的情况下，界定并书面记录关键的性能指标和计算口径。这些信息可以揭示业务规则，为数据质量自动化奠定基础。

将需求进行分类并排出优先级，将与生产上线相关的排在前面，与数据仓库相关的和那些可以等的排在后面。寻找并快速启动那些简单且有价值的项目，以便在项目初始发布阶段就能获得产出。数据仓库 / 商务智能项目需求描述应该包括业务领域及其范围内流程的完整业务背景。

二、定义和维护数据仓库 / 商务智能架构

数据仓库 / 商务智能架构应该描述数据从哪里来、到哪里去、什么时候去、为什么要去，以及用什么样的方式流入数据仓库。这里的"用什么样的方式"包括涉及的硬件和软件细节，以及将所有活动组合在一起的企业框架。技术要求应包括性能、可用性和时间性要求。

（一）确定数据仓库／商务智能技术架构

最佳的数据仓库／商务智能架构将提供一种能够以原子化的数据处理方式支撑交易级和运营级报表需求的机制，这种机制可以避免数据仓库存储每一笔交易细节。例如，基于事务主键为关键的运营报告或表单提供查看机制。客户始终希望获知所有的详细信息，但某些运营数据仅在原始报表的语境中才具有价值，并不具备分析价值。

概念模型架构是一个起点，要将非功能需求和业务需求很好地结合起来，许多活动是必要的。做好原型设计可以快速证明或驳斥关键需求的实现，避免对某些技术或架构进行过大的投入。此外，通过授权的变更管理团队向业务团队提供相关技术、架构知识和采用计划，有助于取得临时和持续的运营成功。

这种思维转换过程的一个自然延伸是对企业数据模型的维护，至少是验证。因为重点是哪些企业区域正在使用哪些数据结构，要对照逻辑模型检查物理模型的部署。如果出现遗漏或错误，要进行更正。

（二）确定数据仓库／商务智能管理流程

通过协调和集成维护流程进行生产管理，定期向业务团队发布。

制订一个标准的发布计划至关重要。在理想情况下，数据仓库项目团队应将部署的数据产品的每一次更新作为一个提供附加功能的软件版本进行管理。为发布制订一个时间表，包含年度需求、资源计划以及标准交付计划。使用内部版本调整这个标准化的交付计划、资源预期及其派生的估算表。

建立一个有效的发布流程，确保管理层理解这是一个以数据产品为中心的主动流程，而不是已安装产品的被动式问题解决方式。在跨职能团队中积极主动地协同工作对于持续增长和增强功能至关重要，被动式的支持系统会降低采用。

三、开发数据仓库和数据集市

通常来说，数据仓库／商务智能建设项目有三条并存的构建轨迹：

（1）数据。支持业务分析所必需的数据。这条轨迹涉及识别数据的最佳来源，设计如何修正、转换、集成、存储以及提供给应用程序使用的规则。此步骤还包括决定如何处理不符合预期的数据。

（2）技术。支持数据存储和迁移的后端系统及流程。与现有企业系统的集成是必需的，因为数据仓库本身并不是一个孤岛。企业架构，特别是技术架构和应用架构，通常管理着这条轨迹。

（3）商务智能工具。数据消费者从已部署的数据产品中获得有意义的数据洞察所必需的应用套件。

（一）将源映射到目标

源到目标的映射为从各个源系统到目标系统的实体和数据元素建立转换规则。这种映射记录了商务智能环境中的每个数据元素及其各自来源系统的血缘关系。

所有映射工作最困难的部分都是确定多个系统中数据元素之间的链接有效性或等效性，考虑将多个计费或订单管理系统的数据合并到一个数据仓库中的工作，可能包含等效数据的表和字段用的不是相同的名字或结构。

需要一个可靠的分类法来将不同系统中的数据元素映射到数据仓库中，并且结构一致。通常，这种分类法是逻辑数据模型。映射过程还必须处理不同结构中的数据是否要追加补充、更改或者插入的问题。

（二）修正和转换数据

强化数据修正或清理活动的执行标准，并纠正和增强各个数据元素的域值。对于涉及重要历史数据的初始加载过程，数据修正工作尤为必要。为了降低目标系统的复杂性，源端系统应负责数据的修复工作并确保数据正确。

为那些已经完成加载但又发现不正确的数据记录制定修正策略。删除旧记录的策略可能会对相关表和代理键造成一些破坏，使一条记录过期并将新数据作为一条全新的记录进行加载可能是更好的做法。

乐观加载策略可以包括创建维度记录以容纳事实数据，这样的过程必须考虑如何更新和处理这些记录。悲观加载策略应该考虑一个事实数据的回收区域，该区域不能与相应的维度键关联。这些记录需要适当的通知、告警和报表，以确保它们被跟踪，并在以后重新加载。实际处理的时候应考虑首先加载回收区的记录，然后处理新到达的内容。

数据转换重点关注技术系统中实现业务规则的活动，数据转换对数据集成至关重要。定义数据集成的正确规则通常需要数据专责和其他领域的业务专家直接参与，应记录并公示规则，以便于管理。数据集成工具则执行这些活动任务。

四、加载数据仓库

在所有数据仓库／商务智能工作中，工作量最大的部分都是数据准备和预处理。描述数据仓库中所包含的设计决策和原则是数据仓库／商务智能架构设计的关键考量因素。为仅用于运营报表的数据制订和发布明确的规则，对数据仓库／商务智能工作的成功至关重要。

确定数据加载方法时，要考虑的关键因素是数据仓库和数据集市所需的延迟要求、源可用性、批处理窗口或上载间隔、目标数据库及时间帧的一致性。加载方法还必须解决数据质量处理过程、执行转换的时间、延迟到达的维度和数据拒绝等问题。

确定加载方法时要考虑的一个因素是围绕变更数据捕获的过程检测源系统中的数据变更，将这些变更集成在一起，并依时间调整变更。现在，一些数据库提供了日志捕获功能，数据集成工具可以直接调用它们，因此数据库会告诉用户发生什么变更。在此功能不可用的情况下，可以通过编写脚本来完成。许多技术可以用来设计和构建跨异构源的集成和延迟协调。

增量为额外的功能开发和新业务团队的使用铺平了道路。许多新技术、流程和技能是必要的，并且需要进行细致的规划和保持对细节的关注。后续的增量建立在这一基础元素之上，因此建议投入更多资金来维持高质量数据、技术架构并过渡到生产。创建流程，以便通过最终用户工作流集成，及时自动化识别数据错误。

五、实施商务智能产品组合

实施商务智能组合是为了在业务部门内部或业务部门之间为正确的用户社区选定合适的工具，通过协调常见业务流程、性能分析、管理风格和需求找到相似之处。

（一）根据需要给用户分组

在确定目标用户组时，存在一系列的商务智能需求。首先，了解用户组；其次，将工具与公司中的用户组进行匹配。一端是与提取数据有关的 IT 开发人员，他们专注于高级功能；另一端是信息消费者，他们可能希望快速访问先前开发和运行的报表。这些消费者可能需要某种程度的交互，如钻取、过滤、排序，或者可能只想查看静态报告。

随着技能的提高或者由于所需功能的不同，用户可能会从一个类别转移到另一个类别。例如：供应链经理可能希望查看财务的静态报告，但需要查看用于分析库存的高度交互的报告；财务分析师和负责费用的经理在分析总费用时可能是高权限用户，但对电话账单的静态报告是满意的；高级管理者和经理们会使用固定报表、仪表盘和计分卡的组合；经理们和高权限用户倾向于深入研究这些报表，对数据进行切片和切块，以确定问题的根本原因；外部客户可以使用这些工具中的任何一种作为其体验的一部分。

（二）将工具与用户要求相匹配

商业市场提供了一系列令人印象深刻的报表和分析工具。主流的商务智能供应商提供了经典级完美的报表功能，这些功能曾经属于应用程序报告的领域。许多应用程序厂商提供嵌入式分析功能，其中包含从预先填充的数据立方体或聚合表中提取的标准内容。虚拟化使本地数据源与外部采购或开放数据之间的界限变得模糊，在某些情况下还按需提供用户控制的以报表为中心的数据集成。换句话说，公司采用通用的基础设施和交付机制是明智的，包括 Web、电子邮件及用于交付各种信息、报告的应用程序，数据仓库 / 商务智能是其中的一部分。

现在，许多厂商正在通过并购或全新开发来整合相关的商务智能工具，并提供商务智能套件。套件是企业架构级别的主要选择，但鉴于大多数企业已经购买了单独的工具或者已经采用了开源工具，关于替换还是共存的问题将会浮出水面。请记住，每个 BI 工具都需要付出代价，需要系统资源、技术支持、培训和架构集成。

六、维护数据产品

构建好的数据仓库及其面向客户的商务智能工具是一个数据产品。对现有数据仓库平台的增强应该逐步实现。

在不断变化的工作环境中，维护增量的范围和执行重点工作项的关键路径可能是一个挑战。应与业务合作伙伴共同确定优先级，并将重点放在必须增强的工作上。

（一）发布管理

发布管理对增量的开发过程至关重要，增加新功能，增强生产部署，并确保为已部署的资产提供定期维护。这个过程将使数据仓库保持是最新的、清洁的，并以最佳状态运行。但是，此过程需要 IT 和业务之间的一致性，与数据仓库模型和 BI 功能之间保持一致。这是一项持续的改进工作。

（二）管理数据产品开发生命周期

当数据消费者正在使用现有的数据仓库时，数据仓库团队正在为下一次迭代做准备，同时他们理解并非所有项目都会投产。根据业务团队按优先级排序的延期交货工作清单对迭代与发布进行调整，每次迭代都将扩展现有增量，或加入业务团队提出的新功能。版本发布需要保持功能与业务团队的需求一致，而迭代将使功能与产品经理管理的配置本身保持一致。

那些业务团队认为已经准备好可以进一步调查的项目，可以在必要时进行审查和调整，然后升级到试点或"沙箱"环境，业务用户可以在这里尝试新方法、试用新技术，或开发新模型或学习算法。与其他面向业务的区域相比，该区域的治理和监督可能较少，但某种形式的"沙箱"优先级是必要的。

类似于传统的 QA 或测试环境，应仔细检查试验区域中的项目以适应生产环境。试点项目表现的好坏决定了它们下一步的命运。注意，不能不考虑下游数据质量或治理问题就盲目地进行推广。在生产环境的存活期只有一个既存标准，必须具有最好的实际质量才能投入生产。

新的数据产品只有通过试点项目，并被业务和 IT 代表视为已做好生产准备，才可以投入生产。这就完成了一次迭代。

未通过试点的项目可以被完全拒绝或退回开发进行细微优化，也许此时需要数据仓库团队的额外支持，以便在下一次推广迭代中选中该项目。

（三）监控和调优加载过程

监控整个系统的加载处理，并了解性能瓶颈和性能的依赖路径。在需要的地方和时刻使用数据库调优技术，包括分区、备份调优和恢复策略调整。数据归档是数据仓库构建中的一个难题。

由于数据仓库中的历史记录很长，用户通常将数据仓库视为活动的存档，特别是在 OLAP 系统的数据来源已经删除记录的情况下，数据仓库也需要进行归档。

（四）监控和调优商务智能活动和性能

商务智能监控和调优的最佳实践是定义和显示一组面向客户满意度的指标，如平均查询响应时间，每天、每周或每月的用户数就是有用的指标。除了系统提供的统计指标外，定期对数据仓库/商务智能用户进行调查并了解他们的满意度也很有用。

定期审查使用情况的统计数据和使用方法非常重要。提供数据、查询和报表的频率和资源使用情况的报告允许谨慎增强。调优 BI 活动类似于分析应用程序，以便了解瓶颈在哪里以及在哪里进行应用优化。根据使用方法和统计信息创建索引及聚合是最有效的。简单的解决方案可以带来巨大的性能提升，如将完成的每日结果发布到每天运行数百或数千次的报告中。

透明度和可见性是推动数据仓库/商务智能监控的关键原则。越公开数据仓库/商务智能活动的详细信息，数据消费者越能看到和理解正在发生的事情，就越不需要对最终客户提供直接支持。提供一个展现数据交付活动的高阶状态的仪表板，是允许支持人员和客户按需提取信息的最佳实践。

增加数据质量度量将提高此仪表板的价值，其中的性能不仅是速度和时间。可以利用热力图可视化基础架构上的工作负载、数据吞吐量以及操作协议级别的合规性。

七、工具和方法

工具集的选择可能是一个漫长的过程，既要满足近期需求、非功能性规范，还需要考虑尚未产生的后续需求。提供决策标准工具集、流程实施工具和专业服务可以促进和加快此过程，不仅要评估传统的架构或购买策略，还要评估 SaaS 厂商提供的租赁选项，这点非常重要。在租用 SaaS 工具和相关的专业知识与全新构建或从供应商购买并部署产品的成本之间进行权衡，同时要考虑持续升级的成本及潜在的替换成本。与设定的操作级别协议保持一致可以降低预测成本，并为设定强制性费用和违反期限的罚款提供费用投入。

（一）元数据存储库

大型企业经常会使用来自不同供应商的系统工具，每个工具都可能部署了不同的版本。元数据存储库的关键是能够将各种来源的元数据"黏合"在一起，并使用各种技术实现存储库的自动化和集成填充。

1. 数据字典和术语

数据字典是支撑数据仓库使用的必需组件。字典用业务术语来描述数据，包括使用该数据所需的其他信息。通常，数据字典的内容直接来自逻辑数据模型。在建模过程中，应要求建模人员采用严格的定义管理方法，以规划高质量的元数据。

在一些企业中，业务用户可通过提供、定义和校正主题域数据元素定义积极参与数据字典的开发。可通过协作工具进行这项工作，通过卓越中心监控活动确保创建的内容保留在逻辑模型中，确保面向业务的内容与面向技术的物理数据模型之间保持一致，以降低下游错误和返工的风险。

2. 数据和数据模型的血缘关系

许多数据集成工具提供血缘分析，既要考虑开发的总体代码，又要考虑物理数据模型和数据库。有些工具通过提供 Web 界面监视、更新模型定义及其他元数据信息。记录的数据血缘关系有很多用途：

（1）调查数据问题的根本原因。

（2）对系统变更或数据问题进行影响分析。

（3）根据数据来源确定数据的可靠性。

希望创建一个能够进行影响分析和血缘分析的工具，可以了解数据加载过程中涉及的所有的移动部分，以及最终用户的报告分析。影响分析报告将概述哪些组件受潜在变更、加快并简化评估和维护任务的影响。

在数据模型的开发过程中，获取并解释了许多关键的业务流程、关系和术语。逻辑数据模型保存了大部分此类信息，这些信息在开发或生产部署期间经常被遗弃或被忽略。由此，必须确保不丢弃此类信息，并确保逻辑模型和物理模型在部署后得到更新并保持同步。

（二）数据集成工具

数据集成工具用于加载数据仓库。除了完成数据集成工作之外，它们还可以将来自多个数据源的复杂数据交付以作业的方式进行调度。在选择工具时，还要考虑系统管理的如下功能：

（1）过程审计、控制、重启和调度。

（2）在执行时有选择地提取数据元素并将其传递给下游系统进行审计的能力。

（3）控制哪些操作可以执行或不能执行，并重新启动那些失败或中止的进程。

许多数据集成工具还提供与 BI 产品的集成功能，支持工作流消息、电子邮件甚至语义层的导入和导出。工作流集成可以推动数据质量缺陷识别、解决和升级流程。通过电子邮件或电子邮件驱动的警报处理发送消息是一种常见的做法，特别是对于移动设备。此外，将数据目标提供为语义层的能力可以成为敏捷实现的数据虚拟化候选对象。

（三）商务智能工具的类型

商务智能工具市场很成熟，有各种各样可用的商务智能工具，因而企业很少会构建开发自己的商务智能工具。这里主要介绍商务智能市场中可用的工具类型，并概述其主要特征，有助于将工具匹配给适当的客户。商务智能工具正在快速发展，正在实现从 IT 主导的标准化报表向业务驱动的数据探索和自助服务过渡。

（1）运营报表，是商务智能工具的应用，分析短期和长期的业务趋势。运营报表还可以帮助发现趋势和模式，使用战术商务智能工具支持短期业务决策。

（2）业务绩效管理，包括对企业目标一致性的指标的正式评估，此评估通常发生在高管层面。使用战略商务智能工具支持企业的长期目标。

（3）描述性的自助分析，为前台业务提供的商务智能工具，其分析功能可指导运营决策。运营分析将 BI 应用程序与运营功能和流程相结合，以近乎实时的方式指导决策。对低延迟的要求，将推动运营分析解决方案的架构方法。面向服务的体系架构和大数据成为全面支持运营分析的必要条件。

1. 运营报表

运营报表指的是业务用户直接从交易系统、应用程序或数据仓库生成报表，这通常是一个应用程序的功能。尤其是在数据仓库 / 商务智能治理较差的情况下，或者数据仓库中包含可增强运营交易数据的其他数据时，业务团队通常会使用数据仓库生成运营报表。一般来说，当报表只是简单的报表或用于启动工作流的时候，通常是即席查询。从数据管理的角度来看，关键是要了解此报表所需的数据是否存在于应用程序自身之中，或者是否需要来自数据仓库或操作性数据存储中的数据。

数据检索和报表工具，有时称为即席查询工具，允许用户编写自己需要的报表或创建供他人使用的报表。他们不太关心精确的表格布局，因为他们不想生成一张发票之类的东西，但他们确实希望快速直观地生成包含图表和表格的报表。业务用户创建的报表通常会成为标准报表，而不是特别给某个即席业务问题临时使用。

业务运营报表中的需求通常与业务查询报告的需求不同。业务查询和报表，其数据源通常是数据仓库或数据集市。在 IT 开发生产报表时，高级用户和临时用户使用业务查询工具开发自己的报表。个人、单个部门或整个企业范围内的人都可以使用业务查询工具生成的报表。

生产报表跨越了数据仓库 / 商务智能的边界，它经常直接查询交易系统，产生诸如发票或银行对账单之类的操作项。生产报表的开发人员往往是 IT 人员。

传统的商务智能工具可以很好地展现表格、饼图、折线图、面积图、条形图、直方图、K 线图等一些数据可视化方法。数据可视化可以以静态格式提供，如已发布的报表或更具交互性的在线格式。一些工具还支持与最终用户交互，其中钻取或过滤功能有助于分析可视化内的数据，其他工具则允许用户根据需要更改可视化界面。

2. 业务绩效管理

绩效管理是一套集成的企业流程和应用程序，旨在优化业务战略的执行。应用程序包括预算、规划和财务合并。由于 ERP 供应商和 BI 供应商在这里看到了巨大的增长机会，并且相信商务智能和绩效管理正在融合，因此在这一细分市场中发生了许多重大并购。客户从同一供应商处购买商务智能和绩效管理产品或服务的频率取决于产品功能。

从广义上讲，绩效管理技术通过流程帮助企业实现目标。绩效度量和带正反馈回路是关键的要素。在商务智能领域，采取了许多战略性企业应用程序，如预算、预测或资源规划。在这个领域形成了一种专业化的管理方式：创建以仪表板、仪表盘形式展现的计分卡，便于让用户在管理和执行之间保持一致的信息互动。仪表盘与汽车中的仪表板一样，为最终用户提供最新的摘要或汇总信息。

3. 运营分析应用

IDC 公司的亨利·莫里斯在 20 世纪 90 年代创造了分析型应用这一术语，阐明了它们与一般 OLAP 和 BI 工具的区别。分析型应用程序包括从众所周知的源系统中提取数据的逻辑和流程。它们为企业提供预先构建的解决方案，优化功能区域或垂直行业。不同类型的分析应用程序包括客户、财务、供应链、制造和人力资源等领域。

在线分析处理是一种为多维分析查询提供快速性能的方法。OLAP 这一术语在某种程度上源于对 OLTP 的明确区别。OLAP 查询的典型输出采用矩阵格式，维度构成矩阵的行和列，因子或度量是矩阵内的值。从概念上讲，它展示成一个立方体的样子。分析师想要用已知方法查看数据摘要时，使用数据立方体分析尤其有用。

传统的应用程序是财务分析，分析师希望反复遍历已知的层次结构来分析数据。例如，日期、企业和产品层次结构。现在，许多工具将 OLAP 数据立方体嵌入其软件中，有些甚至可以与集成定义和加载过程无缝结合。这意味着任何业务流程中的任何用户都可以对数据进行切片和切块。将此功能与主题域企业中的超级用户保持一致，并通过自助服务渠道交付，使这些选定用户能够按照自己的方式分析数据。

通常，OLAP 工具都有服务器组件和可以安装在桌面上或者通过网页访问面向终端用户的客户端组件。某些桌面组件可用电子表格访问，显示为嵌入式的菜单或功能项。根据选择的架构指导开发工作，但所有架构的共同特点是定义数据立方体结构、聚合需求、元数据扩充和数据稀疏性分析。

构建数据立方体以提供所需的功能要求，可能需要将较大的维度拆分为单独的数据立方体，以适应存储、加载或计算要求。使用聚合级别确保在约定的响应时间内计算和检索所需的公式。最终用户增加层次结构，可以满足聚合、计算或加载要求。此外，数据立方体数据的稀疏性可能需要在仓库数据层中添加或删除聚合结构或改进实现需求。

在数据立方体中配置基于角色的安全性或多语言文本，可能需要额外的维度、附加功能、计算或创建单独的数据立方体结构。在最终用户灵活性、性能和服务器工作负载之间取得平衡意味着需要进行协商。协商通常发生在加载过程中，可能需要更改层次结构、聚合结构或其他仓库物化数据对象。在数据立方体计数、服务器工作负载和交付灵活性之间适当平衡，以便及时进行刷新，并且数据立方体提供一致、可靠的查询，而无须高额存储或服务器使用成本。

OLAP 工具和 Cube 的价值是，通过将数据内容与分析师的心理模型对齐，减少混淆和错误解释。分析师可以浏览数据库并筛选特定的数据子集，更改数据的方向并定义分析计算。切片和切块是用户启动的导航过程，通过旋转和向下 / 向上钻取切片，以交互式调用页面的方式显示。常见的 OLAP 操作包括切片、切块、向下，向上钻取、向上卷积和透视。

（1）切片。切片是多维数组的子集，对应不在子集中的维度的一个或多个成员的值。

（2）切块。切块是数据立方体上两个以上维度的切片，或者是两个以上的连续切片。

（3）向下 / 向上钻取。向下钻取或向上钻取是一种特定的分析技术，用户可以在不同数据级别之间导航，范围从最概括到最详细。

（4）向上卷积。卷积涉及计算一个或多个维度的所有数据关系。为此，需要先定义计算关系或公式。

（5）透视。透视图会更改报表或页面的展示维度。

三种经典的 OLAP 实现方法如下：

（1）关系型联机分析处理（ROLAP）。ROLAP 通过在关系数据库的二维表中使用多维技术来支持 OLAP。星型架构是 ROLAP 环境中常用的数据库设计技术。

（2）多维矩阵型联机分析处理（MOLAP）。MOLAP 通过使用专门的多维数据库技术支持 OLAP。

（3）混合型联机分析处理（HOLAP）。它是 ROLAP 和 MOLAP 的结合。HOLAP 实现允许部分数据以 MOLAP 形式存储，而另一部分数据存储在 ROLAP 中。控件的实现方式各不相同，设计师对分区的组合也各有不同。

（四）方法

1. 驱动需求的原型

在实现产品之前，通过创建一组演示数据并在协调原型设计工作中采用需求挖掘的方法，快速确定需求优先级。数据虚拟化技术的进步，可以解决一些传统的难题。

对数据进行剖析有助于原型设计，并降低与非预期数据相关的风险。数据仓库通常最先体会到源系统或数据输入函数中数据质量差的痛楚。概要分析揭示了可能对数据集成造成障碍的数据来源之间的差异。数据可能在其来源中具有高质量，但由于各来源的不同，数据集成过程变得更加复杂。

对源数据的状态评估，有助于对集成可行性和工作范围进行更准确的前期估算。评估对于设定适当的期望值也很重要。计划与数据质量和数据治理团队合作，并结合其他主题专家的专业知识来了解数据差异和风险。

2. 自助式商务智能

自助服务是商务智能产品的基本交付方式。它通常会将用户活动放在受管门户中，根据用户的权限提供各种功能，包括消息传递、警报、查看预定的生产报表、与分析报表交互、开发即席查询报表，当然还有仪表盘和计分卡功能。报表可以按标准计划推送到门户，供用户在空闲时检索。用户还可以通过在门户中执行报表来提取数据，这些门户跨企业边界共享内容。

将协作工具向外扩展到用户社区，可以提供一些自助服务提示和技巧、负载状态、整体性能和发布进度的公告，也可以在论坛与工程师对话。通过业务支持渠道协调论坛内容，然后通过技术维护渠道与用户组进行交流。

可视化和统计分析工具允许快速的数据探索和发现。有些工具允许以业务为中心构建仪表板，如可以快速共享、审查和恢复活动的对象。曾经只是IT 和开发人员的领域，现在业务团队也可以使用许多数据处理、计算和可视化技术。这提供了一定程度的工作负载分配，集成工作可以通过业务渠道进行可行的原型设计，然后由 IT 实现和优化。

3. 可查询的审计数据

为了维系数据血缘关系，所有的结构和流程都应该能够创建和存储审计信息，并能够进行细粒度的跟踪和报告。允许用户查询该审计数据，让用户能够自己验证数据的状况和到达情况，从而提高用户的信心。当出现数据问题时，使用审计信息还可以进行更详细的故障排除。

八、实施指南

对一个好的数据仓库项目来说，能扩展满足未来需求的稳定架构很重要。配置能够处理日常数据加载、分析和解决最终用户反馈的生产支持团队是必需的。此外，要保持项目成功，还必须确保数据仓库团队与业务部门团队保持一致。

（一）就绪评估／风险评估

一个企业准备接受一项新风险，与它有能力承担这个风险之间可能会有一定的差距。成功的项目从先决条件清单开始。所有 IT 项目都应该有业务支持，与战略保持一致，并有一个定义好的架构方法。此外，数据仓库应该能够实现以下几点：

（1）明确数据敏感性和安全性约束。

（2）选择工具。

（3）保障资源安全。

（4）创建抽取过程以评估和接收源数据。

识别并清点数据仓库中敏感或受限的数据元素。这些数据需要被脱敏或模糊化，以防止未经授权的人员访问。在考虑将实施或维护工作外包时，可能会有其他限制。

在选择工具和分配资源之前，需考虑安全性约束，确保遵循相关审核和批准的数据治理过程。鉴于这些重要因素，数据仓库／商务智能项目的风险可能重新聚焦或完全取消。

（二）版本路线图

因为需要进行大量的开发工作，所以数据仓库是逐步构建的。无论选择何种实现方法，不管是瀑布式、迭代式，还是敏捷开发，都应该考虑到想要实现的最终状态。路线图是一种有价值的规划工具，该方法与维护流程相结合，灵活且适应性强，以平衡单个项目交付的压力与可重用数据和基础设施的总体目标。

建议将数据仓库总线矩阵作为一个沟通和推广的工具在逐步迭代的过程中使用。使用由风险度量约束的业务确定的优先级，以确定应用于每个增量版本的严格性和开销。小型、单一来源的交付可使用宽松规则，特别是当感受到风险有限时，企业应实现这些想法。

每个增量版本都将修改现有的功能或添加新的功能，这些功能通常与新加入的业务团队保持一致沟通。使用一致的需求和能力流程来确定下一个上线的业务团队。维护延期交付或工作项目列表，以确定未完成的功能和面向业务的优先级。确定需要以不同顺序交付的任何技术依赖项，然后将此工作打包到软件版本中。每个版本都可以按照商定的速度交付：每季度、每月、每周，甚至更快。通过汇总路线图与业务伙伴共同管理发布版本，按功能列出版本日期列表。

（三）配置管理

配置管理与发布路线图保持一致，并提供必要的后台调整和脚本，以自动化开发、测试和发布到生产。它还通过数据库级别的发布来标记模型，并以自动化的方式将代码库与该标记联系起来，以便在整个环境中协调手动的编码、生成的程序和语义层的内容并进行版本控制。

（四）企业与文化变革

在整个数据仓库/商务智能生命周期中，始终保持一致的业务重点是项目成功的关键。了解企业的价值链是理解业务环境的好方法，企业价值链中的特定业务流程提供了一个自然地面向业务的环境，该环境可用于构建分析领域。

最重要的是，考虑到以下关键成功因素，将项目与实际业务需求保持一致并评估必要的业务支持：

（1）业务倡议。是否有合适的管理层支持？例如，是否有一个确定参与的指导委员会和对应的资金支持？数据仓库/商务智能项目需要强有力的管理层支持。

（2）业务目标和范围。是否有确切的业务需要、业务目标和工作范围？

（3）业务资源。业务管理层是否承诺提供或聘用相应的业务专家，专家的参与度如何？缺乏承诺是一个常见的失败点，反过来说也是一个充足的理由，可以在确认承诺前停止 DW/BI 项目。

（4）业务准备情况。业务合作伙伴是否准备好这是一个长期的增量交付项目？他们是否承诺建立卓越中心，并在未来持续维护产品的版本？目标企业内的平均知识水平或技能差距有多大，可以在一个增量版本中拉平这种差距吗？

（5）愿景一致。IT 战略对业务愿景的支持程度如何？确保所需的功能要求与当前 IT 路线图中已有或可以维持的业务能力相对应，这点至关重要。能力调整中的任何重大偏差或差距，都可能导致数据仓库/商务智能程序暂停或停止。

许多企业都有专门的团队来管理生产环境的持续运行。建立单独团队来进行数据产品的交付有利于工作量优化，因为这个团队在固定周期内有重复的任务，通过维护通道能看到工作负载峰值与具体可交付物情况，可以对工作进行进一步优化调整。

前台支持小组与维护团队进行交互，可以促进部门间关系，并能确保在即将发布的版本中解决关键问题。他们通知团队需要解决的任何缺陷，运营中的后台支持团队可以确保所需的生产环境配置已按要求执行，也可以升级警报并汇报吞吐量状态。

九、数据仓库 / 商务智能治理

受到高度监管且需要以合规为中心报告的行业，将从治理良好的数据仓库中获益匪浅。对持续支持和发布规划至关重要的是确保在实施过程中完成和解决治理活动。越来越多的企业正在扩展其软件开发生命周期，并以特定的可交付成果满足治理需求。数据仓库治理流程应与风险管理保持一致。它们应该是业务驱动的，因为不同类型的企业有不同的需求。治理流程应该降低风险，而不是减少任务的执行。

最关键的功能是那些管理业务运营的发现或改进区域，以及确保数据仓库本身质量稳定。由于改进区域引领所有主动边界，因此需要握手和良好运行程序来实例化、操作、传送和丢弃这些区域中的数据。数据存档和时间范围是边界协议的关键要素，因为它们有助于避免蔓延。用户组会话和管理会议中包括对这些环境和时间表的监控，以确定使用期限。将数据加载到仓库意味着分配时间、资源和编程工作，以便将修正好的、可靠的、高质量的数据及时地传递给最终用户企业。

将一次性或有限使用的事件视为生命周期的一部分，并且可能在试验区域内或在用户控制的"沙箱"区域内限制它们。实时分析流程可以通过自动化流程将时间一致的聚合结果反馈到数据仓库中。策略是针对在实时环境中制定的过程定义的，而治理适用于将结果放入仓库供企业使用。

通过风险暴露 / 缓解矩阵管理的已知或已编目项目进行数据辨别。那些被认为具有高风险、低缓解或难以及早发现的项目，需要通过治理功能来减少相关风险。根据所检验数据的敏感性，可能还需要为选定的本地人员提供单独的工作空间。在制定制度的过程中，与公司的安全人员和法律人员联合进行彻底审查，形成最终的安全网。

（一）业务接受度

一个关键的成功因素是业务对数据的接受程度，包括可以理解的数据、具有可验证的质量，以及具有可证明的数据血缘关系。由业务团队对数据进行验证的工作应该是用户验收测试的一部分。在初始加载期间及在几个更新加载周期之后，在商务智能工具中针对源系统中的数据执行结构化随机测试，以满足验收标准。满足这些要求对于每个数据仓库／商务智能实施至关重要，预先还要考虑一些非常重要的架构子组件及其支持活动，具体如下：

（1）概念数据模型。企业的核心信息是什么？关键的业务概念是什么？它们是如何相互关联的？

（2）数据质量反馈循环。如何识别和修正问题数据？系统所有者如何了解问题是怎么产生的？怎样对解决问题负责？对数据仓库的数据集成过程中引起的问题进行补救的过程是什么？

（3）端到端元数据。架构如何支持集成的端到端元数据流？特别是，在架构设计时是否理解上下文环境的意义？数据消费者如何回答诸如"这个报表的含义是什么"或"这个指标是什么意思"等基本的问题？

（4）端到端可验证数据血缘。业务用户公开访问的项目是否能以自动化的、可自维护的方式追溯到源系统？所有数据是否都记录在案？

（二）客户／用户满意度

对数据质量的认识将提升客户满意度，但满意度也取决于其他因素，如数据消费者对数据的理解以及运营团队对已识别问题的响应能力。通过定期与用户代表召开会议，可以促进对问题的收集和理解，并根据客户反馈采取行动。此类交互还可以帮助数据仓库团队向用户分享版本路线图，并了解数据消费者是如何使用数据仓库的。

（三）服务水平协议

对具体数据仓库环境的业务和技术期望应在服务水平协议中指定。通常，响应时间、数据保留和可用性要求在不同业务需求类别及其各自的支持系统之间存在很大差异。

（四）报表策略

确保 BI 产品组合内部和跨 BI 产品组合间都存在报表策略。报表策略包括标准、流程、指南、最佳实践和程序，它将确保用户获得清晰、准确和及时的信息。报表策略必须解决如下问题：

（1）安全访问。确保只有获得授权的用户才能访问敏感数据。

（2）描述用户交互、报告、检查或查看其数据的访问机制。

（3）用户社区类型和使用它的适当工具。

（4）报表摘要、详细信息、例外情况以及频率、时间、分布和存储格式的本质。

（5）通过图形化输出发挥可视化功能的潜力。

（6）及时性和性能之间的权衡。

应定期评估标准报表，以确保它们仍然具有价值，因为报表运行会增加存储成本和处理成本。实施和维护流程以及管理活动至关重要。将适当的报表工具与业务团队保持一致的沟通是一个关键的成功因素。根据企业的规模和性质，可能会在各种流程中使用许多不同的报表工具，确保受众能够充分利用报表工具。复杂的用户会有越来越复杂的需求，根据这些需求维护决策矩阵，以确定升级或未来的工具选择。

数据源的治理监控也很重要，确保为授权人员安全地提供适当级别的数据，并且可以根据商定的级别访问订阅数据。

卓越中心可以提供培训、启动设置、设计最佳实践、数据源提示和技巧，以及其他的解决方案或功能，以帮助企业用户实现自助服务模式。除知识管理外，该中心还可以为开发人员、设计人员、分析师和订阅用户企业提供及时的交流。

（五）度量指标

1. 使用指标

数据仓库中使用的度量指标通常包括注册用户数、连接用户数或并发用户数。这些度量指标表示企业内有多少人正在使用数据仓库。为每个工具授权多少个用户账户是一个很好的开始，特别是对于审计员而言。但是，实际有多少用户连接到该工具是一个更好的度量指标，并且每个时间段由用户社区申请的查询数量对于容量规划而言是更好的技术指标。允许多个分析指标，如审核用户、已生成的用户查询量和使用用户。

2. 主题域覆盖率

主题域覆盖率衡量每个部门访问仓库的程度，还强调哪些数据是跨部门共享的，哪些还不是但可能是共享的。

将操作源映射到目标是另一种自然的扩展，它强制和验证已经收集的血缘关系和元数据，并可以提供渗透分析，确定哪些部门在使用哪些源系统分析。通过减少对大量使用的源对象的更改，有助于将工作调整集中在那些具有高影响力的分析查询上。

3. 响应时间和性能指标

大多数查询工具会测量响应时间。同时，通过工具检索响应或性能指标。此数据指标代表用户的数量和类型。

数据加载过程指以原始格式收集每个数据产品的加载时间。它们还可以表示为预期支持的百分比：一个数据集市的加载预期是每日刷新的，有4小时的加载窗口，则处理过程在4小时内完成加载是100%满足需求的。可以将此过程应用于任何下游数据抽取流程中。

大多数工具可在日志或存储库中为提供给用户的对象保留查询和刷新记

录及数据提取时间等。将数据划分为计划执行的对象和已执行的对象，并将其表示为尝试和已成功访问的原始计数。在满意度指标受到影响之前，需要关注非常受欢迎或查询表现不佳的对象。如果一组对象定期出现故障，可以进行缺陷分析，并制订维护计划以及容量规划。补救措施可能因工具而异，如有时创建或删除一个索引可能会带来极大的改善。

这方面指标的后续跟进工作是验证和服务级别调整。在下个版本中调整那些过去一直失败的项目，或者在无充足资金的情况下，降低支持级别。

第八章　中小企业元数据管理

第一节　概　　述

元数据最常见的定义是"关于数据的数据"。这个定义非常简单，但也容易引起误解。可以归类为元数据的信息范围很广，不仅包括技术和业务流程、数据规则和约束，还包括逻辑数据结构与物理数据结构等。它描述了数据本身，数据表示的概念，数据与概念之间的联系。元数据可以帮助企业理解其自身的数据、系统和流程，同时帮助用户评估数据质量，对数据库与其他应用程序的管理来说不可或缺。它有助于处理、维护、集成、保护和治理其他数据。

为了理解元数据在数据管理中的重要作用，试想一个大型图书馆中有成千上万的书籍和杂志，但没有目录卡片。没有目录卡片，读者将不知道如何寻找一本特定的书籍甚至一个特定的主题。目录卡片不仅提供了必要的信息，还帮助读者可以使用不同的方式查找资料。如果没有目录，寻找一本特定的书将是一件十分困难的事情。一个企业没有元数据，就如同一个图书馆没有目录卡片。

元数据对于数据管理和数据使用来说都是必不可少的。所有大型企业都会产生和使用大量的数据，在整个企业中，不同的人拥有不同层面的数据知识，但没有人知道关于数据的一切。因此，必须将这些信息记录下来，否则企业可能会丢失关于自身的宝贵知识。元数据管理提供了获取和管理企业数据的主要方法。

然而，元数据管理不仅是知识管理面临的一个挑战，还是风险管理的一个必要条件。元数据可以确保企业识别私有的或敏感的数据，能够管理数据的生命周期，以实现自身利益，满足合规要求，并减少风险敞口。

如果没有可靠的元数据，企业就不知道它拥有什么数据、数据表示什么、数据来自何处、它如何在系统中流转，谁有权访问它，或者对于数据保持高质量的意义。如果没有元数据，企业就不能将其数据作为资产进行管理。实际上，如果没有元数据，企业可能根本无法管理其数据。

随着技术的发展，数据产生的速度也在加快，技术元数据已经成为数据迁移和集成方法中不可或缺的一部分。ISO 的元数据注册标准 ISO/IEC 11179 旨在基于精确数据定义，在异构环境中实现以元数据为驱动的数据交换。使用数据时，元数据需要以 XML 或其他格式呈现，其他类型的元数据要求在基于保留所有权、安全要求等属性的基础上进行交换。

与其他数据一样，元数据需要管理。随着企业收集和存储数据能力的提升，元数据在数据管理中的作用变得越来越重要。要实现数据驱动，企业必须先实现元数据驱动。

一、业务驱动因素

数据管理需要元数据，元数据本身也需要管理，可靠且良好管理元数据有助于：

（1）通过提供上下文语境和执行数据质量检查提高数据的可信度。

（2）通过扩展用途增加战略信息的价值。

（3）通过识别冗余数据和流程提高运营效率。

（4）防止使用过时或不正确的数据。

（5）减少数据的研究时间。

（6）改善数据使用者和 IT 专业人员之间的沟通。

（7）创建准确的影响分析，从而降低项目失败的风险。

（8）通过缩短系统开发生命周期时间缩短产品上市时间。

（9）通过全面记录数据背景、历史和来源降低培训成本和员工流动的影响。

（10）满足监管合规。

元数据有助于采用一致的方式表示信息、简化工作流程以及保护敏感信息，尤其是在已有监管合规要求的情况下。

如果企业的数据质量很高，那么企业可以从数据资产中获得更多价值。高质量的数据和数据治理工作密切相关，因为元数据解释了使企业能够运行的数据和流程，所以元数据对于数据治理至关重要。如果说元数据是企业中数据管理的指南，那么必须妥善管理元数据。元数据管理不善容易导致以下问题：

（1）冗余的数据和数据管理流程。

（2）重复和冗余的字典、存储库和其他元数据存储。

（3）不一致的数据元素定义和与数据滥用的相关风险。

（4）元数据的不同版本相互矛盾且有冲突，降低了数据使用者的信心。

（5）怀疑元数据和数据的可靠性。

良好的元数据管理工作，可以确保对数据资源的一致理解以及更加高效的跨企业开发使用。

二、目标和原则

元数据管理的目标包括：

（1）记录和管理与数据相关的业务术语的知识体系，以确保人们理解和使用数据内容的一致性。

（2）收集和整合来自不同来源的元数据，以确保人们了解来自企业不同部门的数据之间的相似与差异。

（3）确保元数据的质量、一致性、及时性和安全。

（4）提供标准途径，使元数据使用者可以访问元数据。

（5）推广或强制使用技术元数据标准，以实现数据交换。

成功实施元数据解决方案应遵循以下指导原则：

（1）企业承诺。确保企业对元数据管理的承诺，将元数据管理作为企业整体战略的一部分，将数据作为企业资产进行管理。

（2）战略。制定元数据战略，考虑如何创建、维护、集成和访问元数据。战略能推动需求，这些需求应在评估、购买和安装元数据管理产品之前定义。元数据战略必须与业务优先级保持一致。

（3）企业视角。从企业视角确保未来的可扩展性，但是要通过迭代和增量交付来实现，以带来价值。

（4）潜移默化。宣导元数据的必要性和每种元数据的用途；潜移默化其价值将鼓励业务使用元数据，同时为业务提供知识辅助。

（5）访问。确保员工了解如何访问和使用元数据。

（6）质量。认识到元数据通常是通过现有流程生成的，所以流程所有者应对元数据的质量负责。

（7）审计。制定、实施和审核元数据标准，以简化元数据的集成和使用。

（8）改进。创建反馈机制，以便数据使用者可以将错误的或过时的元数据反馈给元数据管理团队。

三、基本概念

（一）元数据与数据

如在简介中所述，元数据也是一种数据，应该用数据管理的方式进行管理。一些企业面临的一个问题是，如何在元数据和非元数据之间划分界限。从概念上讲，这条边界与数据所代表的抽象级别有关。例如，在报告美国国家安全局对美国人使用电话的监控情况时，电话号码和通话时间通常被称为

"元数据"，这意味着"真实"数据只包括电话交谈的内容，常识是电话号码和通话时间也只是普通数据。

从经验来说，一个人的元数据，可能是另一个人的数据。即使是看似元数据的东西，也可能是普通数据。例如，该数据可以作为输入，满足多个不同企业理解数据和分析数据的需求。

为了管理元数据，企业不应该担心理论上的区别，相反，他们应该定义元数据需求，重点关注元数据能用来做什么和满足这些需求的源数据。

（二）元数据的类型

元数据通常分为三种类型：业务元数据、技术元数据和操作元数据。这些类别使人们能够理解属于元数据总体框架下的信息范围，以及元数据的产生过程。也就是说，这些类别也可能导致混淆，特别是当人们对一组元数据属于哪个类别或应该由谁使用这个类别产生疑问时。最好是根据数据的来源而不是使用方式来考虑这些类别。就使用而言，元数据不同类型之间的区别并不严格，技术和操作人员既可以使用"业务"元数据，也可以使用其他类型元数据。

在信息技术之外的领域，如在图书馆或信息科学中，元数据被描述为不同的类别：

（1）描述元数据。描述资源并支持识别和检索，如标题、作者和主题等。

（2）结构元数据。描述资源及其组成组件之间的关系，如页数、章节等。

（3）管理元数据。用于描述管理生命周期的元数据，如版本号、存档日期等。

这些类别有助于了解定义元数据需求的过程。

1. 业务元数据

业务元数据主要关注数据的内容和条件，另包括与数据治理相关的详细信息。业务元数据包括主题域、概念、实体、属性的非技术名称和定义、属性的数据类型和其他特征，如范围描述、计算公式、算法和业务规则、有效的域值及其定义。业务元数据的示例包括：

（1）数据集、表和字段的定义和描述。

（2）业务规则、转换规则、计算公式和推导公式。

（3）数据模型。

（4）数据质量规则和检核结果。

（5）数据的更新计划。

（6）数据溯源和数据血缘。

（7）数据标准。

（8）特定的数据元素记录系统。

（9）有效值约束。

（10）利益相关方联系信息。

（11）数据的安全 / 隐私级别。

（12）已知的数据问题。

（13）数据使用说明。

2. 技术元数据

技术元数据提供有关数据的技术细节、存储数据的系统以及在系统内和系统之间数据流转过程的信息。技术元数据示例包括：

（1）物理数据库表名和字段名。

（2）字段属性。

（3）数据库对象的属性。

（4）访问权限。

（5）数据 CRUD 规则。

（6）物理数据模型，包括数据表名、键和索引。

（7）记录数据模型与实物资产之间的关系。

（8）ETL 作业详细信息。

（9）文件格式模式定义。

（10）源到目标的映射文档。

（11）数据血缘文档，包括上游和下游变更影响的信息。

（12）程序和应用的名称和描述。

（13）周期作业的调度计划和依赖。

（14）恢复和备份规则。

（15）数据访问的权限、组、角色。

3. 操作元数据

操作元数据描述了处理和访问数据的细节，例如：

（1）批处理程序的作业执行日志。

（2）抽取历史和结果。

（3）调度异常处理。

（4）审计、平衡、控制度量的结果。

（5）错误日志。

（6）报表和查询的访问模式、频率和执行时间。

（7）补丁和版本的维护计划和执行情况，以及当前的补丁级别。

（8）备份、保留、创建日期、灾备恢复预案。

（9）服务水平协议要求和规定。

（10）容量和使用模式。

（11）数据归档、保留规则和相关归档文件。

（12）清洗标准。

（13）数据共享规则和协议。

（14）技术人员的角色、职责和联系信息。

（三）ISO/IEC 11179 元数据注册标准

ISO 的元数据注册标准 ISO/IEC 11179 中提供了用于定义元数据注册的框架，旨在基于数据的精确定义，从数据元素开始，实现元数据驱动的数据交换。该标准由 6 部分组成。

第 1 部分：数据元素生成和标准化框架。

第 2 部分：数据元数据分类。

第 3 部分：数据元素的基本属性。

第 4 部分：数据定义的形成规则和指南。

第 5 部分：数据元素的命名和识别原则。

第 6 部分：数据元素的注册。

（四）非结构化数据的元数据

从本质上说，所有数据都是有一定结构的，但并非所有数据都是以行、列的形式在我们熟悉的关系型数据库中进行记录的。任何不在数据库或数据文件中的数据都被认为是非结构化数据。

相比结构化数据的管理，元数据对非结构化数据的管理来说可能更为重要。上文提到的图书馆中的书籍和杂志就是很好的非结构化数据的例子，目录卡片中元数据的主要用途是找到所需材料，而不用在意其格式。

非结构化数据的元数据包括：描述元数据，如目录信息和同义关键字；结构元数据，如标签、字段结构、特定格式；管理元数据，如来源、更新计划、访问权限和导航信息；书目元数据，如图书馆目录条目；记录元数据，如保留策略；保存元数据，如存储、归档条件和保存规则。

大多数人断言，非结构数据的元数据管理与传统的内容管理问题相关，但围绕着数据湖中的非结构化数据管理出现了新的实践。希望利用数据湖、使用 Hadoop 等大数据平台的企业发现，他们必须对采集的数据进行编目，以便以后访问。在大多数情况下，收集元数据作为数据采集流程的一部分，需要收集关于在数据湖中采集的每个对象的最小元数据属性集，这将生成数据湖内容的目录。

（五）元数据来源

从元数据的类型应该能够清楚地看出，元数据的来源各异。此外，如果来自应用和数据库中的元数据管理得当，则可以较为容易地收集和整合它们。但是，大多数企业都没有在应用层面很好地管理元数据，因为元数据通常是作为应用程序处理的副产品而不是最终产品创建的。与其他形式的数据一样，在元数据集成之前，还需要做大量的准备工作。

大多数操作元数据是在处理数据时生成的。使用这类元数据的关键是以一种可用的形式进行收集，并确保负责解释它的人拥有他们需要的工具。要想理解错误日志中的信息，需要理解描述日志文件中内容的元数据。同样，也可以从数据库对象中收集大部分技术元数据。

可以对现有系统中的数据进行逆向工程，并从现有数据字典、模型和流程文档中收集业务元数据，但这样做是有风险的，最大的风险在于一开始不知道在开发和细化这些定义时需要花费多少精力。如果定义不完善或含糊不清，那么企业就不能向数据使用者提供他们用于理解正在使用的数据的信息。

最好是有意识地重新定义而不是简单地接受现有定义。定义的确定需要时间和正确的技能，这是业务元数据的开发需要专职岗位的原因。

管理数据库所需的大部分技术元数据和使用数据所需的业务元数据，可以作为项目工作的一部分进行收集和开发。例如，数据建模过程需要讨论数据元素的含义以及它们之间的关系。应记录和整理讨论过程中共享的知识，以便在数据字典、业务术语表和其他存储库中使用。数据模型本身包含数据物理特征的重要细节，应在这些工作上分配足够的时间，以确保项目产出物包含符合企业标准的高质量元数据。

定义良好的业务元数据可以在不同的项目中重复使用，并促进在不同数据集的业务概念得到一致理解。企业还可以有意规划元数据的集成作为开发元数据的一部分，以便元数据可以重复使用。例如，可以整理一个系统清单，所有与特定系统相关的元数据都可以使用相同的系统标识符进行标记。

为元数据本身而创建元数据很少能行得通，大多数企业都不会为此类工作提供资金支持，即使他们这样做，也不太可能实施维护流程。在这方面，元数据与其他数据一样：它应该作为有明确定义流程的产品而创建，使用可以保障整体质量的工具，管理员和其他数据管理专业人员应确保有适当的流程来维护与这些流程相关的元数据。例如，如果企业从其数据模型中收集关键元数据，应该确保有一个合适的变更管理过程保持模型的最新状态。

为了使企业对元数据有更深入的感受，此处概述一系列来源，且按英文字母顺序排列。

1. 应用程序中元数据存储库

元数据存储库指存储元数据的物理表，这些表通常内置在建模工具、BI

工具和其他应用程序中。随着企业元数据管理成熟度的提升，希望将不同应用程序中的元数据集成，以便数据使用者可以查看各种信息。

2. 业务术语表

业务术语表的作用是记录和存储企业的业务概念、术语、定义以及这些术语之间的关系。在许多企业中，业务术语表仅仅是一个电子表格。但是，随着企业的日渐成熟，他们会经常购买或构建术语表，这些术语表包含全部的信息以及跟随时间变化的管理能力。与所有面向数据的系统一样，设计业务术语表应考虑具有不同角色和职责的硬件、软件、数据库、流程和人力资源。业务词汇表应用程序的构建需满足三个核心用户的功能需求：

（1）业务用户。数据分析师、研究分析师、管理人员和使用业务术语表来理解术语和数据的其他人员。

（2）数据管理专员。数据管理专员使用业务术语表管理和定义术语的生命周期，并通过将数据资产与术语表相关联而增强企业知识，如将术语与业务指标、报告、数据质量分析或技术组件相关联。数据管理员收集术语和使用中存在的问题，以帮助解决整个企业的认识差异。

（3）技术用户。技术用户使用业务术语表设计架构、设计系统和开发决策，并进行影响分析。

业务术语表应包含业务术语属性，例如：

（1）术语名称、定义、缩写或简称，以及任何同义词。

（2）负责管理与术语相关的数据的业务部门和 / 或应用程序。

（3）维护术语的人员姓名和更新日期。

（4）术语的分类或分类间的关联关系。

（5）需要解决的冲突定义、问题的性质、行动时间表。

（6）常见的误解。

（7）支持定义的算法。

（8）血缘。

（9）支持该术语的官方或权威数据来源。

每个业务术语表的实施都应该有一组支持治理过程的基本报告。建议企业不要"打印术语表"，因为术语表的内容不是静态的。数据管理专员通常负责词汇表的开发、使用、操作和报告。报告包括：跟踪尚未审核的新术语和定义、处于挂起状态的术语和缺少定义或其他属性的术语。

易用性和功能性会背道而驰，业务术语表的搜索便捷性越高，越容易推广使用。但是，术语表最重要的特征是它包含足够完整和高质量的信息。

3. 商务智能工具

商务智能工具生成与商务智能设计相关的各类元数据，包括概述信息、类、对象、衍生信息和计算的项、过滤器、报表、报表字段、报表展现、报表用户、报表发布频率和报表发布渠道。

4. 配置管理工具

配置管理工具或数据库提供了管理和维护与 IT 资产、它们之间的关系以及资产的合同细节相关的元数据的功能。CMDB 数据库中的每个资产都被称为配置项。为每个 CI 类型收集和管理标准元数据。许多企业将 CMDB 与变更管理流程集成，以识别受特定资产变更影响的相关资产或应用程序。存储库提供了将元数据存储库中的资产链接到 CMDB 中的实际物理实现细节的机制，以提供数据和平台的完整视图。

5. 数据字典

数据字典定义数据集的结构和内容，通常用于单个数据库、应用程序或数据仓库。数据字典可用于管理数据模型中每个元素的名称、描述、结构、特征、存储要求、默认值、关系、唯一性和其他属性。它还应包含表或文件定义。数据字典嵌入在数据库工具中，用于创建、操作和处理其中包含的数据。数据使用者如需使用这类元数据，则必须从数据库或建模工具中进行提取。数据字典还可以描述那些对社区有用的、在安全限制下可用的、在业务流程中应用的数据元素。通过直接利用逻辑数据模型中的内容，在定义、发布和维护用于报告和分析的语义层时可以节省时间。但是如前所述，应谨慎使用现有定义，尤其是在元数据管理成熟度较低的企业中。

在数据模型的开发过程中，会解释许多关键业务流程、关系和术语。当将物理结构部署到生产环境中时，通常会丢失在逻辑数据模型中捕获的部分信息。数据字典可以帮助企业确保此信息不会完全丢失，以及在生产部署之后逻辑模型与物理模型保持一致。

6. 数据集成工具

许多数据集成工具用于可执行文件将数据从一个系统移动到另一个系统，或在同一系统中的不同模块之间移动。许多工具生成临时文件，其中可能包含数据的副本或派生副本。这些工具能够从各种源加载数据，通过分组、修正、重新格式化、连接、筛选或其他操作对加载的数据进行操作，然后生成输出数据。这些数据将被分发到目标位置，它们记录在系统之间移动数据的沿袭关系。任何成功的元数据解决方案都应该能够通过集成工具移动时使用沿袭元数据，并将其作为从实际源到最终目的地的整体血统进行公开。

数据集成工具提供了应用程序接口，允许外部元数据存储库提取血缘关系信息和临时文件元数据。一旦元数据存储库收集了信息，元数据管理工具就可以为任何数据元素生成全局数据地图。数据集成工具还提供有关各种数据集成作业执行的元数据，包括上次成功运行、持续时间和作业状态。某些元数据存储库可以提取数据集成运行时的统计信息和元数据，并将其与数据元素一起公开。

7. 数据库管理和系统目录

数据库目录是元数据的重要来源，它们描述了数据库的内容、信息大小、软件版本、部署状态、网络正常运行时间、基础架构正常运行时间、可用性，以及许多其他操作元数据属性。最常见的数据库形式是关系型的，关系型数据库将数据作为一组表和列进行管理，其中表包含一个或多个列、索引、约束、视图和存储过程。元数据解决方案应该能够连接到各种数据库和数据集，并读取数据库公开的所有元数据。一些元数据存储库工具可以集成系统管理工具中公开的元数据，以提供描述物理资产的更全面的图像。

8. 数据映射管理工具

数据映射管理工具用于项目的分析和设计阶段，它将需求转换为映射规范，然后由数据集成工具直接使用或由开发人员用来生成数据集成代码。映射文档通常也存储在整个企业的 Excel 文档中。一些厂商现在正在考虑为映射规范提供集中存储库，这些存储库具有版本控制和变更分析的功能。此外，许多映射工具与数据集成工具集成后，便可以自动生成数据集成程序，并且大多数映射工具还可以与其他元数据和参考数据存储库进行数据交换。

9. 数据质量工具

数据质量工具通过验证规则来评估数据质量，其中的大多数工具提供了与其他元数据存储库交换质量分数和质量概况的功能，使元数据存储库能够将质量分数附加到相关的物理资产上。

10. 字典和目录

数据字典和术语表包含有关术语、表和字段的详细信息，但字典或目录包含有关企业内数据的系统、源和位置的信息。元数据目录对于开发人员和数据超级用户来说特别有用，通过它可以了解企业中的数据范围，无论是研究问题还是查找有关寻找新应用程序的信息。

11. 事件消息工具

事件消息工具在不同系统之间移动数据，需要大量的元数据，并生成描述此移动的元数据。这些工具包括图形接口，可以管理数据移动的逻辑，并将接口实现细节、移动逻辑和处理统计信息导出到其他元数据存储库。

12. 建模工具和存储库

数据建模工具用于构建各种类型的数据模型：概念模型、逻辑模型和物理模型。这些工具生成与应用程序或系统模型设计相关的元数据，如主题域、逻辑实体、逻辑属性、实体和属性关系、父类型和子类型、表、字段、索引、主键和外键、完整性约束以及模型中其他类型的属性。元数据存储库可以提取由这些工具创建的模型，并将导入的元数据整合到存储库中。建模工具通常是数据字典内容的来源。

13. 参考数据库

参考数据记录各种类型的枚举数据的业务价值和描述，在系统中的上下文中使用，用于管理参考数据的工具，还能够管理相同或不同业务领域内不同编码值之间的关系。这些工具套件通常提供将收集的参考数据发送到元数据存储库的功能，元数据存储库则提供将参考数据与业务词汇表以及物理实现该数据的位置相关联的机制。

14. 服务注册

服务注册是从面向服务的架构角度管理和存储有关服务和服务终端的技术信息，如定义、接口、操作、输入和输出参数、制度、版本和示例使用场景。一些与服务相关的最重要的元数据包括服务版本、服务位置、数据中心、可用性、部署日期、服务端口、IP 地址、统计端口、连接超时和连接重试超时。服务注册中心应满足各种需求，如显示所有可用服务的列表、具有特定版本的服务、过时服务或关于特定服务的细节，还可以审查服务评估是否可以复用。这些存储库中包含的信息提供了有关哪些数据存在以及它们如何在各种系统或应用程序之间移动的事实依据。可以提取服务存储库中的元数据，并将其与其他工具收集的元数据合并，以提供数据如何在各种系统之间移动的完整结构。

15. 其他元数据存储

其他元数据的种类繁多，大多是指特定格式的清单，如事件注册表、源列表或接口、代码集、词典、时空模式、空间参考、数字地理数据集的分发、存储库和业务规则。

（六）元数据架构的类型

与其他形式的数据一样，元数据也有生命周期。从概念上讲，所有元数据管理解决方案都包含与元数据生命周期相对应的架构层次：

（1）元数据创建和采集。

（2）元数据在一个或多个存储库中存储。

（3）元数据集成。

（4）元数据交付。

（5）元数据使用。

（6）元数据控制和管理。

可以采用不同的架构方法获取、存储、集成和维护元数据，供数据消费者访问元数据。

1. 集中式元数据架构

集中式元数据架构由单一的元数据存储库组成，包含来自各种不同源的元数据副本。IT 资源有限的企业或者那些追求尽可能实现自动化的企业，可能会选择避免使用此架构选项。在公共元数据存储库中寻求高度一致性的企业，可以从集中式元数据架构中受益。

集中式存储库的优点：高可用性，因为其独立于源系统；快速的元数据检索，因为存储库和查询功能在一起；解决了数据库结构问题，使其不受第三方或商业系统特有属性的影响；抽取元数据时可进行转换、自定义或使用其他源系统中的元数据进行补充，提高了元数据的质量。

集中式存储库的缺点：必须使用复杂的流程确保元数据源头中的更改能够快速同步到存储库中；维护集中式存储库的成本可能很高；元数据的抽取可能需要自定义模块或中间件；验证和维护自定义代码会增加对内部 IT 人员和软件供应商的要求。

集中式存储库在各自具有内部元数据存储库的工具中收集元数据的方式如图 8-1 所示。集中式存储库通过各种工具将元数据定时导入来填充。反过来，集中式存储库公开了一个门户，供最终用户提交查询。元数据门户将请求传递到集中式元数据存储库，集中式存储库将以收集的元数据满足请求。在这种架构中，不支持将请求从用户直接传递给各种工具的功能。由于在集中式存储库中收集了各种元数据，因此可以对从各种工具收集的元数据进行全局搜索。

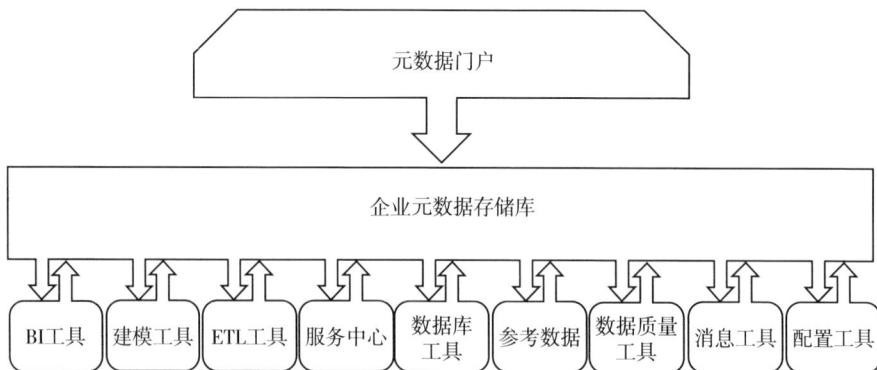

图 8-1 集中式元数据架构

2. 分布式元数据架构

一个完全分布式的架构中维护了一个单一的接入点。元数据检索引擎通过实时从源系统检索数据来响应用户请求；分布式元数据架构没有持久化的存储库。在这种架构中，元数据管理环境维护必要的源系统目录和查找信息，以有效处理用户查询和搜索。可通过公共对象请求代理或类似的中间件协议访问这些源系统。

分布式元数据架构的优点包括：元数据总是尽可能保持最新且有效，因为它是从其数据源中直接检索的；查询是分布式的，可能会提高响应和处理的效率；来自专有系统的元数据请求仅限于查询处理，而不需要详细了解专有数据结构，因此最大限度地减少了实施和维护所需的工作量；自动化元数据查询处理的开发可能更简单，只需要很少的人工干预；减少了批处理，没有元数据复制或同步过程。

分布式元数据架构的缺点包括：无法支持用户定义或手动插入的元数据项，因为没有存储库可以放置这些添加项；需要通过统一的、标准化的展示方式呈现来自不同系统的元数据；查询功能受源系统可用性的影响；元数据的质量完全取决于源系统。

分布式元数据架构如图 8-2 所示。没有集中式元数据存储库，门户会将用户的请求传递给相应的工具执行。由于没有从各种工具收集元数据进行集中存储，必须将每个请求委托给源系统，因此不具有跨各种元数据源进行全局搜索的功能。

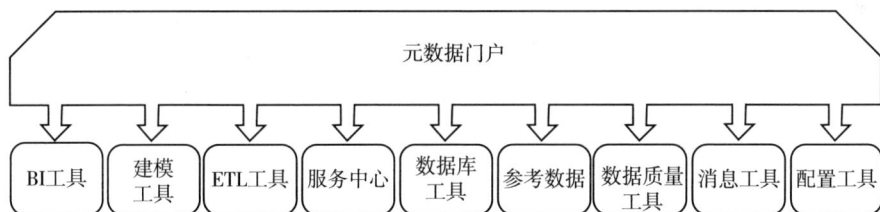

图 8-2　分布式元数据架构

3. 混合式元数据架构

混合架构结合了集中式和分布式架构的特性，元数据仍然直接从源系统移动到集中式存储库，但存储库设计仅考虑用户添加的元数据、重要的标准化元数据以及通过手工添加的元数据。

该架构得益于从源头近乎实时地检索元数据和扩充元数据，可在需要时最有效地满足用户需求。混合方法降低了对专有系统进行手动干预和自定义编码访问功能的工作量。基于用户的优先级和要求，元数据在使用时尽可能是最新且有效的。混合架构不会提高系统可用性。

但是，源系统的可用性是一个限制，因为后端系统是分布式处理查询。在将结果集呈现给最终用户之前，需要用额外的系统开销将这些初始结果与中央存储库中的元数据扩展连接起来。

许多企业都可以从混合架构中受益，包括那些具有快速变化的操作元数据的企业，需要一致、统一的元数据企业，以及元数据和元数据源正在大幅增长的企业。对于大多静态元数据或元数据量较小的企业来说，可能无法发挥这种架构替代方案的最大潜力。

4. 双向元数据架构

有一种高级架构方法是双向元数据架构，它允许元数据在架构的任何部分中进行更改，然后将变更从存储库同步到其原始源以实现反馈。

这种方法显然存在各种挑战。该设计强制元数据存储库包含最新版本的元数据源，并强制对源的更改管理，必须系统地捕获变更，然后加以解决；必须构建和维护附加的一系列处理接口，以将存储库的内容回写至元数据源。

集中式元数据存储中收集不同来源的公共元数据如图 8-3 所示。用户将他们的查询请求提交到元数据门户，元数据门户将请求传递到一个集中式存储库，集中式存储库将尝试用最初从各种源收集的公共元数据满足用户请求。请求变得更具体或用户需要更详细的元数据时，集中式存储库将委托特定的源处理具体细节。由于在集中式存储库中收集了公共元数据，因此可以跨各种工具进行全局搜索。

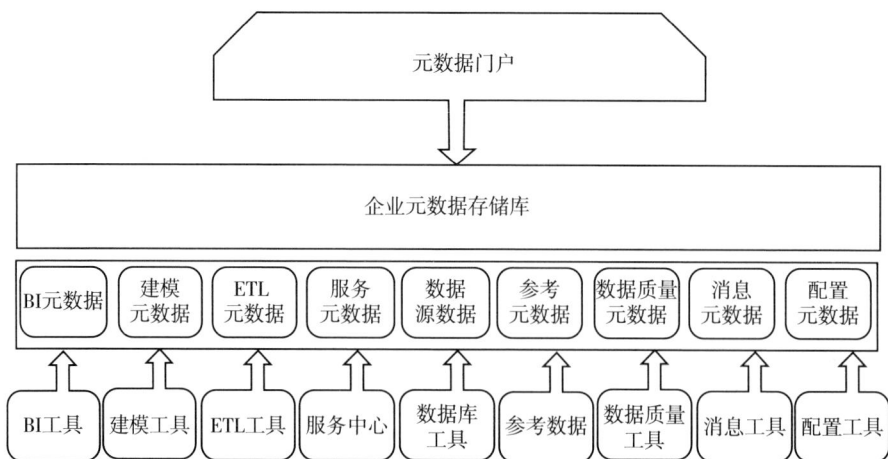

图 8-3　混合元数据架构

第二节　中小企业元数据管理对策与实施

一、定义元数据战略

元数据战略描述企业应如何管理其自身元数据，以及元数据从当前状态到未来状态的实施线路。元数据战略应该为开发团队提供一个框架，以提升元数据管理能力。开发元数据需求，可以帮助阐明元数据战略的驱动力，识别潜在障碍并克服它。

元数据战略包括定义企业元数据架构蓝图和与战略目标匹配的实施步骤。步骤包括：

（1）启动元数据战略计划。启动和计划的目的是保证元数据战略团队可以定义出短期目标和长期目标。计划包括起草与整体治理措施一致的章程、范围和具体目标，然后展开沟通计划以落实治理措施。关键利益相关方应参与计划制订。

（2）企业关键利益相关方的访谈。通过对业务人员和技术人员的访谈，可以得到元数据战略的基础知识。

（3）评估现有的元数据资源和信息架构。评估确定解决元数据和系统问题的难度，在访谈和文档复查中识别这些问题。在此阶段，对关键 IT 员工做进一步访谈，审查系统架构、数据模型等文档。

（4）开发未来的元数据架构。优化和确认未来愿景，开发可以满足管理现阶段元数据环境长期目标的元数据架构。这个阶段必须考虑战略组成部分，如企业架构、与数据治理所需的管理人员一致、受控的元数据架构、元数据交付架构、技术架构和安全架构。

（5）制订分阶段实施计划。从访谈和数据分析中验证、整合、确定结果的优先级，发布元数据战略，并定义分阶段的、可以从当前状态迈向未来受控的元数据环境的实施方法。

为了使元数据需求、体系架构和元数据生命周期被更好地理解，它们将随着时间的推移而发生变化，元数据战略也将随之改变。

二、理解元数据需求

元数据需求的具体内容是：需要哪些元数据和哪种详细级别。例如，需要采集表和字段的物理名称和逻辑名称。元数据的内容广泛，业务和技术数据使用者都可以提出元数据需求。

元数据综合解决方案由以下功能需求点组成：

（1）更新频次。元数据属性和属性集更新的频率。

（2）同步情况。数据源头变化后的更新时间。

（3）历史信息。是否需要保留元数据的历史版本。

（4）访问权限。通过特定的用户界面功能，谁可以访问元数据，如何访问。

（5）存储结构。元数据如何通过建模来存储。

（6）集成要求。元数据从不同数据源的整合程度，整合的规则。

（7）运维要求。更新元数据的处理过程和规则。

（8）管理要求。管理元数据的角色和职责。

（9）质量要求。元数据质量需求。

（10）安全要求。一些元数据不应公开，因为会泄露某些高度保密数据的信息。

三、定义元数据架构

元数据管理系统必须具有从不同数据源采集元数据的能力，设计架构时应确保可以扫描不同元数据源和定期地更新元数据存储库，系统必须支持手工更新元数据、请求元数据、查询元数据和被不同用户组查询。

受控的元数据环境应为最终用户屏蔽元数据的多样性和差异性。元数据架构应为用户访问元数据存储库提供统一的入口，该入口必须向用户透明地提供所有相关元数据资源，这意味着用户可以在不关注数据源的差异的情况下访问元数据。在数据分析和大数据解决方案中，接口可能包含大量用户自定义函数以利用多个数据集，此时向最终用户公开元数据时采用不透明的方式。方案中减少对 UDF 的依赖，最终用户将更加直接地收集、检查和使用数据集，此时许多支持的元数据通常可以更好地公开。

企业根据具体的需求设计元数据架构。与设计数据仓库相似，建立公共元数据存储库通常有三种技术架构方法：集中式、分布式和混合式。这些方法都考虑了存储库的实现以及更新机制的操作方式。

（一）创建元模型

创建一个元数据存储库的数据模型，也叫元模型，是定义元数据战略和理解业务需求后的第一个设计步骤。可以根据需求开发不同级别的元模型；高级别的概念模型描述了系统之间的关系，低级别的元模型细化了各个属性，描述了模型组成元素和处理过程。作为一种规划工具和表达需求的方案，元模型本身也是一个有价值的元数据源。

元数据存储库元模型如图 8-4 所示，图中方框表示包含数据的高级别主要实体。

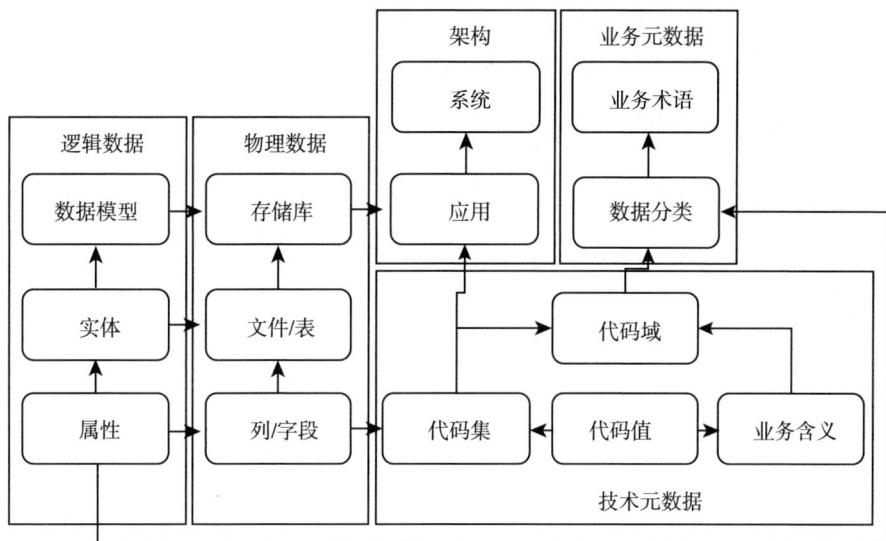

图 8-4 元数据存储库元模型示例

（二）应用元数据标准

元数据解决方案应遵循在元数据战略中已定义的对内和对外的标准，数据治理活动应监督元数据的标准遵从情况。企业对内元数据标准包括命名规范、自定义属性、安全、可见性和处理过程文档，企业对外元数据标准包括数据交换格式和应用程序接口设计。

（三）管理元数据存储

实施控制活动以管理元数据环境。存储库的控制活动是由元数据专家执行的元数据迁移和存储库更新的控制。这些活动本质是可管理的、可监控的、可报告的、可预警的、有作业日志的，同时可以解决各种已实施的元数据存储库环境的各种问题。许多控制活动是数据操作和接口维护的标准，控制活动应受到数据治理过程的监督。

（1）控制活动包括：作业调度和监控；加载统计分析；备份、恢复、归档、消除；配置修改；性能调优；查询统计分析；查询和报表生成；安全管理。

（2）质量控制活动包括：质量保证，质量控制；数据更新频率——与时间表匹配；缺失元数据报告；未更新的元数据报告。

（3）元数据管理活动包括：加载、探测、导入和标记数据资产；记录与源的映射和迁移关系；记录版本；用户界面管理；连接数据集的元数据维护——为 NOSQL 提供支持；数据与对内数据采集建立连接——自定义连接和作业元数据；外部数据源和订阅源的许可；数据增强元数据，如关联 GIS。

（4）培训活动包括：教育和培训用户和数据专员；生成和分析管理指标；对控制活动、查询、报告进行培训。

四、创建和维护元数据

元数据是通过一系列过程创建的，并存储在企业中的不同地方。为保证高质量的元数据，应把元数据当作产品进行管理。好的元数据不是偶然产生的，而是认真计划的结果。

元数据管理的几个一般原则描述了管理元数据质量的方法：

（1）责任。认识到元数据通常通过现有流程产生，因此流程的执行者对元数据的质量负责。

（2）标准。制定、执行和审计元数据标准，简化集成过程，并且适用。

（3）改进。建立反馈机制，保障用户可以将不准确的或已过时的元数据通知元数据管理团队。

如其他类型数据一样，可以对元数据进行剖析和质量的检查。作为项目工作的可审计部分，元数据维护工作应按计划进行或完成。

（一）整合元数据

集成过程中从整个企业范围内收集和整合元数据，包括从企业外部获取的数据中的元数据。元数据存储库应将提取的技术元数据与相关的业务、流程和管理元数据集成在一起，可以使用适配器、扫描仪、网桥应用程序或直接访问源数据存储中的方式来提取元数据。第三方厂商的软件工具和元数据整合工具都提供采集适配器程序。在某些情况下，需要通过 API 来开发适配器。

元数据整合过程中可能存在一些挑战，也可能需要诉诸数据治理流程进行协调解决，例如，在对内部数据集、外部数据、非电子形式数据进行整合时，可能会出现大量的质量和语义方面的问题。

对元数据存储库的扫描有两种不同的方式：

1. 专用接口

采用单步方式，扫描程序从来源系统中采集元数据，直接调用特定格式的装载程序，将元数据加载到元数据存储中。在此过程中，不需要输出任何中间元数据文件，元数据的采集和装载也是一步步完成的。

2. 半专用接口

采用两步方式，扫描程序从来源系统中采集元数据，并输出到特定格式的数据文件中。扫描程序只产生目标存储库能够正确读取和加载的数据文件。数据文件可以被多种方式读取，所以这种接口的架构更加开放。

在此过程中，扫描程序产生和使用多种类型文件：

（1）控制文件。包含数据模型的数据源结构信息。

（2）重用文件。包含管理装载流程的重用规则信息。

（3）日志文件。在流程的每一阶段、每次扫描或抽取操作生成的日志。

（4）临时和备份文件。在流程中使用或做追溯流程所使用的文件。

可以使用一个非持久的元数据暂存区进行临时和备份文件的存储，暂存区应支持回滚和恢复处理，并提供临时审计跟踪信息，这样有助于存储库管理员追踪元数据来源或质量问题。暂存区可以采用文件目录或数据库的形式。

数据仓库和商务智能所使用的数据整合工具通常也适用于元数据整合。

（二）分发和传递元数据

元数据可传递给数据消费者和需要处理元数据的应用或工具。传递机制包括：

（1）元数据内部网站，提供浏览、搜索、查询、报告和分析功能。

（2）报告、术语表和其他文档。

（3）数据仓库、数据集市和 BI 工具。

（4）建模和软件开发工具。

（5）消息传送和事务。

（6）Web 服务和应用程序接口。

（7）外部企业接口方案。

元数据方案通常与商务智能方案有联系，所以元数据方案的范围和流转与商务智能内容同步。正因为有这样的联系，元数据需要整合到商务智能的交付物中，并提供给最终用户使用。同样，一些 CRM 或 ERP 方案可能也需要在应用交付时整合元数据信息。

有时，可能需要通过文件或 Web 服务方式将元数据与外部企业进行交互。

（三）查询、报告和分析元数据

元数据指导如何使用数据资产，如在商务智能、商业决策以及业务语义方面使用元数据。元数据存储库应具有前端应用程序，并支持查询和获取功能，从而满足以上各类数据资产管理的需要。提供给业务用户的应用界面和功能与提供给技术用户和开发人员的界面和功能有所不同，后者可能会包括有助于新功能开发或有助于解决数据仓库和商务智能项目中数据定义问题的功能。

五、工具和方法

（一）工具

管理元数据的主要工具是元数据存储库。元数据存储库包括整合层和手工更新的接口。处理和使用元数据的工具集成到元数据存储库中作为元数据来源。

元数据管理工具提供了在集中位置管理元数据的功能。元数据既可以手动输入，也可以通过专门的连接器从其他各种源中提取。元数据存储库还提供与其他系统交换元数据的功能。

元数据管理工具和存储库本身也是一种元数据的数据源，特别是在混合型元数据架构模型或大型企业架构中。元数据管理工具允许已采集的元数据与其他元数据存储库进行交换，支持采集多种多样的、不同来源的元数据到中央仓库中，支持有差异的元数据在两个存储库迁移时进行提炼和标准化。

（二）方法

1. 数据血缘和影响分析

发现和记录数据资产的元数据的一个重要意义在于提供了数据如何在系统间转移的信息。许多元数据工具中存储着某个环境中数据现况的信息，并提供查看跨系统或应用程序接口的血缘功能。基于程序编码的当前版本的血缘称为"实现态血缘"。相反，映射规范文档中描述的血缘称为"设计态血缘"。

数据血缘创建的局限性在于元数据管理系统的覆盖范围。特定功能的元数据存储库或数据可视化工具在其管理范围内提供数据血缘的信息，超出管理范围时将无法提供相关信息。元数据管理系统通过可以提供数据血缘详情的工具导入"实现态血缘"，并从无法自动抽取的"设计态血缘"文件中获取实施细节加以补充。将数据血缘的各个部分连接起来的过程称为"拼接"，拼接结果是一个表示数据从原始位置转移到最终位置的全景视图。

随着系统中数据元的大量增加，数据血缘关系的发现变得复杂且难以管理。为了成功实现业务目标，需要计划和设计一个策略来发现和采集元数据到元数据存储库。要想成功发现数据血缘关系，需要兼顾业务焦点和技术焦点。

（1）业务焦点。根据业务优先级寻找数据元的血缘关系。从目标位置回溯到具体数据起源的源系统。通过扫描那些发生迁移、传送或更新的数据元，确保业务数据使用者理解特定数据元在系统间迁移时发生了什么。例如，可将血缘关系应用在数据质量测量中，血缘关系用来定位影响数据质量的系统设计缺陷。

（2）技术焦点。从源系统开始识别直接相关的数据使用者，依次识别间接的数据使用者，直到识别出所有系统为止。技术人员可以从这个系统的识别策略中获益，有助于回答各种各样的数据问题。这一方法可以确保技术人员和业务人员回答关于发现全企业数据元的问题，如"哪里存有社保编号"，或者生成影响分析报告，如"修改指定字段的长度哪些系统会受影响"。然而，这种策略可以管理但很复杂。

许多数据整合工具提供数据血缘分析功能，该功能不仅包括开发大量代码，也设计了数据模型和物理数据库。某些整合工具支持业务人员使用网页来监控和更新元数据，看起来类似业务术语管理。

记录血缘关系有助于业务和技术人员使用数据，如缺失数据血缘，用户将需要花费大量时间来检查异常现象、潜在的变更影响和其他未知结果。希望实现一个集成的影响和血缘工具，以理解加载过程中涉及的所有移动部分以及最终用户报告和分析。影响报告概述了哪些组件受到潜在变更的影响，加速和简化评估和维护任务。

2. 应用于大数据采集的元数据

大部分数据管理专业人员更熟悉和适应结构化数据存储，结构化数据的每个数据项都有清晰的定义和标记。然而，如今越来越多的数据以非结构化格式存储，这些非结构化数据源来自企业的内外部。无论是内部，还是外部，都不再需要移动数据到物理环境下同一位置。通过新技术，程序将围绕数据，而不是把数据移动到程序里，这样可以减少大量的数据移动，并提高程序执行速度。尽管如此，数据湖中的成功数据管理依然依赖于管好元数据。

元数据标签应在采集时应用于数据，然后元数据可以用来识别可访问的数据湖中的数据内容。大部分采集引擎采集数据后进行数据剖析，数据剖析可以识别出数据域、数据关系和数据质量问题，并打上标签。采集数据时，识别到敏感或隐私数据时应添加元数据标签。例如，数据科学家会添加关于置信度、文本标识符和表示集群行为的代码。

六、实施指南

使用渐进的步骤建设实施受控的元数据管理环境，可减少企业的风险，并便于用户接受。使用开源的关系型数据库平台来实施元数据存储，可以应对实施存储库项目开始时可能无法预料的各种控制和接口问题。

存储库的内容在设计上应该是通用的，而不只是反映源系统的数据库设计。应基于易理解的元数据模型与企业领域专家共同进行设计。规划设计时应考虑集成元数据，以确保数据使用者无须关注数据源的差异，这个功能将是元数据存储库最有价值的功能之一。元数据存储库包含当前的、计划的和历史版本的元数据。

通常来说，第一个实施的是验证概念并学习管理元数据环境的试点项目。把元数据相关项目与 IT 开发方法论进行整合是必要的，因为 IT 的架构和存储类型不同，这些项目也将随之变化。

（一）就绪评估 / 风险评估

拥有坚定的元数据战略，有助于所有人进行更高效率的决策。首要的是，所有人应意识到不管理元数据的风险。评估缺失高质量元数据可能带来的影响如下：

（1）因不正确、不完整和不合理的假设或缺乏数据内容的知识导致错误判断。

（2）暴露敏感数据，使客户或员工面临风险，影响商业信誉和导致法律纠纷。

（3）如果了解数据的那些领域专家们离开了，那么他们了解的知识也随之被带走了。

当企业采用坚定的元数据战略时可以减少风险。企业准备情况的评估解决方法为：对元数据相关活动现状进行正式的成熟度评估，评估内容应包括重要的业务数据元、可用的元数据术语表、数据血缘、数据剖析和数据质量管理过程、主数据管理成熟度和其他方面。评估的结果与业务优先级一致，将为改进元数据管理实践的战略方法提供基础。正式的评估结果也为业务案例、赞助和筹集资金提供基础。

元数据战略是整体数据治理战略的一部分，是实现有效数据治理的第一步。元数据评估应该通过对现有元数据的客观检查来进行，包括对关键利益相关方的访谈。风险评估的交付成果包括元数据战略和实施线路。

（二）企业和文化变革

与其他数据管理工作一样，元数据计划经常遇到文化阻力。元数据从非托管环境转移到托管环境需要工作和规范，而即使大多数人已认识到可靠元数据的价值，也不容易做到这一点。因此，企业准备程度是一个主要关注点，治理和控制的方法也是如此。

元数据管理在许多企业中是一项低优先级的工作。一组基本的元数据需要企业中各团队的协调和承诺，它们可能是员工身份数据、保险单编号、车辆识别号或产品规格的结构。如果要更改这些结构，需要对许多企业系统进行重大检修。需要寻找一个合适的案例试点，在这个案例中，控制元数据将为公司的数据带来显而易见的质量效益，从具体的业务相关案例中构建论点。

企业数据治理战略的实现需要高级管理层的支持和参与，要求业务人员和技术人员能够以跨职能的方式紧密合作。

七、元数据治理

企业应确定他们管理元数据生命周期的具体需求，并开展元数据治理工作以满足这些需求。建立正式的角色和职责并分配专用资源，特别是在大型或业务关键领域中。元数据治理过程本身依赖于可靠的元数据，因此负责管理元数据的团队可以在创建和使用元数据的过程中对管理原则进行验证测试。

（一）过程控制

数据管理团队应负责定义标准和管理元数据的状态变化，同时可以负责企业内的质量提升活动、培训计划或实际培训活动。

更成熟的元数据治理，需要通过多个不同阶段和状态的决策来确定业务术语和定义，如一个候选术语从申请审批到发布再到更新或者删除的全生命周期的各节点。治理团队还可以管理与业务术语关联的其他术语，以及术语的分类和分组。

需要将元数据战略集成到软件开发的生命周期中，确保变更过的元数据及时得到收集，以确保元数据保持最新。

（二）元数据解决方案的文档

元数据的主目录包括当前作用域中的源和目标。元数据资源面向技术及业务用户，可发布到用户社区，并可作为"元数据在哪里"的指引，告知用户能够满足他们的以下需求：

（1）元数据管理实施状态。

（2）源和目标元数据存储。

（3）元数据更新的调度计划信息。

（4）留存和保持的版本。

（5）内容。

（6）质量声明或警告。

（7）记录系统和其他数据源状态。

（8）相关的工具、架构和人员。

（9）敏感信息和数据源的移除或脱敏策略。

在文件和内容管理中，数据地图展示了类似的信息。整个元数据整合系统的全景视图也作为元数据文档的一部分进行维护。

（三）元数据标准和指南

在与业务贸易伙伴交换数据时，元数据标准是必不可少的。公司已意识到与客户、供应商、合作伙伴和监管机构共享信息的价值。为了支持共享信息的最佳使用，需要共享公共元数据，这催生了许多专业领域的标准。

在计划周期的早期采用基于行业的、行业特有的元数据标准，并使用这些标准评估元数据管理技术。许多领先的厂商支持多种标准，其中一些可以帮助定制基于行业的、行业特有的标准。

工具厂商提供 XML、JSON 或 REST 技术支持其数据管理产品的数据交换，他们使用相同的策略将工具绑定到解决方案套件中，包括数据整合、关系和多维数据库、需求管理、BI 报告、数据建模和业务规则在内的技术使用 XML 提供了数据和元数据导入和导出功能。厂商维护他们专有的 XML 模式、文档类型定义，或者更常见的 XML 模式定义。这些内容是要通过专有接口访问的，需要自定义开发集成工具到元数据管理环境中。

指导方针包括模板、相关示例、有关预期输入和更新的培训，以及"不使用术语定义术语"等规则和完整性声明。针对不同类型的元数据开发不同的模板，部分由所选的元数据解决方案驱动。持续监测指导方针的有效性和必要更新是治理责任。

元数据的 ISO 标准为工具开发人员提供了指导，但不太可能成为使用商业工具的企业所关注的问题，因为工具应该满足这些标准。无论如何，对这些标准及其影响有一个很好的理解都是很有帮助的。

（四）度量指标

要想测量元数据的影响，就需要验证缺少元数据导致的影响。作为风险评估的一部分，将数据使用者搜索信息所花费的时间作为评估指标，以便在实施元数据解决方案后体现改进程度。元数据管理实施的有效性可以根据元数据本身的完整性、与其关联的日常管理操作以及元数据的使用情况来度量。元数据管理环境的建议指标包括：

（1）元数据存储库完整性。将企业元数据的理想覆盖率与实际覆盖率进行比较。参照元数据管理范围定义的策略。

（2）元数据管理成熟度。根据能力成熟度模型的成熟度评估方法，开发用于判断企业元数据成熟度的指标。

（3）专职人员配备。通过专职人员的任命情况、整个企业的专职人员覆盖范围，以及职位描述中的角色定义说明，来评估企业对元数据的承诺。

（4）元数据使用情况。可以通过存储库的访问次数衡量用户对元数据存储库的使用情况和接受程度。在业务实践中，用户引用元数据是一个很难跟踪的指标，可能需要定性的调研措施获取评估结果。

（5）业务术语活动。使用、更新、定义解析、覆盖范围。

（6）主数据服务数据遵从性。显示 SOA 解决方案中数据的重用情况。主数据服务上的元数据帮助开发人员决定新的开发任务可以使用哪些现有服务。

（7）元数据文档质量。一个质量指标是通过自动和手动两种方式评估元数据文档的质量。自动评估方式包括对两个源执行冲突逻辑的比对、测量二者匹配的程度以及随时间推移的变化趋势；另一个度量指标是度量具有定义的属性的百分比，以及随着时间的推移而发生变化的趋势。手动评估方式包括基于企业质量定义进行随机或完整的调查。质量度量表明存储库中元数据的完整性、可靠性、通用性等。

（8）元数据存储库可用性。正常运行时间、处理时间。

第九章　中小企业数据管理
成熟度评估管理

第一节　概　　述

能力成熟度评估（CMA）是一种基于能力成熟度模型框架的能力提升方案，描述了数据管理能力初始状态发展到最优化的过程。CMA概念源于美国国防部为评估软件承包商而建立的标准。20世纪80年代中期，卡内基梅隆大学软件工程研究所发布了软件能力成熟度模型（CMM）。虽然CMM首先应用于软件开发，但现在已被广泛用于其他一系列领域，包括数据管理。

成熟度模型通过描述各阶段能力特点来定义成熟度的级别。当一个企业满足某阶段能力特征时，就可以评估其成熟度等级，并制订一个提高能力的计划。它还可以帮助企业在等级评估的指导下进行改进，与竞争对手或合作伙伴进行比较。在每一个新等级，能力评估会变得更加一致、可预测和可靠。当能力呈现出与等级不符的特征时，等级会得到提升，但能力水平有既定顺序，不能跳过任何等级。这些级别通常包括：

（1）0级。无能力级。

（2）1级。初始级或临时级：成功取决于个人的能力。

（3）2级。可重复级：制定了最初级的流程规则。

（4）3级。已定义级：已建立标准并使用。

（5）4级。已管理级：能力可以被量化和控制。

（6）5级。优化级：能力提升的目标是可量化的。

在每个级别中，判定标准是通过展现的能力特征来描述的。例如，成熟度模型可能包括与流程如何落地执行有关的标准，以及这些执行过程的自动化程度等。它可能侧重于策略、控制及过程细节。

这样的评估有助于搞清楚哪些方面的工作做得很好，哪些方面的工作做得不好，以及企业在哪些方面存在差距。基于评估结果，企业可以制定路线图以实现以下目标：与过程、方法、资源和自动化相关的高价值改进机会；符合业务战略的能力；为定期基于模型评估企业能力开展治理项目。

数据管理成熟度评估（DMMA）可用于全面评估数据管理，也可用于聚焦单个知识领域甚至单个过程。无论其焦点是什么，DMMA 都可以帮助弥合业务部门和 IT 部门在数据管理实践的健康状况和有效性方面的观念冲突。DMMA 提供了一种用于描述数据管理知识领域进展情况的通用语言，也提供了一种可以根据企业的战略优先事项进行调整的基于阶段的改进路径。因此，它可以用于设置和衡量企业目标，以及将该企业与其他企业或行业基准进行比较。

在开始介绍 DMMA 之前，企业必须建立对其当前状态能力、资产、目标和优先级的初步认识。企业需要一定程度的成熟度来进行评估，并通过设定目标、制定路线图和监控进度来有效地响应评估结果。

一、业务驱动因素

各企业进行能力成熟度评估有以下几个原因：

（1）监管。监管对数据管理提出了最低成熟度水平要求。

（2）数据治理。出于规划与合规性目的，数据治理需要进行成熟度评估。

（3）过程改进的企业就绪。企业认识到要改进其实践过程应从评估其当前状态开始。例如，它承诺管理主数据，并需要评估其部署主数据管理流程和工具的准备情况。

（4）企业变更。企业变更会带来数据管理挑战。DMMA 为应对这些挑战制订了规划。

（5）新技术。技术的进步提供了管理和使用数据的新方法。企业希望了解成功采用的可能性。

（6）数据管理问题。当需要解决数据质量问题或应对其他数据管理挑战时，企业希望对其当前状态进行评估，以便更好地决定如何实施变更。

二、目标和原则

数据管理能力评估的主要目标是评估关键数据管理活动的当前状态，以便制订计划进行改进。评估通过分析具体的优势和弱点，将企业置于成熟度水平量尺上，从而帮助企业认知、确定优先次序和实施改进机会。

在实现其主要目标时，DMMA 可以对文化产生积极影响。它有助于：

（1）向利益相关方介绍数据管理概念、原则和实践。

（2）厘清利益相关方在企业数据方面的角色和责任。

（3）强调将数据作为关键资产进行管理的必要性。

（4）扩大对整个企业内数据管理活动的认识。

（5）有助于改进有效数据治理所需的协作。

根据评估结果，企业可以丰富其数据管理大纲，从而支撑企业的运营和战略方向。通常，数据管理的计划存在企业孤岛问题，它们很少从企业视图审视数据。DMMA 可以帮助企业刻画企业整体战略的统一愿景，还能使企业明确优先事项和目标，并制订综合改进计划。

三、基本概念

（一）评价等级及特点

CMM 通常定义 5 ~ 6 个成熟度级别，每个级别有各自的特性，从初始级到优化级，如图 9-1 所示。

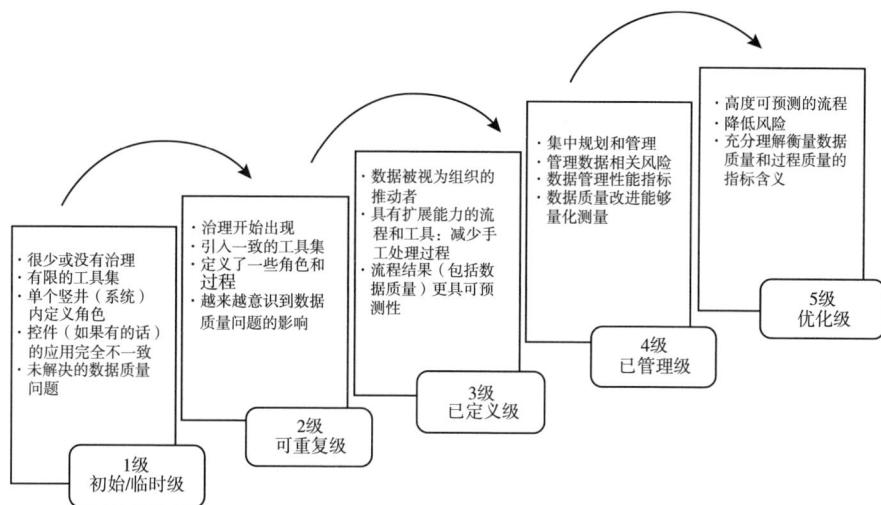

- 很少或没有治理
- 有限的工具集
- 单个竖井（系统）内定义角色
- 控件（如果有的话）的应用完全不一致
- 未解决的数据质量问题

1级
初始/临时级

- 治理开始出现
- 引入一致的工具集
- 定义了一些角色和过程
- 越来越意识到数据质量问题的影响

2级
可重复级

- 数据被视为组织的推动者
- 具有扩展能力的流程和工具：减少手工处理过程
- 流程结果（包括数据质量）更具可预测性

3级
已定义级

- 集中规划和管理
- 管理数据相关风险
- 数据管理性能指标
- 数据质量改进能够量化测量

4级
已管理级

- 高度可预测的流程
- 降低风险
- 充分理解衡量数据质量和过程质量的指标含义

5级
优化级

图 9-1　数据管理成熟度模型示例

以下是对数据管理成熟度宏观状态的一般总结，包括每个知识领域内的子类别标准的详细评估，如战略、政策、标准、角色定义等。

（1）0 级无能力。在数据管理中，管理活动或正式企业流程处于无组织的状态。很少有企业处在 0 级阶段，这个级别在成熟度模型中是为了定义才被设定的。

（2）1 级初始 / 临时。使用有限的工具集进行通用的数据管理，很少或根本没有治理活动。数据处理高度依赖于少数专家，角色和责任在各部门中分开定义。每个数据所有者自主接收、生成和发送数据控件的应用不一致。管理数据的解决方案是有限的。数据质量问题普遍存在，但无法得到解决，基础设施支持处于业务单元级别。

评估标准可能包括对任意一个流程进行控制，如记录数据质量问题。

（3）2 级可重复。有一致的工具和角色定义来支持流程执行。在 2 级中，企业开始使用集中化的工具，并为数据管理提供更多的监控手段。角色的定义和流程并不完全依赖于特定专家。企业对数据质量问题和概念有认识，开始认识到主数据和参考数据的概念。

评估标准可能包括组件中的正式角色定义，如职位描述、流程文档以及利用工具集的能力。

（4）3级已定义：新兴数据管理能力。3级将引入可扩展的数据管理流程将其制度化，并将数据管理视为一种企业促成因素。其特点包括：企业中的数据复制受到控制，总体数据质量普遍提高，有协调一致的政策定义和管理。越正式的流程定义越能显著减少人工干预，这样伴随着集中化的设计流程，意味着流程的结果更加可预测。

评估标准可能包括制定数据管理政策、可扩展过程的使用以及数据模型和系统控制的一致性。

（5）4级已管理。从1~3级增长中获得的经验积累使企业能够在即将开展新项目和任务时预测结果，并开始管理与数据相关的风险，数据管理包括一些绩效指标。4级的特点包括从桌面到基础设施的数据管理工具标准化，以及结构良好的集中规划和治理功能。此级别的机构在数据质量和全企业数据管理能力等方面有显著性提高。

评估标准可能包括与项目成功相关的指标、系统的操作指标和数据质量指标。

（6）5级优化。当数据管理实践得到优化时，由于流程自动化和技术变更管理，它们是高度可预测的，这个成熟度级别的企业会更关注于持续改进。在第5级，工具支持跨流程查看数据。控制数据的扩散防止不必要的复制，使用容易理解的指标来管理和度量数据质量和过程。

评估标准可能包括变更管理组件和流程改进的一些度量指标。

（二）评估标准

每个能力级别都有与正在评估的流程有关的具体评估标准。例如，如果正在评估数据建模功能的成熟度，那么1级可能会问到是否有数据建模实践以及多少个系统；2级可能会要求定义企业数据建模方法；3级将考查该方法的实施推广程度；4级将查看建模标准是否得到了有效的执行；5级将要求有适当的方式来改进建模实践。

在任何级别上，评估标准都将按照一个尺度进行评估，如1—未开始、2—正在进行、3—能使用、4—有效，以此显示该级别的进展情况，并向下一个级别迈进。分数可以组合可视化手段显示，以便理解当前状态和目标状态之间的差异。

当使用可映射到DAMA–DMBOK数据管理知识领域的模型进行评估时，

可以根据语境关系图中的类别制定标准：

（1）活动。活动或流程在多大程度上已到位？是否定义了有效和高效执行的标准？活动的定义和执行情况如何？是否产生最佳实践输出？

（2）工具。该活动在多大程度上是由一组通用工具实现自动化和支持的？是否在特定角色和职责范围内提供工具培训？工具是否在需要的时候和需要的地方可用？它们是否优化配置以提供最有效和最高效的结果？长期技术计划应订定到何种程度，才能具备适应未来的能力？

（3）标准。这项活动在多大程度上得到一套通用标准的支持？这些标准是否有文件记录？标准是否有治理活动和变更管理活动强制执行和支持？

（4）人员和资源。企业在多大程度上配备人员执行活动？执行活动需要哪些特定的技能、训练和知识？角色和职责的定义如何？

数据管理成熟度评估的结果如图 9-2 所示。对于每种能力，图形的外环显示了企业竞争成功所需的能力等级，内环显示通过评估确定的能力等级，两环之间距离最大的区域代表着企业面临的最大风险。这种报告有助于确定优先事项，还可以用来测量一段时间内的进展情况。

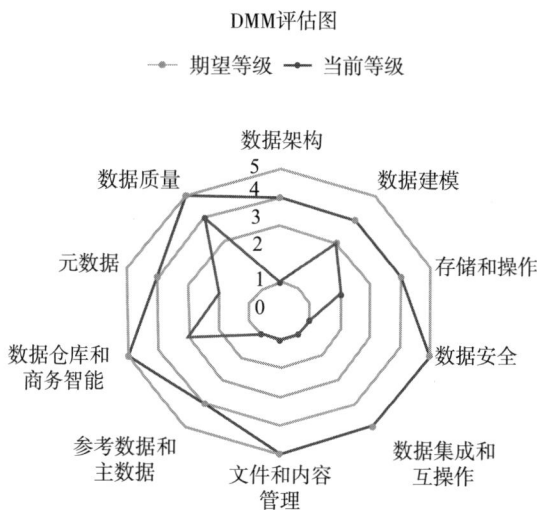

图 9-2　数据管理成熟度评估可视化示例

（三）现有 DMMA 框架

数据管理成熟度评估框架被划分为离散的数据管理主题，框架焦点和内容取决于它们是用于通用行业还是特定行业。然而，大多数主体都可以映射到 DAMA-DMBOK 知识领域，上面的示例旨在说明数据管理领域中开发的能力成熟度模型范围。许多供应商都开发了自己的模型，在选择供应商或开发自己的框架之前，企业应该先评估如下模型。

1. CMMI 数据管理成熟度模型

CMMI 开发了数据管理成熟度模型（CMMI-DMM），该模型为以下数据管理领域提供了评估标准：

（1）数据管理策略。

（2）数据治理。

（3）数据质量。

（4）平台与架构。

（5）数据操作。

（6）支持流程。

在每个流程中，模型都会识别出一些评估子流程。例如，数据质量部分包括数据质量策略和数据质量评估、分析和清理。该模型还考虑了数据管理各知识领域之间的关系。例如，会考虑利益相关方的需求以及业务流程和数据质量管理之间的关系。

2. EDM 数据管理能力评估模型

企业数据管理委员会（EDM）是总部设在美国的金融服务行业宣传组织，它开发了数据管理能力评估模型（DCAM）。DCAM 是成员们努力在数据管理最佳实践上达成共识的结果，描述了与可持续数据管理项目开发相关的 37 项能力和 115 个子能力。评估重点关注利益相关方的参与程度、流程的形式及展示能力的组件。

3. IBM 数据治理委员会成熟度模型

IBM 数据治理委员会成熟度模型基于 55 个专家组成。委员会成员合作定义了一组通用的可观察和期望的行为，企业可以通过这些行为评估和设计自己的数据治理项目。该模型的目的是通过经验证的业务技术、协作方法和最佳实践，帮助企业构建治理中的一致性和质量控制。该模型围绕 4 个关键类别组成：

（1）结果。数据风险管理和合规、价值创造。

（2）使能因素。企业结构和认知、政策、管理。

（3）核心内容。数据质量管理、信息生命周期管理、信息安全和隐私。

（4）支持内容。数据架构、分类和元数据、审计信息、日志记录和报告。

IBM 模型是一个成熟度框架，也是为成熟度分级而构造出的一组有答案的评估问题。

4. 斯坦福数据治理成熟度模型

斯坦福大学的数据治理成熟度模型是为该大学开发的。它并不是一个行业标准，但即便如此，它仍然是提供指导和测量标准模型的一个好例子。该模型关注的是数据治理，而不是数据管理，但它为全面评估数据管理奠定了基础。该模型区分基础部分和项目部分。在每部分，都清楚地说明了人员、政策和能力的驱动因素，而且阐明了每个成熟度级别的特征，并为每个级别提供了定性和定量的测量。

5. Gartner 的企业信息管理成熟度模型

Gartner 发布了一个企业信息管理成熟度模型，该模型建立了评估愿景、战略、度量、治理、角色和责任、生命周期和基础架构的标准。

第二节 中小企业数据管理成熟度评估对策与实施

数据管理成熟度评估需要计划。为确保实际可行的结果，应在计划内留出时间准备材料和评估结果，评估应在规定的时间内进行。评估的目的是揭露当前的优势和改进的机会，而不是解决问题。

评估是通过向业务、数据管理和信息技术参与者征求意见来进行的，目的是在证据的支持下就当前的状态能力达成共识。证据可能来自对组件的检查、访谈或两者兼而有之。

评估可以扩展以满足企业需要，但修改时须小心谨慎。如果剪裁或修改模型，模型可能会失去原始的严谨性或可追溯性。自定义模型时，应保持模型的完整性不变。

一、规划评估活动

评估计划包括确定总体方法，并在评估之前和评估期间与利益相关方进行沟通，确保他们参与评估工作。评估本身包括收集和评估输入、沟通结果、建议和行动计划。

（一）定义目标

任何企业当其决定进行数据管理成熟度评估时，其实已经是在努力改进。在大多数情况下，这样的企业将为评估活动确定驱动因素。这些驱动因素必须以目标的形式进行阐明，描述评估的影响范围和重点。管理人员和业务部门必须清楚地了解评估的目标，以确保其与企业的战略方向保持一致。

评估目标还需要提供一些标准，包括采用哪种评估模型、哪些业务领域需要优先评估、由谁提供直接的输入等。

（二）选择框架

现有框架侧重于数据管理的不同方面。根据当前状况和评估目标的假设审查这些框架，以便选择一个对企业有帮助意义的框架。评估模型的聚焦领域可以根据企业的侧重或范围进行定制。

框架的选择影响评估的进行方式，因此相应的工作小组必须具备模型和相应方法论方面的知识。

（三）定义企业范围

虽然大多数 DMM 框架的设计都适用于整个企业范围，但在整个企业范围实施可能不切实际。对于第一次评估，最好定义一个可控的范围，如单个业务领域或项目。所选领域是该企业的一个有意义的子集模块，参与者应是可以影响关键业务流程的人，这些关键的业务流程会对数据资产产生影响。作为整个阶段的一部分，这种评估工作可以在该企业的其他领域重复进行。这是在局部评估和全企业评估之间的一种折中方法。

（1）局部评估。可以更深入地了解细节，也可以更快地完成，因为其范围有限。要进行局部评估，应选择受高度监管的职能领域，如上市公司的财务报告。输入、角色、工具和消费者可能不在被评估职能的范围内，它们会使评估的范围界定和执行复杂化。因为许多数据资产是共享的，故计划良好的局部评估通常可以聚合和加权以形成企业评估。

（2）企业评估。侧重于企业中广泛存在的、有时是不连贯的部分。企业评估可以由多个局部评估组成，也可以是一个独立的任务。例如，一个企业可以基于相同的标准评估不同的职能。输入、角色、工具和消费者通常是跨企业、多层次的。

（四）定义交互方法

在实施 DMMA 时，企业应遵循所选模型的建议。信息收集活动可能包括研讨会、访谈、调查和组件评审。采用一个能在企业文化中运作良好的方法，可以尽量减少参与者的时间投入，以便在参与者对评估过程还有清晰认识的情况下定义评估行动，并使评估能够快速完成。

在所有情况下，都需要通过让参与者对评估标准进行评分来确定响应行动。在许多情况下，评估还包括对产品工件和其他证据的实际检查和评估。

如果在完成评估过程中出现延误，利益相关方可能会失去对数据管理计划的热情及促成积极变革的动力。建议避免太过详细和全面的分析，强调根据评估领导的专业知识做出正确的判断。DMM 框架提供了衡量标准和嵌入式改进路径，使当前的数据管理项目和它的部分工作融合形成一幅完整的图画。

（五）计划沟通

沟通有助于评估项目的整体成功以及由此产生相应行动的推进，应该在参与者和其他利益相关方之间直接进行沟通。最终的调查结果可能会改变方法论和企业标准，从而影响人们的工作，因此需要就个人和团体的目的、过程和具体期望进行清楚的沟通，确保参与者了解评估模型以及如何使用调查结果。

在评估开始之前，应告知利益相关方对评估的期望。沟通应描述：

（1）数据管理成熟度评估的目的。

（2）评估应如何进行。

（3）他们参与的是什么部分。

（4）评估活动的时间表。

在任何评估活动期间，确保有明确的议程，包括解决待办事项问题的计划。不断提醒参与者活动的目标和目的，对参与者的持续参与表达感激并向其描述下一步计划。

明确计划的方法是否可能在目标业务范围内成功，包括阻力与合作因素；明确外部检查暴露发现问题可能引发的内部合规问题，以及可能存在的人力资源问题等。

沟通计划应包括对调查结果的汇报，以及在各层级上进行再次沟通的建议时间表，包括一般报告和执行简报。

二、执行成熟度评估

（一）收集信息

下一步的工作是根据交互模型为评估活动收集适当的输入。收集的信息至少包括评估标准的正式评级，还可以包括访谈和焦点小组的成果、系统分析和设计文档、数据调查、电子邮件字符串、程序手册、标准、策略、文件存储库、批准工作流、各种工作产品、元数据存储库、数据和集成参考架构、模板和表单。

（二）执行评估

总体评级任务和解释通常是多阶段的。参与者可能会对同一个评估主题产生不同的评级意见，需要通过讨论达成一致意见。输入由各位参与者提供，然后通过组件评审或评估团队的检查进行改进，其目标是对当前状态达成共识，这种共识应该得到证据的支持。如果利益相关方对当前的状态没有共识，则将很难就如何提升企业达成共识。

改进需要遵循如下过程：

（1）审查评级方法，并为每个工作产品或活动给定初步评级。

（2）记录支持证据。

（3）与参与者一起讨论，就每个领域的最终评分达成共识。在合适的情况下，根据每个标准的重要性使用不同权重。

（4）记录关于模型标准的声明和评审员的解释，作为评级的说明。

（5）开发可视化工具，展示说明评估结果。

三、解释结果及建议

对结果的解释包括明确提升机会与企业战略保持一致，并建议利用这些机会实施行动。换句话说，解释定义了朝向目标状态迈进的下一步行为。当评估完成后，企业需要为其希望在数据管理中实现的目标状态做出规划。根据目前状态、企业文化和变革驱动因素的不同，实现预期目标所需的时间和努力也有所不同。

在呈现评估结果时，从企业评级的意义开始。评级的意义可以与企业和文化驱动以及业务目标驱动等联系起来，如提升客户满意度或增加销售额。这说明了企业的当前能力与它们支持的业务流程和策略之间的联系，以及通过转移到目标状态带来能力提升的益处。

（一）报告评估结果

评估报告应包括：

（1）评估的业务驱动因素。

（2）评估的总体结果。

（3）按主题分类有差距的评级。

（4）弥补差距的建议方法。

（5）所观察到的企业的优势。

（6）进展的风险。

（7）投资和成果选项。

（8）衡量进展的治理和指标。

（9）资源分析与未来潜在效用。

（10）可在企业内使用或重复使用的组件。

评估报告是作为一种增强数据管理计划的输入。从中，企业可以开发或推进其数据管理策略，策略应包括通过改进治理流程和标准来进一步实现业务目标。

（二）制定管理层简报

评估团队应准备管理层简报来总结调查结果，管理层使用这些结果作为制定有关目标、计划和时间表的决策的输入。团队必须提炼这些信息，以明确每个执行组可能产生的影响和利益。

管理层往往希望目标高于评估建议。换句话说，他们希望在成熟度模型中跳级。对于具有较高成熟度的目标，必须将其反映在对建议的影响性分析中。这种加速是有成本的，而成本必须与收益相平衡。

（三）制订有针对性的改进计划

DMMA 应该直接影响数据策略、IT 治理及数据管理程序和策略。DMMA 的建议应该是可行的，且应该描述企业所需要的能力。通过这一做法，评估可以成为 IT 和业务领导者的有力工具，帮助企业设定优先级和分配资源。

DMMA 评级突出了管理层关注的项目。最初，评级可能被用作一个独立的度量标准，以确定一个企业从事某项特定活动的程度。但是，评级可以快速地作用于正在进行的一些度量中，特别是对于需要更改的活动。如果评估模型用于持续的度量，那么它的标准不仅引导企业达到更高的成熟度级别，还保持对企业改进工作的关注。

DMM 评估结果应足够详细和全面，能支撑多年的数据管理改进计划，包括该企业建立数据管理能力所做的最佳实践举措。由于变革主要通过项目在企业中发生，所以新项目必须采用更好的实践措施。路线图或参考计划应包括：①对特定数据管理功能进行改进的系列活动；②实施改进活动的时间表；③一旦活动实施，DMMA 评级的预期改善情况；④监督活动，包括在时间线上逐渐成熟的监督。

路线图将为优化工作流程提供目标和节奏，并辅之以衡量进展的方法。

（四）重新评估成熟度

应定期进行重新评估，它们是循环往复持续改进的一部分：

（1）通过第一次评估建立基线评级。

（2）定义重新评估参数，包括企业范围。

（3）根据需要，在公布的时间表上重复 DMM 评估。

（4）跟踪相对于初始基线的趋势。

（5）根据重新评估结果制定建议。

重新评估可以重振或重新集中精力。可衡量的进展有助于保持整个企业的认同和热情。监管框架的变动、内外部政策、可治理方法和战略创新的变化是定期重新评估的其他原因。

四、工具和方法

（一）工具

（1）数据管理成熟度框架。成熟度评估中使用的主要工具是 DMM 框架本身。

（2）沟通计划。沟通计划包括利益相关方的参与模式、要共享的信息类型和时间表等。

（3）协作工具。协作工具允许共享评估结果。此外，数据管理实践的证据可以在电子邮件、完整的模板和评审文档中找到，评审文档是通过协作设计、操作、事件跟踪、审查和批准的标准流程产生的。

（4）知识管理和元数据存储库。可以在这些存储库中管理数据标准、策略、方法、议程、会议记录或决策，以及用作实践证明的业务和技术组件。在一些能力成熟度模型中，缺少这样的存储库是企业成熟度较低的一个度量指标。元数据存储库可以存在于多个构件中，这对参与者来说可能不是那么明显。例如，一些商务智能应用程序完全依赖元数据编译其视图和报告，而不是将其作为单独的存储库。

（二）方法

许多与执行 DMMA 相关的技术都是由所选择的 DMM 框架的方法定义的。这里将介绍一些更为通用的技术。

1. 选择 DMM 框架

在选择 DMM 框架时，应考虑以下标准：

（1）易用性。实践活动是以非技术性术语来描述的，它传达了活动的功能本质。

（2）全面性。该框架涉及广泛的数据管理活动，包括业务参与，而不仅仅是 IT 过程。

（3）可扩展性和灵活性。框架的结构能够支持增强行业特定或附加的规程，并且可以根据企业的需要全部或部分使用。

（4）内置的未来演进路径。虽然不同企业确定的优先级不同，但 DMM 框架描述了每个功能逻辑前进的方式。

（5）行业不可知论与行业特定论。某些企业受益于行业特定的方法，但其他企业受益于更通用的框架。所有的 DMM 框架都应该遵循跨垂直领域的数据管理最佳实践。

（6）抽象或详细程度。实践和评估标准表达详细，可以确保它们指导相关执行工作。

（7）非规定性。框架描述了需要执行的内容，而不是必须如何执行。

（8）按主题组织。框架将数据管理活动放置在适当的情景中，使每个活动都能够单独评估，同时又可识别依赖关系。

（9）可重复。该框架可以得到一致的解释，支持可重复的结果，以便将一个企业与其行业中的其他企业进行比较，并跟踪一段时间内的进展情况。

（10）由中立的独立企业支持。为了避免利益冲突，该模型应由保持中立的供应商广泛提供，以确保最佳实践的广泛代表性。

（11）技术中立。模型的重点应该放在实践上，而不是放在工具上。

（12）培训支持。该模型有全面的培训支持，使专业人员能够掌握框架并优化其使用方法。

2. DAMA-DMBOK 框架使用

DAMA-DMBOK 可用于为 DMMA 准备工作或建立标准。执行人将看到各分段职能和相应任务之间的直接联系，DMBOK 知识领域、活动和可交付成果可以根据测量的领域、其支持的活动、相关性和可用时间配置特定的DMM 框架。这种快速的检查表方法可用于确定需要更深入分析、表示差距或指出修复热点的领域。

DMBOK 作为评估规划工具提供了额外的优势：有大量的专业知识人员使用 DMBOK 作为跨行业的指南，围绕 DMBOK 的使用创建了一个实践社区。

五、实施指南

（一）就绪评估／风险评估

在进行成熟度评估之前，识别潜在风险及一些风险缓解策略是有帮助的。DMMA 的典型风险及其缓解措施如表 9-1 所示。

表 9-1　DMMA 的典型风险及其缓解措施

风险	缓解措施
缺乏组织认同	将与评估有关的概念社会化 在进行评估之前，建立受益声明 分享文章和成功案例 请一位高层支持者来支持这项工作并审查其结果
缺乏 DMMA 专业知识 缺乏时间或内部专业知识 缺乏沟通计划或标准	使用第三方资源或专家 要求将知识转移和培训作为参与的一部分
组织中缺乏"数据说话" 关于数据的对话很快就转移到关于系统的讨论	将 DMMA 与特定的业务问题或场景关联起来 在沟通计划中声明，无论背景和技术经验如何，DMMA 都将教导所有参与者 让参与者在 DMMA 之前了解关键概念
用于分析的资产不完整或已过期	标记"截止日期"或相应地平衡评级。例如，对于过期超过 1 年的所有内容都给予 −1
关注点太过狭小	将调查深度降低到一个简单的 DMMA，并快速转到其他区域进行评估，针对后来的对比极限做出评级 作为试点进行第一次 DMMA，然后运用经验知识处理更广阔的范围；在 DAMA-DMBOK 知识领域的背景下提出拟议评估范围内的重点 说明遗漏的范围，并讨论包含的必要性
难以接近的工作人员或系统	降低 DMMA 的横向范围，优先关注可用的知识领域和工作人员
出现诸如监管变化的意外情况	在评估工作流程和重点中增加灵活性

（二）企业和文化变革

建立或增强数据管理程序包括对过程、方法和工具的改变。随着这些变化，文化也必须改变。企业和文化变革起始于承认事情可以变得更好，衡量功能的工作通常会带来有意义的变化。DMMA 以成熟度级别定位企业，并提供改进的路线图。这样做，可以指导企业通过变革向前发展。DMMA 结果应该是企业内部更大范围讨论的一部分。当有效的数据治理得到适当的支持时，DMMA 结果可以合并不同的观点，形成共同的愿景，并加速企业的发展。

六、成熟度管理治理

通常，DMMA 是整个数据治理活动集的一部分，每个活动都有一个生命周期。DMMA 的生命周期包括初始规划和初始评估，然后是建议、行动计划和定期重新评估，而生命周期本身应该受到控制。

（一）DMMA 过程监督

对 DMMA 过程的监督工作属于数据治理团队。如果正式的数据治理不到位，那么监督工作将默认为属于 DMMA 的指导委员会或管理层。流程应该有一个执行发起人，以确保数据管理活动的改进直接映射到业务目标中。

监督的广度和深度取决于 DMMA 的范围。流程中涉及的每个功能在执行、方法、结果和总体评估的路线图中都有发言权。每个涉及的数据管理区域和企业功能都将有一个独立的视图，将通过 DMM 框架拥有共同语言。

（二）度量指标

度量指标除了作为改进策略的核心组成部分之外，也是关键的沟通工具。初始 DMMA 指标是表示当前数据管理状态的评级，可以定期对这些进行重新评估，以显示改进趋势。每个企业都应该根据其目标状态路线图开发指标。指标示例可能包括：

（1）DMMA 评级。DMMA 评级提供了企业能力级别的快照。评级会附带一个描述，也许是针对评估或特定主题领域的评级的自定义加权，以及推荐的目标状态。

（2）资源利用率。这是一个强大的度量指标，帮助人员以计数的形式表示数据管理的成本。例如，企业中的每个资源都花费 10% 的时间手动聚合数据。

（3）风险敞口。对风险情景做出反应的能力，反映了企业相对于其 DMMA 评级的能力。例如，某企业想要开始一项需要高度自动化的新业务，但其当前的操作模式基于手动数据管理，那么他们将有无法交付的风险。

（4）支出管理。表示如何在整个企业中分配数据管理成本，并确定此成本对可持续性和价值的影响。这些指标与数据治理指标相重叠。

（5）DMMA 的输入。这对于管理非常重要，因为它们涉及覆盖范围的完整性、调查水平以及与评分结果解释相关的范围的详细信息。核心输入包括计数、覆盖范围、可用性、系统数量、数据量、涉及的团队等。

（6）变革速度。主要指一个企业提高自身能力的速度。通过 DMMA 建立基线，定期重新评估用于趋势改进。

第十章 数据管理企业与角色期望

随着数据领域的快速发展，企业需要改进管理和治理数据的方式。当前，大多数企业正面临着越来越多的数据。这些数据格式多样、数量庞大，并来源于不同的渠道。数据数量和种类的增加，加剧了数据管理的复杂性。与此同时，数据消费者要求更快速、更方便地访问数据，他们希望理解并使用数据，以便及时地解决关键业务问题。数据管理和数据治理企业需要足够灵活，才能在不断发展的环境中有效地工作。因此，他们需要澄清关于所有权、协作、责任和决策的基本问题。

虽然数据治理和数据管理企业应该遵循一些公共原则，但是很多细节仍依赖于企业所在行业的驱动因素和企业自身的企业文化。

第一节 了解现有的企业和文化规范

意识、所有权和问责制度是激励和吸引人们参与数据管理积极性、政策和流程的关键。在定义任何新企业或尝试改进现有企业之前，了解当前企业的企业文化、运营模式和人员都非常重要。例如：

（1）数据在企业中的作用。数据驱动的关键流程是什么？如何定义和理解数据需求？数据在企业战略中扮演的角色如何？

（2）关于数据的文化规范。实施或改进管理和治理结构时，是否存在潜在的文化障碍？

（3）数据管理和数据治理实践。如何以及由谁来执行与数据相关的工作？如何以及由谁来做出有关数据的决策？

（4）如何企业和执行工作。例如，专注于项目和运营执行之间的关系是什么？哪些委员会框架可以支持数据管理工作？

（5）汇报关系的企业方式。例如，企业是集中的、分散的、层级化的，还是扁平化的？

（6）技能水平。从一线员工到高管、领域专家和其他利益相关方的数据知识和数据管理知识水平如何？

在形成现状描述后，应评估对当前状态的满意度，以便深入了解企业的数据管理需求和优先级。例如：

（1）企业是否拥有制定合理、及时的业务决策所需的信息？

（2）企业是否对其收入报告有信心？

（3）企业是否跟踪企业关键绩效指标？

（4）企业是否遵守所有数据管理有关的法律？

大多数寻求改进数据管理或治理实践的企业，都处于能力成熟度范围的中间级别。理解和适应现有的企业文化及企业规范，对建立相关的数据管理企业非常重要。如果数据管理企业与现有的决策和委员会结构不一致，那么后期维持将是一项挑战。因此，发展而不是实施激进的变革对企业是有意义的。

数据管理企业应与公司的组织层级结构和资源保持一致。找到合适的人员，需要了解数据管理在企业内部的功能和政治作用。目标应该是跨职能的不同业务利益相关方共同参与。需要做到三点：

（1）识别当前正在执行数据管理职能的员工，认识并先邀请他们参与进来。仅在数据管理和治理需求增长时，才考虑投入更多的资源。

（2）检验企业管理数据的方法，并确定如何改进流程。改进数据管理实践可能需要进行多次改变。

（3）从企业的角度考虑，规划需要进行的各种变更，以更好地满足需求。

第二节　数据管理企业的结构

数据管理企业设计中的一个关键步骤是确定企业的最佳运营模式。运营模式是阐明角色、责任和决策过程的框架，它描述了人们如何互相协作。

可靠的运营模式有助于企业建立问责机制，确保企业内部的正确职能得到体现，促进沟通，并提供解决问题的流程。运营模式构成了企业结构的基础，但它不是企业结构图，不是简单地将人名放在框中，而是描述企业各组成部分之间的关系。下面将介绍分散、网络、混合、联邦和集中等几种运营模式，并对各运营模式的优缺点进行详细描述。

一、分散运营模式

在分散运营模式中，数据管理职能分布在不同的业务部门和 IT 部门。委员会是互相协作的基础，委员会不属于任何一个单独的部门。许多数据管理规划从基层开始，意图统一整个企业的数据管理实践，因而具有分散的结构，如图 10-1 所示。

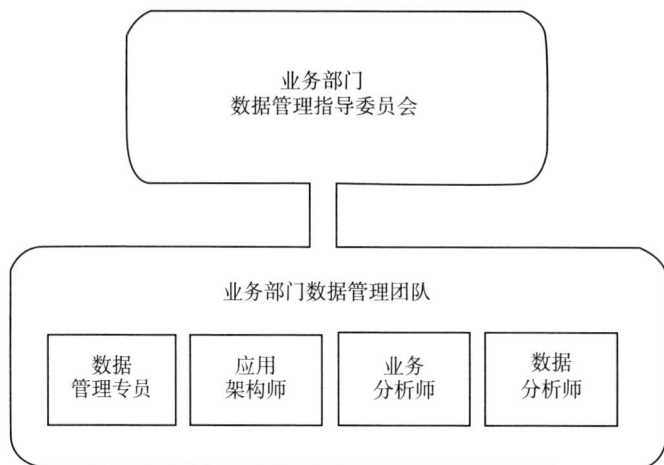

图 10-1 分散运营模式

分散运营模式的优点包括：企业结构相对扁平，数据管理企业与业务线或 IT 部门具有一致性。这种一致性通常意味着对数据要有清晰的理解，相对容易实施或改进。

分散运营模式的缺点是让过多的人员参与治理和制定决策，实施协作决策通常比集中发布号令更加困难。分散模式一般不太正式，可能难以长期性维持。为了取得成功，他们需要一些方法强化实践的一致性，但这可能很难协调。使用分散模式定义数据所有权，通常也比较困难。

二、网络运营模式

通过 RACI 责任矩阵，利用一系列的文件记录联系和责任制度，使分散的非正规性企业变得更加正式，称为网络模式。它作为人和角色之间的一系列已知连接运行，可以表示为"网络"。

网络模式的优点类似于分散模式。采用 RACI，有助于在不影响企业结构的情况下建立责任制。它的缺点是需要维护和执行与 RACI 相关的期望。

三、集中运营模式

最正式且成熟的数据管理运营模式是集中运营模式。所有工作都由数据管理企业掌控。参与数据治理和数据管理的人员直接向负责治理、管理职责、元数据管理、数据质量管理、主数据和参考数据管理、数据架构、业务分析等工作的数据管理主管报告，如图 10-2 所示。

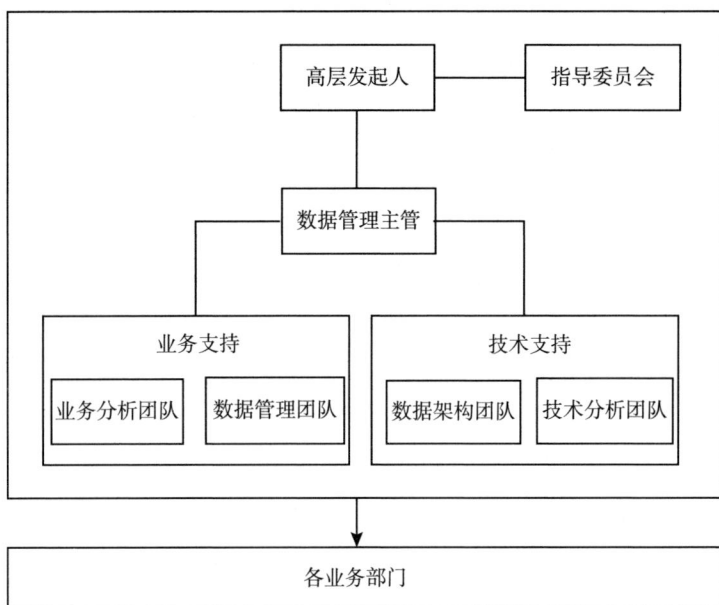

图 10-2　集中运营模式

集中模式的优点是，它为数据管理或数据治理建立了正式的管理职位，且拥有一个最终决策人。因为职责是明确的，所以决策更容易。在企业内部，可以按不同的业务类型或业务主题分别管理数据。它的缺点是，实施集中模式通常需要重大的企业变革。将数据管理的角色从核心业务流程正式分离，存在业务知识逐渐丢失的风险。

集中模式通常需要创建一个新的企业。但问题出现了：数据管理企业在整个企业中的位置如何？谁领导它，领导者向谁报告？对于数据管理企业而言，不再向 CIO 报告变得越来越普遍，因为他们希望维护业务而非 IT 对数据的看法。这些企业通常也是共享服务部门、运营团队或者是首席数据官企业的一部分。

四、混合运营模式

顾名思义，混合运营模式包含分散模式和集中模式的优点。在混合模式中，一个集中的数据管理卓越中心与分散的业务部门团队合作，通常通过一个代表关键业务部门的执行指导委员会和一系列针对特定问题的技术工作组来完成工作。在该模式内，一些角色仍然是分散的。例如，数据架构师可能会保留在企业架构组中，各业务团队可能拥有自己的数据质量团队。哪些角色是集中的，哪些角色是分散的，在很大程度上取决于企业文化。

　　混合模式的优点是，它可以从企业的顶层制定适当的指导方向，并且有一位对数据管理或数据治理负责的高管。业务团队具有广泛的责任感，可以通过业务优先级调整给予更多的关注。他们受益于这个专门的数据管理卓越中心的支持，有助于将重点放在特定的挑战上。

　　该模式的挑战包括企业的建立，通常这种模式需要配备额外的人员到卓越中心。业务团队可能有不同的优先级，这些优先级需要从企业自身的角度进行管理。此外，中央企业的优先事项与各分散企业的优先事项之间有时也会发生冲突。

五、联邦运营模式

　　作为混合运营模式的一种变体，联邦运营模式提供了额外的集中层 / 分散层，这在大型全球企业中通常是必需的。想象一下，基于部门或区域划分，企业数据管理企业具有多个混合数据管理模式，如图 10-3、图 10-4 所示。

　　联邦运营模式提供了一个可以分散执行的集中策略。因此，对于大型企业来说，它可能是唯一可行的模式。一个负责整个企业数据管理的主管领导，负责管理企业卓越中心。当然，不同的业务线有权根据需求和优先级来适应要求。该模式使企业能够根据特定数据实体、部门挑战或区域优先级来确定优先级。

　　该模式的主要缺点是管理起来较复杂。它的层次太多，需要在业务线的自治和企业的需求之间取得平衡，而这种平衡会影响企业的优先级。

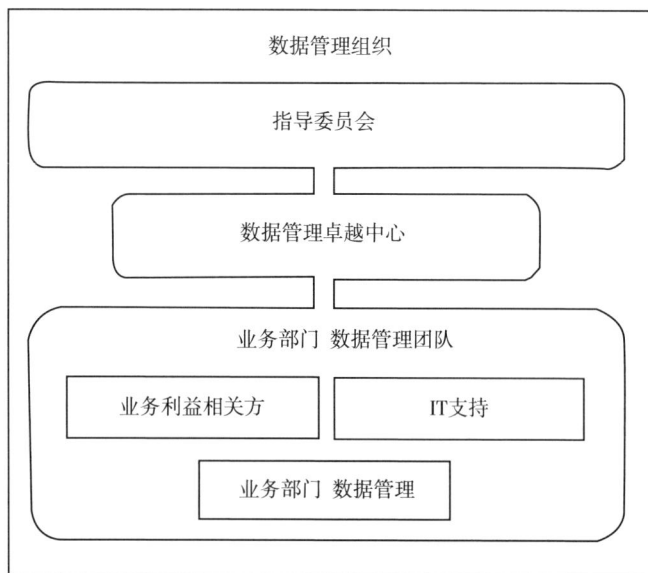

图 10-3　混合运营模式

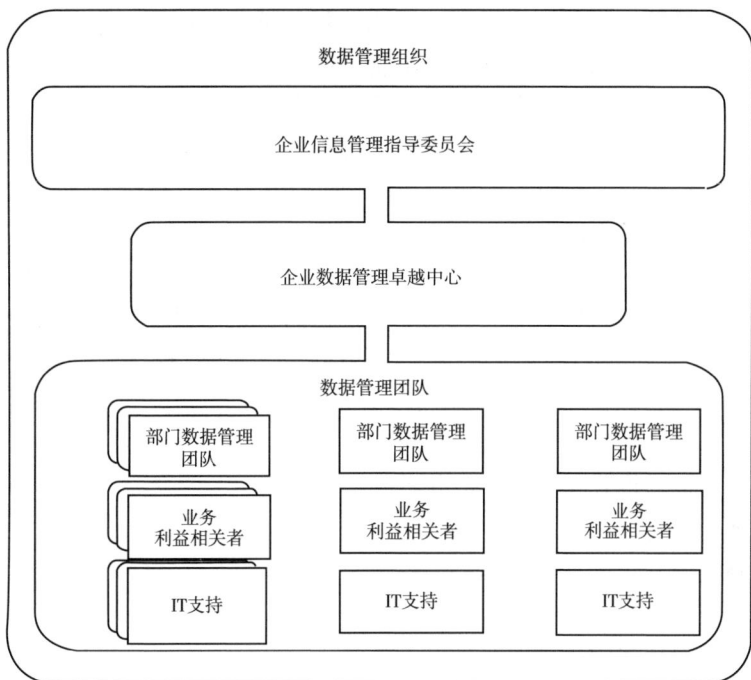

图 10-4　联邦运营模式

六、确定企业的最佳模式

运营模式是改进数据管理和数据治理实践的起点。引入运营模式之前，需要了解它如何影响当前企业以及它可能会如何发展。由于运营模式将帮助政策和流程的定义、批准和执行，因此确定最适合企业的运营模式至关重要。

评估当前的企业结构是集中的、分散的，还是混合的、层级化的或相对扁平的。描述相关部门或区域的独立性。他们的运作几乎是自给自足的？他们的要求和目标是否有很大的差异？最重要的是，尝试确定决策是如何做出的，以及如何实施这些决策？

这些问题的答案能够提供一个起点，以了解企业处于分散模式和集中模式之间的位置。

七、DMO 替代方案和设计考虑因素

大多数企业在转向正式的数据管理企业之前，都处于分散模式。当一个企业看到数据质量改进带来的影响时，它可能已开始通过数据管理 RACI 矩

阵来制定责任制度，并演变成网络模式。随着时间的推移，分布式角色之间的协同作用变得更加明显，规模经济将被确立，从而将一些角色和人员拉入有组织的群体，最终变形为混合模式或单一模式。

有些企业没有经历这个不断成熟的过程，而是基于市场冲击或新的政府法规被迫迅速成长。这种情况下，如果要取得成功和可持续发展，积极应对与企业变革相关的不适是很重要的。

无论选择哪种模式，请记住简单性、可用性对于接受和可持续性是至关重要的。如果运营模式符合公司的文化，那么数据管理和适当的治理则可以运用到运营中，并与战略保持一致。构建一个运营模式时，需注意以下要点：

（1）通过评估当前状态来确定起点。

（2）将运营模式与企业结构联系起来。

（3）考虑：①企业复杂性＋成熟度；②领域复杂性＋成熟度；③可扩展性。

（4）获得高层支持——这是可持续发展模式的必要条件。

（5）确保任何领导机构都是决策机构。

（6）考虑试点规划和分批次实施。

（7）专注于高价值、高影响力的数据域。

（8）使用现有的资源。

（9）永远不要采用一刀切的方法。

第三节　关键成功因素

无论数据管理企业的架构如何，有 10 个因素始终被证明对其成功发挥着关键作用：

（1）高管层的支持。

（2）明确的愿景。

（3）主动的变更管理。

（4）领导者之间的共识。

（5）持续沟通。

（6）利益相关方的参与。

（7）指导和培训。

（8）采用度量策略。

（9）坚持指导原则。

（10）演进而非革命。

一、高管层的支持

拥有合适的高管层支持，可确保受数据管理规划影响的利益相关方获得必要的指导。在企业变革的过程中，将新的以数据为中心的企业有效地整合在一起，从而获得长期持续的发展。相关管理层人员应该理解并相信这一过程，他们必须能够有效地动员其他领导者支持变革。

二、明确的愿景

明确的愿景以及推动的计划，对数据管理企业的成功至关重要。企业领导者必须确保所有受数据管理影响的利益相关方明白和理解数据管理是什么，为什么很重要，他们的工作将如何影响数据管理及数据管理对他们自身的影响。

三、积极的变更管理

管理与建立数据管理企业相关的变更过程，需要规划、管理和保持变更。将企业的变革管理应用于数据管理企业的建立，可以解决人们面临的挑战，使数据管理企业获得长期可持续发展的可能。

四、领导者之间的共识

领导者之间的共识，确保了对数据管理规划的一致性和统一支持，并就如何定义成功达成一致。领导者之间的共识，包括领导者对目标与数据管理成果和价值的共识，以及对领导者宗旨的共识。

如果领导者之间未能达成一致，会导致他们释放抵制并将破坏变革的信息。因此，评估并定期重新评估各级领导者之间的意见，确定他们之间是否存在较大的分歧，并采取措施快速解决这些问题至关重要。

五、持续的沟通

应尽早展开沟通，并保持公开和一定的频率。企业必须确保利益相关方清楚地知道数据管理是什么，为什么它对公司很重要，什么在变化以及行为需要如何变化。如果不知道该采取何种不同的方法，就无法改进管理数据的方式。围绕数据管理计划创作一个故事，并围绕它构建关键信息有助于这些过程。

在强调数据管理的重要性时，信息必须是一致的。此外，信息还应根据利益相关方群体进行定制。例如，在数据管理方面，不同群体所需的教育水平或培训次数会有所不同。信息应该支持按需重复，能对其进行经常性的检查，以确保数据持续有效，并逐步建立起数据意识。

六、利益相关方的参与

受数据管理计划影响的个人和团体，会对新计划及他们自己在其中的角色做出不同的反应。企业如何吸引这些利益相关方，如何与他们沟通、回应他们并邀请他们参与，都将对新计划的成败产生重大影响。

利益相关方分析有助于企业更好地理解那些受数据管理变更影响的内容。通过获取这些信息并根据企业内的影响程度和数据管理实施中的兴趣对利益相关方进行映射，企业可以确定让不同利益相关方参与变更过程的最佳方法。

七、指导和培训

不同的群体需要不同类型和层次的培训，培训对于实现数据管理是至关重要的。

领导者需要明确数据管理的方向，并明确数据管理对公司的价值。数据管理需要深入地了解数据管理计划，有针对性的培训可以使他们有效地发挥作用。这意味着他们需要新政策、流程、技术、程序甚至工具方面的培训。

八、采用度量策略

围绕数据管理计划的进展情况制定度量标准是非常重要的，这有助于了解当前的数据管理路线图是否有效，以及是否继续有效。如何制定度量标准，具体如下：

（1）是否采用。

（2）改进的程度，或相对于之前状态的增量。

（3）数据管理的有利方面。数据管理如何影响结果可测量的解决方案。

（4）改进的流程和项目。

（5）识别并规避的风险。

（6）数据管理的创新方面。数据管理如何从根本上改变业务的方式。

（7）可信度分析。

数据管理的有利方面可以侧重于改进以数据为中心的流程。例如，月末结账、风险识别和项目执行效率。数据管理的创新可以通过增强可信数据来改进决策和分析。

九、坚持指导原则

指导原则阐明了企业的共同价值观，是战略愿景和使命的基础，也是综合决策的基础。指导原则构成了企业在长期日常活动中遵循的规则、约束、标准和行为准则。无论是分散的运营模式，还是集中的运营模式，以及介于两者之间的任何形式，都必须建立和商定指导原则，使所有参与者保持一致的行事方式。指导原则是做出所有决策的参考，是创建有效数据管理计划的重要步骤，它有效地推动了企业行为的转变。

十、演进而非革命

在数据管理的各个方面，"演进而非革命"的理念有助于最大限度地减少重大变化或大规模高风险项目。建立一个持续发展和成熟的企业非常重要。以逐步改进数据管理和业务目标优先级的方式，将确保和持续改进新的政策和流程的执行。增量变化更容易被证明，因此也更容易获得利益相关方的认可和支持，并让那些重要的参与者参与进来。

第四节　建立数据管理企业

一、识别当前的数据管理参与者

在实施运营模式时，从已经参与数据管理活动的团队开始。这将最大限度地减少对企业的影响，并有助于确保团队关注的重点是数据而不是人力资源或政治。

首先，回顾现有的数据管理活动，如谁创建和管理数据，谁评估数据质量，甚至谁的职位头衔中包括"数据"二字。通过对企业的调查，找出谁可能已经担任了所需的角色和职责，这些人可能拥有不同的职位，他们可能是分散企业的一部分，尚未被企业识别出。编制"数据人员"清单后，找出差距，确认执行数据策略还需要哪些其他角色和技能。通常，企业中其他部门的人员拥有类似的、可转移的技能。请记住，企业中的现有人员为数据管理工作带来了宝贵的知识和经验。

完成人员盘点后，为他们分配合适的角色，并审查他们的薪酬，使其与数据管理的期望保持一致。或许，人力资源部门将参与核实职位、角色、薪酬和绩效目标。在企业内部，确保将角色指派给正确且级别恰当的人员。这样，需要他们做出决定时，他们就有能力做出坚定的决策。

二、识别委员会的参与者

无论企业选择哪种运营模式，一些治理工作都需要由数据治理指导委员会和工作组来完成。让合适的人员加入指导委员会，并充分利用他们的时间，这是非常重要的。让他们了解情况并专注于改进数据管理，将有助于他们实现业务目标和战略目标。

许多企业不愿意启动另一个委员会，因为他们已经有很多委员会。利用现有委员会推进数据管理工作往往比建立一个新的委员会更容易，但这个过程需要小心谨慎。利用现有委员会的主要风险是数据管理工作可能无法获得所需关注，尤其是在早期阶段。成为高级指导委员会或者战略性小组一员的过程都需要进行利益相关方分析，以此识别高层支持者。

三、识别和分析利益相关方

利益相关方是指能够影响数据管理规划或被其影响的任何个人或团体。利益相关方可以在企业内部或外部，他们可能是领域专家、高级领导者、员工团队、委员会、客户、政府或监管机构、经纪人、代理商、供应商等。内部利益相关方可能来自 IT、运营、合规、法律、人力资源、财务或其他业务部门。对于一些具有影响力的外部利益相关方，数据管理企业也必须考虑他们的需求。

利益相关方分析可以帮助企业确定一些最佳方法，通过这些方法让参与者参与数据管理流程，并让他们在运营模式中发挥作用。从分析中获得的洞察力也有助于确定如何最佳地分配利益相关方的时间和其他有限资源。越早进行分析越好，这样企业越能够预测对变革的反应，越能提早制订计划。利益相关方分析需要回答以下问题：

（1）谁将受到数据管理的影响。

（2）角色和职责如何转变。

（3）受影响的人如何应对变化。

（4）人们会有哪些问题和顾虑。

分析的结果将确定利益相关方名单、他们的目标和优先事项，以及这些对他们重要的原因。根据分析，找出利益相关方会采取的行动。需要特别注意的是，怎样做才能找到关键的利益相关方。这些关键的利益相关方可以决定企业的数据管理成功与否，尤其是最初的优先事项。考虑以下几点：

（1）谁控制关键资源。

（2）谁可以直接或间接阻止数据管理计划。

（3）谁可以影响其他关键因素。

（4）利益相关方是否会支持即将发生的变化。

四、让利益相关方参与进来

在识别利益相关方、高层支持者或列出备选名单后，清楚地阐明为什么每个利益相关方都包含在内是非常重要的。他们可能不会错过这个机会。推动数据管理工作的个人或团队，应阐明每个利益相关方对项目成功不可或缺的原因。这意味着需要了解他们的个人目标和职业目标，并将数据管理过程的输出与他们的目标关联，这样他们就能看到直接联系。如果不了解这种联系，他们也许在短期内愿意提供帮助，但不会长期提供支持或帮助。

第五节　数据管理企业与其他数据相关机构之间的沟通

一旦确立了运营模式并确定了参与者，就可以将人员转移到新授权的角色中。企业的正式运作，意味着组建委员会并与利益相关方建立合作。在集中模式下，大多数数据管理活动将控制在一个企业内进行。在分散或网络模式下，数据管理企业则需要与对数据管理方式产生重大影响的其他团体合作。这些团体通常是：

（1）首席数据官组织。

（2）数据治理机构。

（3）数据质量团队。

（4）企业架构团队。

一、首席数据官

虽然大多数公司在某种程度上已认识到数据是有价值的公司资产，但只有少数公司指定了首席数据官来帮助弥合技术和业务之间的差距，并在高层建立企业级的高级数据管理战略。然而，CDO 这一角色正在兴起。虽然CDO 的要求和职能受限于每个企业的文化、组织结构和业务需求，但许多CDO 往往是业务战略家、顾问、数据质量管理专员和全方位数据管理大使中的一员。

无论哪个行业，数据管理企业通常都可以通过 CDO 进行报告。在偏分散的运营模式中，CDO 负责制定数据战略，而 IT、运营或其他业务线中的资源负责战略执行。一些数据管理办公室最初是在 CDO 刚刚确定战略的基础上建立的。但随着时间的推移，数据管理、治理和分析等职能逐步划分在CDO 的职责范围内。

二、数据治理

数据治理是用于建立有效管理企业数据的战略、目标和策略的企业框架。它由管理和确保数据的可获得性、可用性、完整性、一致性、可审计性和安全性所需的流程、策略、企业和技术组成。由于数据治理过程需要数据战略、标准、政策和沟通的相互作用，因此它与数据管理具有协同关系。数据治理为数据管理提供了一个框架，使其与业务优先级和利益相关方保持一致。

在集中模式下，数据治理办公室可以向数据管理企业报告，反之亦然。当数据管理计划专注于将数据作为资产及建立所需的策略和指南时，数据治理办公室可以作为主管，数据管理企业向数据治理办公室报告。这种情况多在以政策和责任制度为重点的高度监管的环境中产生。

即使在非常分散的模式中，数据治理办公室和数据管理企业之间也应该建立紧密的合作关系，数据治理办公室负责创建数据管理的指导方针和政策，而数据管理企业负责实施。John Ladley 简洁地阐明了这种关系：数据治理是要"做正确的事情"，数据管理是要"将事情做正确"。它们是创造有价值数据所需要的两个方面。通过这种方式，数据治理为数据管理提供了指导方向。

最重要的是，就支持数据治理和数据管理效率的角色、职责和责任而言，需要有协同和一致的认识。数据治理工作组的参与者可以来自数据管理企业，数据管理企业可以使用数据治理监督提供的授权和"空中掩护"。

三、数据质量

数据质量管理是数据管理实践和组织的关键能力。许多数据管理企业的工作最早从关注数据质量开始，期望评估和改进整个企业的数据质量。在一个业务范围内，甚至在一个应用程序内解决数据质量问题，而无须涉及其他企业或跨管理职能的复杂性。然而，随着数据质量实践的成熟，企业将从统一的数据质量方法中受益，如建立卓越中心。当数据质量管理的目标是提升跨业务线或应用程序共享的数据质量时，通常侧重于主数据管理。数据管理企业通过数据质量计划有机发展是很常见的，因为对提高数据质量的投资可以增加整个公司的价值，与提高数据质量相关的工作可以扩展到其他领域，如主数据管理、参考数据管理和元数据管理。

数据质量计划可以演变为与总体数据管理计划类似的运营模式，尽管任何规模的公司都极少能够完全集中数据质量职能。在大多数情况下，数据质量的很多方面都是在单一业务线或应用程序中执行的。由于数据质量规划可以是分散式的、网络式的或混合式的，因此可将数据质量运营模式与整个数据管理企业的运营模式保持一致，使用一致的利益相关方、关系、责任、标准、流程甚至工具。

四、企业架构

企业架构团队负责设计并记录企业的总体蓝图，阐明如何实现其战略目标并进行优化。企业架构实践包括：

（1）技术架构。

（2）应用架构。

（3）信息架构。

（4）业务架构。

数据架构是数据管理企业有效运行的关键能力。因此，数据架构师可以安排在任一团队中，同时服务于其他团队。

当数据架构师位于数据管理企业内部时，他们一般通过架构审查委员会与其他架构同行进行交流。ARB 负责审查并指导各种项目和程序中架构标准的实施，以及它们受影响的情况。ARB 可以依据对架构标准的遵守程度来批准或拒绝新项目和系统。

当企业没有数据架构师时，数据管理可以通过以下几种方式与架构企业进行交互：

（1）通过数据治理。由于数据管理和企业架构都参与了数据治理计划，因此治理工作组和委员会框架可以提供一个共同的目标、期望、标准和活动平台。

（2）通过 ARB。在将数据管理项目提交给 ARB 后，架构团队将提供指导、反馈和批准。

（3）点对点。如果没有正式的委员会，那么数据管理负责人应定期与架构负责人会面，以确保双方对受影响的项目和流程有共同的认识及理解。由于点对点式管理流程的难度较大，可能会逐渐发展出促进讨论和决策的正式角色或委员会。

如果有数据架构师，那么他们将在治理讨论中代表架构，并主导 ARB 的讨论。

五、管理全球化企业

全球公司面临着复杂的数据管理挑战，这些挑战基于不同国家/地区的特定法律法规的数量和种类，特别是与特定类型数据的隐私和安全有关的法律法规。将这些问题添加到全球化企业的典型管理挑战中，高效且有效地管理数据似乎是一项无休止的繁重任务。

全球化企业需要特别注意：

（1）遵守标准。

（2）同步流程。

（3）明确责任制度。

（4）培训和交流。

（5）有效地监控和度量。

（6）发展规模经济。

（7）减少重复性工作。

随着数据管理计划和企业变得更加全球化，网络或联邦模式变得更具有吸引力。在这些模式中，权责更容易明确，标准更容易被遵循，并且可以包容区域的差异性。

第六节　数据管理角色

可以根据职能或个人层级定义数据管理角色。在不同企业之间，角色名称会有所不同，对某些角色的需求会增加或减少。无论是直接角色，还是间接角色，所有 IT 角色都可以映射到数据生命周期中的某个点，因此他们都会影响数据管理。同样，许多业务角色需要创建、访问或操作数据，某些角色需要综合技术技能和业务知识。下面将侧重于那些直接参与数据管理的职能和角色进行描述。

一、企业角色

IT 数据管理企业提供从数据、应用程序和技术架构到数据库管理的一系列服务。集中式数据管理服务企业专注于数据管理，该企业团队可能包括数据管理执行官、其他数据管理的管理人员、数据架构师、数据分析师、数据质量分析师、数据库管理员、数据安全管理员、元数据专家、数据建模师、数据管理员、数据仓库架构师、数据集成架构师和商务智能分析师。

联邦式数据管理服务方式会包括一组 IT 单元，而每个单元分别侧重于数据管理的某个方面。特别是在大型企业中，这些 IT 单元的职能通常是分散的。例如，每个业务线可能都有自己的软件开发团队。也许，同时采用了混合模式。例如，虽然每个业务线有自己的开发人员，但 DBA 功能可能是集中的。

专注于数据管理的业务线通常与数据治理或企业信息管理团队相关。例如，数据管理专员通常是数据治理企业的一部分。这些企业将促进数据治理机构的设立，如数据治理委员会。

二、个人角色

个人角色可以从业务或 IT 角度分别定义。一些混合角色，则需要同时掌握系统和业务流程两方面的知识。

（一）执行官角色

数据管理执行官可能侧重于业务或技术层面，首席信息官和首席技术官则在 IT 方面发挥着重要作用。在过去 10 多年间，侧重业务层面的首席数据官获得了良好的信誉，许多企业已经聘请了 CDO。

（二）业务角色

业务角色主要关注数据治理功能，尤其是管理职责。数据管理专员通常被认为是领域内的专家，他们对业务实体的数据质量和元数据、主题域或数据库负责。依据企业的优先级不同，数据管理专员扮演不同的角色。数据管理职责的最初重点，通常是为其主题域定义业务术语和有效值。在许多企业中，数据管理专员还负责定义数据属性，以及维护数据质量要求和业务规则，并帮助识别和解决数据问题，为数据标准、策略和过程提供输入。数据管理专员可以被安排在企业、业务部门或职能部门。他们的角色可以是正式的或非正式的。

除了数据管理专员，业务流程分析师和流程架构师也有助于确保业务流程模型和创建数据的实际流程的合理性，并支持下游使用它们。其他基于业务知识的工作者，同样有助于数据的整体管理。例如，利用客户数据及信息进行分析的业务分析师提升了企业的数据价值。

（三）IT 角色

IT 角色包括不同类型的架构师、不同级别的开发人员、数据库管理员以及一系列支持性角色。

（1）数据架构师。负责数据架构和数据集成的高级分析师。数据架构师可以在企业级或某个功能级级别开展工作。数据架构师一般致力于数据仓库、数据集市及其相关的集成流程。

（2）数据建模师。负责捕获和建模数据需求、数据定义、业务规则、数据质量要求、逻辑和物理数据模型。

（3）数据模型管理员。负责数据模型版本控制和变更管理。

（4）数据库管理员。负责结构化数据资产的设计、实施和支持，以及提高数据访问性能的技术方法。

（5）数据安全管理员。负责确保对不同保护级别数据的受控访问。

（6）数据集成架构师。负责设计数据集成和提高企业数据资产质量的高级数据集成开发人员。

（7）数据集成专家。负责实现以批量、实时或准实时方式集成数据资产的软件设计或开发人员。

（8）分析 / 报表开发人员。负责创建报表和分析应用解决方案的软件开发人员。

（9）应用架构师。负责集成应用系统的高级开发人员。

（10）技术架构师。负责协调和集成 IT 基础设施、IT 技术框架的高级技术工程师。

（11）技术工程师。负责研究、实施、管理和支持某一块信息技术基础设施的高级技术分析师。

（12）桌面管理员。负责处理、跟踪和解决与信息、信息系统或 IT 基础设施使用相关的问题。

（13）IT 审计员。负责包括审计数据质量和数据安全性的 IT 内部或外部的审计人员。

（四）混合角色

混合角色需要同时具备业务和技术知识，根据企业的不同情况确定担任这些角色的人员是汇报给 IT 部门还是业务部门。

（1）数据质量分析师。负责确定数据的适用性并监控数据的持续状况；进行数据问题的根因分析，并帮助企业识别提高数据质量的业务流程及技术改进。

（2）元数据专家。负责元数据的集成、控制和交付，包括元数据存储库的管理。

（3）BI 架构师。负责商务智能用户环境设计的高级商务智能分析师。

（4）BI 分析师 / 管理员。负责支持业务人员有效使用商务智能数据。

（5）BI 项目经理。负责协调整个公司的 BI 需求和计划，并将它们整合成一个整体的优先计划和路线图。

第十一章　数据管理和
企业变革管理

对于大多数企业而言，改进数据管理实践需要改变人们协作的方式和对企业中数据所起作用的理解，以及他们使用数据和部署技术来支持企业流程的方式。成功的数据管理实践需要：根据信息价值链调整数据责任制度，以此学习横向管理；将垂直的数据责任制度转变为共享的信息管理工作；将局部业务关注点或 IT 部门工作中的信息质量演变为整个企业的核心价值；将对信息质量的思考从"数据清洗与数据质量计分卡"提升转变为企业的基本能力；对不良数据管理引发的代价和规范化数据管理带来的价值进行衡量。

这种级别的变更不是通过技术实现的，即使适当使用软件工具可以支持交付。相反，它是通过对企业管理的变革采取谨慎和结构化的方法实现的。各级企业都需要做出改变，最重要的是要对变革进行管理和协调，以避免进入死胡同、丧失信心，以及对信息管理职能及其领导力造成损害。

那些能正确理解变革管理的数据管理专业人员会更成功地实现企业变革，从而帮助他们的企业从数据中获得更多的价值。

第一节　变　革　法　则

企业变革管理专家总结了一套基本的"变革法则"，这些法则描述了为什么变革并不容易，在变革过程之初就认识到这些问题有助于取得成功。

（1）企业不变革，人就变。不是因为新企业宣布成立或新系统实施上线就要变革，而是人们认识到变革带来的价值而发生行为变化时，变革就会发生。改进数据管理实践和实施正式数据治理流程将对企业产生深远的影响。人们需要改变数据处理的方式，以及在数据相关活动中的互动方式。

（2）人们不会抗拒变革，但抵制被改变。人们无法接受看起来武断或独裁的变革。如果他们始终参与变革、定义变革，并且他们理解推动变革愿景，以及知道变革发生的时间和方式，就更有可能愿意进行变革。数据相关举措的变革管理部分涉及团队合作，以在企业层面建立起对数据管理实践改进后价值的理解。

（3）现状之所以存在是惯性所致。现状可能是历史上正确的原因导致，在过去某个节点，有人定义了业务需求、定义了流程、设计了系统、编写了策略，或者确立了当前恰好需要变革的商业模式。了解当前数据管理实践的起源，将有助于企业规避历史错误。如果允许在变革中畅所欲言，更可能将新举措理解为改进提升。

（4）除非有人推动变革，否则很可能止步不前。如果想有所改进，就必须采取新措施。正如爱因斯坦的名言："我们无法用创造问题的思维来解决问题。"

（5）如果不考虑人的因素，变革将很容易。变革在"技术"层面上的实现通常是很容易的，挑战来自如何处理人与人之间的自然差异。

变革不仅需要变革推动者关注系统，更需要关注人的因素。变更推动者要积极听取员工、客户和其他利益相关方的意见，以便在问题出现之前发现问题，并更顺利地执行变更。

最终，需要对变革目标有清晰的愿景，并明确定期与利益相关方沟通，以便在出现挑战时获得参与、认同、支持和持续支持。

第二节　并非管理变革，而是管理转型过程

变革管理专家威廉·布里奇斯强调转型过程在变革管理进程中的核心地位。他把转型过程定义为人们适应新环境的心理过程。虽然多数人认为变革仅仅是一个新的开始，但布里奇斯认为变革经历三个迥然不同的阶段，从结束当前状态开始。结束是很困难的，因为人们需要舍弃现有的状态。之后，人们进入相持阶段。在这个阶段，当前状态尚未完全结束，新的状态还未完全开始。当建立起新的状态时，就实现了变革。在这三个阶段中，相持阶段是最难预测的，也是最令人困惑的，因为相持阶段是新旧的混合体。如果企业中的人员不通过相持阶段进行过渡转换，那么企业就有可能重蹈覆辙，不能成功实现变革。

布里奇斯认为，企业变革失败的一个最大原因是，推动变革的人很少思考结局，因此无法管理结局对人们的影响。他说："大多数企业都试图从头开始，而非以终为始。他们忽视结果且不承认相持阶段存在，然后还困惑人们在改变时为何会有如此大的困难。"

在变革过程时，所有人都会经历这三个阶段，只是进展快慢不同。进展取决于以往经验、个人偏好风格、认识问题和制订可能解决方案的参与程度，以及感知被迫接受变革而非自愿走向变革的程度等因素，如表11-1所示。

表 11-1　威廉·布里奇斯的变革转型阶段

变革过渡阶段	描　　述
结束阶段	我们承认，有些事情需要放手；我们意识到，我们已经失去了一些东西 例如，工作变动。即便这是符合个人意愿的选择，仍然可能带来一些事与愿违的损失，如失去工作上亲密无间的伙伴
相持阶段	旧的已去，但新的还没来；一切都在变动，感觉就像没人知道该做什么；事情混乱无序 例如，搬新家。搬家后的头几天甚至头几个月，新房还没有家的感觉，事情很可能相当混乱
新的开始阶段	新的方法让人感觉舒服、正确，且是唯一的方法 例如，孩子的降生。经过中间动荡的几个月生活之后，将进入新的生活阶段，你无法想象如果没有新生的宝宝，你的生活将会是什么样子

　　布里奇斯强调，变革管理者的首要任务是理解目标，以及实现目标的途径。变革管理的终极目标是说服人们踏上变革之旅。在管理变革和转型过程时，变革推动者以及变革过程中任何经理或领导的作用，就是帮助人们认识到变革过程和转型阶段是自然而然的。

　　下面的转型管理检查清单总结了管理者在帮助人们过渡时应注意的关键点。

一、告别过去

　　（1）帮助大家理解当前的问题，以及变革的必要性。

　　（2）了解谁有可能失去什么。请记住，对一些人来说失去朋友和亲密同事的重要性，就像某些人失去地位和权力一样重要。

　　（3）损失是主观的。某人所悲伤的事情对其他人来说可能毫无意义。承认主观损失的重要性。不要与他人争论如何看待损失，也不要惊讶于他人对损失的反应。

　　（4）期待并接受悲伤的迹象，公开地并具有同情心地承认损失。

　　（5）定义什么已经结束了，什么还未结束。人们必须在某些时候突破，试图坚持旧的方法会延长困难。

　　（6）带着尊重善待过去。人们可能在非常困难的条件下非常努力地工作。认识到这一点，并表明工作是有价值的。

　　（7）展现如何结束某些事情可以确保对人们重要的事情能够得以继续并改善。

　　（8）向人们提供信息，然后以不同的方式反复地做。例如，通过书面信息以供阅读、择机讨论和提问。

（9）使用利益相关方分析来规划如何以最佳方式对待不同的个体。理解他们的观点可能需要参与启动变革，以及可能存在的阻力点。

二、相持阶段

（1）认识到这是每个人必须经历的新旧交替的困难阶段。

（2）让人们参与进来一起工作，给他们时间和空间去试验和测试新的想法。

（3）帮助人们让他们感受到自己仍受重视。

（4）赞美有好想法的人，即使并非每个好想法都能产生预期效果。PDSA模型鼓励人们尝试，并从每个循环中学习。

（5）向人们传达信息，以各种方法一遍又一遍地传达。

（6）对考验中的想法和已做出的决定的结果提供反馈意见。

三、崭新开始

（1）不要在恰当的时机到来之前急于开始。

（2）确保人们知道在新系统中所扮演的角色。

（3）确保政策、程序和优先次序清晰明确，避免传递含糊的信息。

（4）计划庆祝新的开始，对已经做出改变者予以表扬。

（5）向人们传达新开始的信息，以各种方法一遍又一遍地传达。

第三节　科特的变革管理八大误区

约翰·科特是变革管理领域最受尊敬的研究者之一。他在《领导变革》一书中总结了企业执行变革遭遇失败的八大误区，对信息管理和数据管理环境下经常出现的问题具有参考意义。

一、误区一：过于自满

科特认为，企业变革时人们所犯的最大的错误，是尚未在同事和上级中建立足够高的紧迫感的情况下就冒进了。科特的分析为那些希望避免重蹈覆辙的变革管理者提供了有价值的指导。变革推进者通常会出现以下几种错误：

（1）高估了自己推动巨大企业变革的能力。

（2）低估了让人们走出舒适区的难度。

（3）未能预见他们的行为和方法可能会引发抵触而强化现状。

（4）冲向人们不敢踏足的地方。在缺乏充分沟通需要改变什么、为何改变的情况下，就启动改变活动。

（5）将紧迫性与焦虑混为一谈，这反过来又会导致恐惧和阻力，利益相关方会因此故步自封。

虽然人们很容易认为，面对企业危机不会存在自满问题，但事实往往恰恰相反。在面对太多的变革要求时，利益相关方往往选择坚持现状。信息管理环境中显现的自满征兆如表 11-2 所示。

表 11-2　自满的场景

示例场景	它是如何显现的
对监管变革的反应	"我们还好，根据现行规定，我们还没有遭受处罚"
对业务变革的反应	"多年来，我们一直成功地支持这项业务。我们不会有事的"
对技术变革的反应	"这项新技术未经验证。当前系统很稳定，我们知道如何解决问题"
对问题或错误的反应	"我们可以指定一个问题解决小组对问题进行修补。在我们部门肯定有可用之人"

二、误区二：未能建立足够强大的指导联盟

科特指出，如果缺乏企业领导人的积极支持，未能同其他领导人联合起来指导变革，要实现重大变革几乎不可能。在数据治理工作中，领导参与尤其重要，这是因为数据治理工作需要显著的行为改变。如果缺乏高层领导人承诺，短期的自身利益优先于治理所带来的长期利益。

指导联盟人员来自企业，强大而富有激情，有利于实施新战略和企业变革。建立指导联盟的关键挑战是识别必要的参与方。

三、误区三：低估愿景的力量

如果对变革愿景缺乏清晰明确的描述，即使是再紧迫、再强大的指导联盟也是远远不够的。愿景提供了变革努力的背景，帮助人们理解任何单个事项的含义。明确定义沟通良好的愿景可以帮助推动正确实施变革所需的能量水平。如果缺乏指导决策的公开愿景声明，那每次选择都可能沦为辩论，任何行动都可能偏离或破坏变革举措。

愿景与计划或项目管理不同。愿景不是项目计划或项目章程，也不是变更所组成部分的详细分解。愿景是一个明确和令人信服的声明，阐述变革的方向。沟通愿景意味着与人沟通。对于数据管理计划，该愿景必须阐明现有数据管理实践的挑战、改进的好处以及通往更好未来状态的道路。

在信息管理中，某个特定项目的愿景通常呈现为某项新技术的实现。技术虽然重要，但技术并非变革，也不是愿景，企业需要利用技术做什么事情

才构成愿景。例如，声明"我们将在第一季度末之前实施一种新的集成财务报告和分析套件，该套件基于［在此处插入技术名称］"是一个值得称赞和可衡量的目标。然而，这个声明没有清楚地传达出令人信服的、有关这项变革的未来成果的说明。

然而，声称"我们将提升财务报告的准确性和及时性，使所有利益相关方更容易获得这些报告。更好地了解数据如何流入和流出的报告流程，将支持对数据的可信度，节省时间，并在期末处理时减少不必要的压力。我们将在第一季度末通过实施［System X］迈出第一步，以实现此目标"阐明了将要做什么以及为什么要做。如果你可以指出变革对企业的好处，那么你就能够得到对变革的支持。

四、误区四：10 倍、100 倍或 1000 倍地放大愿景

即使人人都对现状不满，人们也不会改变，除非他们认为变革的好处是对现状的重大改善。对愿景进行一致、有效的沟通，然后采取行动，对于成功的变革管理至关重要。科特建议，沟通来自言语和行动，言行一致是成功的关键。没有什么能比收到以下信息能更快地扼杀变革的努力了："照我说的去做，而不是照我做的去做。"

五、误区五：允许阻挡愿景的障碍存在

当人们感到变革道路上会遇到巨大障碍时，即使人们完全接受变革的必要性和方向，新举措也会失败。作为转型的一部分，企业必须识别应对各种障碍：

（1）心理障碍。人们头脑中存在的障碍必须基于成因来解决。要了解他们是出于恐惧，缺乏知识，还是其他原因。

（2）企业结构。由于企业结构造成的障碍，如工作类别过窄或绩效考核制度过严，人们被迫在愿景和自身利益之间取舍，这必须作为变革管理进程的一部分加以解决。变革管理应解决结构对变革的激励和抑制的问题。

（3）积极抵抗。存在哪些障碍使人们拒绝适应新环境，还是人们提出了与转型不一致的要求？如果企业的关键成员对变革愿景发出了正确的声音，却没有改变自己的行为或对正确的行为做出奖励，或是继续运用不相符的方式方法，那么他们就会破坏愿景的执行，并导致最终的失败。

科特呼吁企业中的"聪明人"去面对这些障碍，如果他们不行动，其他人就会感到无能为力，就会削弱变革。

六、误区六：未能创造短期收益

真正的变革需要时间。任何曾经实施过健身计划或减肥计划的人都知

道，坚持下去的秘诀就是有小的短期目标，通过标记进步来保持动力和势头。任何涉及长期承诺、努力和资源投入的事情，都需要一些早期和定期的成功反馈。

复杂的变革努力需要短期目标来支持长期目标，达到这些目标可以让团队欣喜并保持势头。关键是创造短期的胜利，而非仅仅寄希望于长期目标。在成功转型中，管理者应积极建立早期目标，并奖励实现这些目标的团队。如果缺乏系统的努力来保证成功，变革很可能会失败。

在信息管理环境中，短期的胜利和目标通常来自对已识别问题的解决。例如，如果建立业务术语表是数据治理举措的关键交付成果，那么短期的胜利可能来自解决了对数据理解不一致的相关问题。

识别问题，解决问题，并将解决方案与变革的整体长期愿景联系起来，这样团队就可以庆祝此目标，并在行动中展示此愿景。它还为有关愿景的交流提供了宝贵的辅助资料，并有助于完善变革信息。

七、误区七：过早宣布胜利

在变革项目尤其是那些持续数年变革的项目中经常会出现，人们倾向于在首次重大绩效提升时就宣布项目成功的情况。短期的胜利和初胜是保持动力和士气的有力工具，然而任何工作已经胜利完成的暗示通常都是误区。除非这些变革已植根于本企业文化当中，否则新方法仍非常脆弱，旧习惯和旧的做法会卷土重来。科特认为，整个公司的变革可能需要 3 ~ 10 年的时间。

经典例子"任务完成综合征"描绘了这样一种场景，在此场景中，技术实现被视为改进信息管理或解决数据质量或数据可靠性问题的途径。一旦技术部署完成，就很难让项目朝着目标继续前进，特别是在未能良好定义总体愿景的情况下。过早宣布胜利后可能产生的后果如表 11-3 所示。

表 11-3 过早宣布胜利可能产生的后果

示例场景	可能的表现形式
处理数据	"我们购买了数据质量工具，现在已经解决了问题" 组织中没有人对数据质量报告进行审查或采取行动
混淆能力交付与实施和操作	"我们已经实施了 X 合规报告系统，实现了法律遵从要求" 监管要求会发生变化 没有人对报告中识别的问题进行审查或采取行动
数据迁移	"系统 X 中的所有数据现在都已在系统 Y 中" 记录数据匹配了，但系统 Y 中的数据不完整，或由于迁移过程失败而数据中断，需要人工干预

八、误区八：忽视将变革融入企业文化

企业不会变，人会变。在新行为尚未融入企业社会规范和共享价值时，一旦变革工作的重点转移，变革就会衰减和退化。科特明确表示，参与任何变革活动，忽视文化变革都有非常大的风险。确定企业文化变革的两个关键因素：一是有意识地向人们展示特定行为和态度是如何影响绩效的；二是投入充足时间将变革方法嵌入后续管理。

这种风险突出了人为因素在整体变革中的重要性，这些变革可能为数据治理执行、元数据管理和使用以及数据质量实践带来提升。例如，某个企业可能已经对所有文档引入了元数据标记需求，以支持其内容管理系统中的自动分类和归档流程。工作人员在最初的几周内能够很好地遵守要求，但随着时间的推移，他们又恢复了旧习惯，未能恰当地标记文档，导致大量未分类记录积压。在这种情况下，需要进行人工审查，以使其符合技术解决方案的要求。

这凸显了一个简单的事实，即信息管理的改进是通过流程、人员和技术三者的协作实现的。这个中间部分经常被遗漏，导致交付不佳和进度倒退。由此可见，在采纳新技术或者新流程时，考虑人为因素如何推进变革并保证收益是非常重要的。

第四节　科特的重大变革八步法

除了变革管理的八大误区外，科特还提出阻碍变革管理的一些常见因素：

（1）内向型文化。

（2）瘫痪的官僚机构。

（3）狭隘性政治。

（4）信任度低。

（5）缺乏团队合作。

（6）狂妄自大。

（7）欠缺领导力或者领导力失败。

（8）对未知的恐惧。

为解决这些问题，科特提出了重大变革的八步法模型，如图 11-1 所示。该模型提供了一个框架，在此框架内，通过支持可持续长期变革的方式来解决每个问题。每个步骤都能关联到某个破坏转型努力的基本误区。

①树立紧迫感	⑤给基于委员会的行动授权
②建立指导联盟	⑥创造短期收益
③建立愿景和策略	⑦巩固收益并创造更多变革
④沟通变革愿景	⑧将变更成果融入企业文化

图 11-1　科特的重大变革八步法

该模型的前四步（①~④）旨在打破根深蒂固的原有状况。正如科特所言，由于变革不易，这些投入是必要的。正因为变革不易，我们才需要致力于此项工作。接下来的三个步骤（⑤~⑦）介绍了新的实践和工作方法。最后一步（⑧）锁定了变革，并为未来收获和改进提供了平台。

科特建议遵循这些步骤，企业变革尚无捷径可走，所有成功的变革努力都必须经历全部八步。关注步骤⑤~⑦很有意义。然而，这并没有为维持这种变化提供坚实的基础。同样，在整个过程中需要加强每一步。应使用阶段性的胜利加强愿景和沟通，并突出显示现实中的问题。

一、树立紧迫感

当人们认为没必要做某件事的时候，他们会找到成千上万种不合作的理由。要想激励足够多的关键人员支持变革，就必须让人们有清晰而令人信服的紧迫感。要取得协同和合作，就需要喊出一致的口号。

与紧迫感相反的是自满。当自满情绪高涨时，很难组建一个足够强大的团队来创建变革愿景并指导变革努力。在极少数情况下，面对企业的自满情绪，个人可以取得一些进展，但这完全是不可持续的。

在信息管理方面，促使紧迫感产生的因素有如下几种：

（1）监管变化。

（2）信息安全的潜在威胁。

（3）业务连续性风险。

（4）商业策略的改变。

（5）兼并与收购。

（6）监管审计或诉讼风险。

（7）技术变革。

（8）市场竞争对手的能力变化。

（9）媒体对企业或者行业信息管理问题的评论。

（一）自满的根源

科特列出了令企业和人员自满的 9 种可能原因。

（1）在缺乏明显危机时，很难提高紧迫感。

（2）成功的表象可以掩盖某些情况的紧迫性。

（3）使用过低的绩效评估标准，或使用无法与外部基准或内部长期发展匹配的标准衡量员工绩效。

（4）职能部门的绩效衡量标准各异，职能目标过窄将会导致企业整体绩效不佳或者受到影响时，出现无人负责的情况。

（5）如果内部计划和控制体系受操纵，每人的目标都很轻松，易于滋生自满情绪。

（6）如果绩效反馈的唯一来源是错误的内部评价，就无法正确地对自满进行检查。

（7）在发现问题或收集外部绩效反馈时，通常因有损士气、伤害他人或可能引发争论而遭受攻击。这种文化并非将信息作为企业绩效评估的一种输入，而是专注于"杀死信息传递者"。

（8）出于很简单的心理原因，人们不接受不想听到的事情。当出现重大问题证据时，人们往往会忽略这些信息，或者以一种不那么痛苦的方式重新解释。

（9）即使在前八项挑战并不严重的企业中，也存在这样一种风险，即企业中的高级管理层或高级人物的"愉快谈话"可能会产生一种不必要的安全感和成功感。这种"愉快谈话"往往是过去成功历史的结果，过去的成功可以让人自负，并形成傲慢的文化。这两个因素都会降低紧迫感，阻碍变革。

采用任何变革举措的经验法则是，永远不要低估那些可能强化自满情绪、推动现状的力量，必须应对自满的挑战。企业如果不能找出真正的问题，就无法做出任何重要的决策。

（二）提高紧迫感

要提高紧迫感的程度，就需要消除自满的根源或减少其影响。建立一种强烈的紧迫感，需要领导人采取大胆甚至冒险的行动，可以回忆戴明是如何忠告管理层将领导力作为其转型变革 14 点之一的。

大胆行动意味着做一些可能导致短期内痛苦的事情，而不仅仅是在营销邮件中公布一些看起来不错的事情。换言之，"需要采用新的哲学"，采取足够大胆的行动来减少自满倾向导致的短期冲突和焦虑。然而，如果这些冲突和焦虑被引导到变革愿景上，那么领导者可以利用短期的不适来构建长期目标。

缺乏领导的支持和鼓励时，大胆行动会困难重重。谨慎的高级管理者如果不能增加紧迫感，就会降低企业的变革能力。

（三）谨慎使用危机

提高紧迫感的一种方法是紧紧抓住明显的危机。常言道，除非本企业的经济生存受到威胁，否则不可能进行重大变革。然而，即使受到威胁也不一定就会变革，因为企业中的经济或金融危机往往会导致资源稀缺，难以获得必要资源来支持变革愿景。

通过用现存问题、潜在问题、潜在机会的信息轰炸企业，或者通过设定雄心勃勃的目标来打破现状，有可能制造出一种感觉上的危机。科特建议，创造一个恰好你有计划要解决的新问题通常会更容易。

（四）中层和基层管理人员的作用

根据变革目标的规模，核心人物将是负责那个单元的管理人员，他们能够减少团队内部的自满情绪。如果有足够的自主权，就可以不考虑企业内其他单位变革的速度来推进事情。如果没有足够的自主权，那么一个小单元的变革努力从一开始就注定要受到外部惯性力的影响。通常，高级管理人员需要负责消除这些影响。然而，如果中层或基层管理者具有战略思维，他们也可以推动变革发生。例如，使用分析报告清楚展示不进行必需的改变会对关键战略项目产生什么样的影响。当对分析报告的争议可以通过某个外部团体获得支持时，这种方法特别有效。

（五）紧迫感的程度

对某个问题的紧迫感会导致人们认为现状必须改变。为了长期维持转型，需要足够数量的管理人员提供支持。科特建议这个数据为75%。然而，制造太多紧迫性可能会适得其反。过于紧迫可能会导致对变革愿景的对抗，或者人们将注意力集中在"救火"的事情上。

足够强烈的紧迫感将有助于启动变革、助力变革，有助于在指导联盟中获得正确的领导地位。归根结底，紧迫感必须足够强烈，以防止取得初步成功后自满情绪再次抬头。一个关键的方法是利用"客户的声音"，了解外部客户、供应商、股东或其他利益相关方对紧迫感的看法。

二、指导联盟

没有人拥有创建愿景所需的全部答案或者综合洞察力，也没有人能恰好拥有合适且多样的关系网，以有效传达某个愿景的沟通。要变革成功，需要避免两种特定情况：一是唯CEO论或者唯领导论；二是低可信度的委员会。

唯CEO论将变革工作的成败掌握于CEO一人之手。当今，大多数企业变化速度如此之快，以至于一个人不可能管理所有事情，要么在缺乏充分评估问题的前提下做出决定，要么决策沟通的速度过慢。任何一种选择都会导致失败。

当某个有能力的声援者被授予一个由多个职能部门的代表组成的"特别工作组"时，低可信度的委员会就出现了，特别工作组缺乏来自高层的足够有资历的人物代表。如果员工认为工作组"重要，但又没那么重要"，人们就会缺乏去了解真实情况的动力，"特别工作组"的失败将不可避免。

必须建立一个适当的指导联盟，该联盟具有必要的管理承诺，以支持变革的紧迫性。此外，团队必须支持有效的决策，这需要团队内部的高度信任。指导联盟可以更快地处理更多的信息，这样就加快了理念的实施，因为拥有权力的决策者真正了解情况，并致力于关键决策。一个有效的指导联盟具有 4 个关键特征：

（1）职位权力。是否有足够多的关键人物，特别是主要管理者，这样那些被排除在外的人就不会轻易阻碍进展。

（2）专家意见。相关观点是否有充分的代表性，以便做出有见识的和明智的决定。

（3）可信性。团队中是否有足够多的人在企业中声誉良好，从而使团队受到重视。

（4）领导力。团队中是否有足够可靠的领导者来推动变革进程。

其中，领导力是关键。指导联盟必须在管理和领导技能之间取得良好的平衡。领导推动变革，管理使过程可控。要获得持续成果，两者缺一不可。

在构建指导联盟的过程中，出现的关键问题包括：

（1）需要多少人来协助定义和指导这种变化？这个问题的答案听起来很让人痛苦，也就是顾问们常常说的"视情况而定"，联盟规模的大小与受影响的整个群体规模有关，需要在一个太大的团队和一个让关键利益相关方感觉排除在外的小团队之间取得平衡。

（2）应该让谁参与或邀请谁来加入指导联盟？指导联盟不同于正式项目或计划指导委员会，它需要提供一个平台将影响力贯穿于整个企业。因此，联盟需要包括来自不同利益相关方的代表。然而，它也不是某些利益相关方的需求收集论坛，要从可能在企业的信息价值链中受影响的人群那里寻求观点。

指导联盟成员的关键特征是，他们有能力通过企业层级结构中的正式权威或通过在企业中的地位和经验来影响同伴。

行为是指导联盟的关键。在建立指导联盟时，变革领导者需要避免削弱团队的有效性、职能和影响力的行为。例如：

（1）唱反调。唱反调的人可能会阻碍积极开放的对话，而这种对话是指导联盟发展创造性想法，完善、实施和发展变革愿景以及确定增长机会所必需的。

（2）分散注意力。指导联盟团队成员需要专注于变革活动。注意力不集中的人会使团队分心，导致延误或无法取得早期成功。

（3）自私自利。指导联盟的努力推动着整个企业，影响着每一个人，不能让隐秘议程破坏团队的努力。

（一）在联盟中发挥有效领导力的重要性

管理和领导是有区别的，仅有优秀管理者但缺乏领导力的指导联盟难以成功。领导力缺失，可通过从外部招聘、从内部提拔以及鼓励员工担任领导来补足。

当形成联盟时，需要警惕科特所说的几种人格类型："自我""阴险""不情愿"。"自我"指那些占据全部而拒绝他人贡献的人；"阴险"是传谣、离间、引发误解的人；"不情愿"是那些认为需要适度改变，对紧迫性理解不充分的资深人物。

以上任何一种人格类型的人都有可能对变革的努力造成阻碍或破坏，应尽量使其远离团队或密切保持沟通。

（二）信息管理环境中的示例

在信息管理变革倡议环境中，指导联盟有助于企业识别机会，将参与整体变革的各倡议方联系起来。

例如，为了遵从法律，公司内部顾问可能已开始建立数据流向图以及企业数据流程，同时数据仓库项目可能已经开始绘制数据血缘关系，以核查报告的准确性与质量。

数据治理变革负责人可将法律负责人和报告负责人一同召集在指导联盟中，在数据治理环境中提升信息流程的归档和控制。反过来，这可能还需要使用数据和创建数据的一线团队的加入，以了解任何变革提议带来的影响。

最终，对信息价值链的充分理解将有助于确定纳入指导联盟的潜在候选人。

（三）建立有效团队

有效团队建立在两个简单基础之上：信任和共同目标。缺乏信任往往是由于缺乏沟通或其他因素，如错位竞争。例如，经典的"业务和IT"就是一个信任破裂的例子。建立信任，参与团队建设活动，创造和促进相互理解、尊重和关怀。不过在达成相互理解的过程中，应注意避免"群体思维"。

（四）避免群体思维

"群体思维"是一种在高度和谐的、充满凝聚力的群体中出现的心理效应，特别是那些可能与其观点相左的信息而封闭隔离开来的群体，或者那些由领袖支配只准同意其立场而禁止讨论的群体。

在"群体思维"中，即使对某项建议持保留意见，所有人也会一致通过某个提案。如果发生以下情况，企业可能正在陷入群体思维中：

（1）无人提出异议。

（2）缺乏其他选择。

（3）不同的观点很快消失，永远消失。

（4）对可能挑战思维的信息未积极探寻原因。

要防止群体思维，重要的是：

（1）鼓励所有参与者遵循科学的数据收集方法，以帮助群体了解问题的性质和原因。

（2）建立一份标准清单，评估所有决定。

（3）学会有效合作，避免为快速完成工作而采取群体思维的捷径。

（4）鼓励集思广益。

（5）领导要最后发言。

（6）积极寻找外部知识，并将它们引入会议。

（7）一旦确定解决方案，团队不仅要制订行动计划，还要制订一个"B计划"。

（五）信息管理环境中的示例

群体思维可以出现在各种背景下。一个潜在的领域是传统的"业务与IT的划分"，即企业的不同部分抵制另一部分提出的更改。还有一种可能的情况是，企业的目标是成为数据驱动型企业，重点关注分析和数据收集，这可能导致与信息处理相关的隐私、安全或道德问题在总体工作计划中被忽视或降级。

在企业中进行数据治理有多种原因，关键是确保所用模型和方法要清晰明确。这种明确性将引导业务与IT划分或平衡竞争优先级等问题，可以用适当和一致的方式得到解决。

（六）共同目标

如果指导联盟中各个成员努力的方向不同，便会导致信任破裂。

能起到凝聚人心作用的典型目标是对卓越的承诺，或是希望看到企业在特定领域中达到最高水平的期望。这些目标不应与变革愿景相混淆，而应与之相辅相成。

三、发展愿景和战略

变革管理中一个常见的误区是依靠专制命令或者微观管理来推动变革。如果变革情况复杂，则这两种方法都会失效。

如果目标是改变行为，除非管理者非常强势，否则专制命令即使在最简单的情况下也难以奏效。缺乏"王权"的支持，专制命令不可能突破所有的抵抗力量，变革推动者往往被忽视、削弱或四处碰壁。而且几乎不可避免的是，一些抵制变革的人会利用变革推动者的虚张声势来测试变革过程背后的权威和影响力。

微观管理试图绕过这些弱点，具体详细规定员工应做什么，然后追踪制度遵从情况。这样可以克服某些变革障碍，但随着时间的推移会更加耗时，因为随着变革复杂度的增加，管理层必须花费更多的时间详细规定变革后行为的工作实践和方法。

唯一能让变革推动者不断突破现状的方法，是将变革建立在令人信服和充满动力的愿景之上。

（一）为何需要愿景

愿景是一幅关于未来的图景，其中隐含着人们为何要努力创造未来的明确或隐含的解释。一个好的愿景有三个重要特指：明确性、动力性和一致性。

1. 明确性

通过设置关键参数，良好的愿景可明确变革方向，并对一系列详细的决策进行简化。一个有效的愿景有助于解决方向分歧问题，以及关于变革动机或驱动因素的困惑。无休止的辩论可以通过一个简单的问题避免：这个行动计划是否与愿景一致？同样，愿景有助于理清事项，让团队将精力集中在对变革工作有益的优先项目上。

2. 动力性

清晰的愿景会激励人们朝正确方向采取行动，即使最初行动对个人而言是痛苦的，尤其是人们还会被迫离开舒适区。当未来令人沮丧并且令人失去斗志时，正确的愿景可凝聚众人为之奋斗。

3. 一致性

充满吸引力的愿景能融合个人并有效协调大家积极行动，否则，就只能借助详细的指示或无休止的会议。经验表明，如果缺乏共同方向，相互依赖的人可能会陷入不断冲突和不停开会的循环泥潭之中。

（二）有效愿景的特性

愿景可以是平凡而简单的，不必宏伟或包罗万象。愿景是变革工具和变革过程体系中的一项要素。与该体系中还包含的战略、计划、预算等相比，愿景是一个非常重要的因素，它要求团队专注于切实的改进。

有效愿景的几项关键特征如下：

（1）充满想象。描绘了一幅未来的图景。

（2）吸引力。有利于增加员工、客户、股东和其他利益相关方的长期利益。

（3）可行性。目标现实、可实现。

（4）重点突出。为决策提供明确指导。

（5）灵活性。它足够普适，允许个人采取主动，并在条件或约束发生变化时做出替代计划和响应。

（6）可交流性。容易在5分钟或者更短时间内分享和清晰交流。

检验愿景是否有效的关键，首先，判断愿景是否易于想象、令人向往。良好的愿景允许一定牺牲，但必须在一定范围内保证各相关方的长期利益。缺乏对长期利益关注的愿景最终将遭遇挑战。其次，愿景必须植根于产品的实际情况或服务市场中。在多数市场中，实际情况需要持续考虑最终客户。

要问的一些关键问题是：

（1）如果愿景实现，将如何影响内部和外部的客户？

（2）如果愿景实现，将会对股东有什么影响？会让他们更高兴吗？会带给他们长期的价值吗？

（3）如果愿景实现，将会对员工有什么影响？工作是否会变得更好，更快乐，更有成就感？压力是否会更少？员工能在更好的工作环境中工作吗？

一项关键考验是愿景的战略可行性，一个可行的愿景不再仅是一个愿望。愿景可扩充资源和扩展能力，但必须让人们认识到这是可以实现的。然而，可行并不意味着容易。这一愿景必须具有足够的挑战性，以迫使人们进行根本性的反思。无论设定了哪些扩展目标，企业都必须以对市场趋势和企业能力的合理理解为基础来实现这一愿景。

愿景必须足够集中，以引导人们行动，但不能过于僵化，且应避免以不合理的行为模式束缚员工。通常，最好的方法是以简单愿景为目标，同时关联足够的细节，使愿景作为决策的宝贵基石和参考点。

例如，我们的目标是在5年内成为业内的世界领导者。因此，领导力意味着能够更有效地管理信息，以实现更高收入、更多利润，并为我们的员工提供一个更有价值的工作场所。要实现这一雄心，就需要具有对决策能力坚实的信任基础和清晰的内部外部沟通能够更好地理解信息环境及合理投资适当工具和技术，以支持数据驱动的文化风气。这种文化受到股东、客户、员工和社区的信任及赞赏。

（三）建立有效愿景

科特建议，建立有效的愿景是一个反复迭代的过程，成功的愿景必备的几项要素包括：

（1）初稿。起草初步陈述，反映大家的梦想和市场需求。

（2）指导联盟的角色。指导联盟修改初稿，以适应更广泛的战略视角。

（3）团队合作的重要性。没有合作，团队运转就会失灵。鼓励人们参与并做出贡献。

（4）头脑和心灵的作用。逻辑思考和异想天开在整个活动中都是必需的。

（5）过程的混乱。这不是一个一蹴而就的过程，而是一个会有很多争论、返工和改变的过程。如果没有这些，那就是愿景和团队二者之一出现了问题。

（6）时间框架。活动并非一次性交易，可能需要几周、几个月甚至更长时间。在理想情况下，愿景应该是不断发展的。

（7）最终产品。一个未来的方向，是可行的、重点突出的、灵活的、可以在 5 分钟或更短的时间内清晰表达的。

四、沟通传达变革愿景

只有当变革活动参与者对其目标和方向有共同的理解、对所期望的未来有共同的看法时，愿景才有力量。传达愿景时通常会出现以下问题：

（1）沟通无效或者沟通不充分。

（2）沟通不畅。用词烦琐笨拙，无法突出变革紧迫感，难以吸引注意力。

（3）沟通不深入。管理者需要对向上 / 向下沟通训练有素，而领导者需要与更广泛的群体进行沟通。这种大范围的沟通，需要领导者对问题以及如何解决问题有清晰的认识。

一个挑战是处理有关愿景的问题，来自利益相关方、指导联盟和实施变革本身的团队。通常，指导联盟会花费大量时间来解决这些问题，并为它们准备答案，但只需一次快速单击，就可以将它们转储于企业中，由此产生的信息过载遮蔽了愿景，造成短期恐慌和抵抗。

考虑到在常规企业中，变革信息只占员工沟通总量的 0.5%，很明显需要以更高效的方式增进对变革信息的交流，而非无效地、简单地传达信息。

科特确定了有效传播愿景的七大关键要素：

（1）保持简单。去掉行话、内部词汇和复杂句子。

（2）使用比喻、类比和例子。例如，一张简单的图可以胜过千言万语。

（3）适用不同场合。从电梯演讲到广播备忘录，从小型会议到全员简报，信息需要在各种不同的场合之间传递。

（4）重复，重复，再重复。思想在被内化和理解之前必须被多次听到。

（5）以身作则。重要人物行为需要与愿景保持一致。不一致行为会废掉所有其他形式的沟通。

（6）解释表面上的不一致。虎头蛇尾和未解决的协调问题会破坏所有沟通的可信度。

（7）给予和索取。双向沟通总是比单向沟通更有效。

（一）信息管理环境中的示例

在信息管理环境中，由新技术或由技术部署为重点驱动的能力推进措施中，会发现要定义或传达清晰且有说服力的变革愿景通常很困难。由于不了解或不理解新技术或新方法在信息处理方面可能带来的收益，相关方可能会对新工作方式进行抵制。

例如，一个企业正在实施元数据驱动的文件和内容管理流程，如果没有明确的沟通愿景来了解或应用元数据标记或记录分类，那么业务相关者可能不会参与应用元数据标记或记录分类的前期工作，也不会理解这将给企业和他们带来什么好处。如果不这样做，这项原本有价值的计划可能会因为采用或遵循了低于要求的标准而陷入困境。

（二）保持简单

如果愿景的表述生硬、长篇大论或难以理解，则难以建立情感上的联系和共鸣。

有个例子说明了当愿景不够简洁时可能会出现的沟通问题："我们的目标是减少平均'修复时间'指标，让其明显低于目标地区和人群市场的所有主要竞争对手。同样，我们也将新产品开发周期时间、订单处理时间和其他与客户相关的流程作为变革的目标。"翻译过来就是："在满足客户需求方面，我们将快于业内的任何人。"

当以简洁方式阐明愿景时，团队、相关方和客户就更容易理解所建议的变革、变革可能的影响以及他们在变革中的作用。这反过来又帮助他们更容易地与彼此沟通。

（三）在多种场合中运用愿景

通常，使用多种沟通方式来交流愿景更有效。存在这种状况有多种原因，有些渠道可能信息过多，或者有以前变革举措的"包袱"，不同的人对信息的理解和处理有所不同。如果人们通过各种渠道都获取了相同的信息，那么就增加了信息被听到、被内化并采取行动的可能性。与这种"多通道、多方式"方法相关的是，需要不断重复愿景并通报交流进展情况。

（四）重复，重复，再重复

在很多情况下，变革愿景和变革信息就如同河水冲击巨石，水不会立即冲毁巨石，但随着时间的推移，水在巨石周围流动，就会通过反复侵蚀来磨损巨石。同样，变革倡议必须在各种场合以各种形式对变革愿景进行多次复述，以产生"黏性"的变革。可以思考以下哪种情况更有效：

（1）高级管理层向全体员工发布了一条视频信息，并通过语音邮件发布公告，向所有人简要介绍了这一变化。有关执行的详细信息将由直线经理提供。局域网在接下来的6个月中发布了三篇关于愿景的文章，并在季度管理会议上发布简报。该计划包括6个沟通的实例，细节上没有赘述。

（2）高级管理层承诺每天找到4次有关变革谈话的机会，并将其与"大局"联系起来。他们也让直接下属寻找四次机会，并让他们的直接下属寻找四次机会。因此，当张三在与产品开发部门开会时，他要求在"大局"的背景下回顾计划。当李四提交状态更新时，他将其与对愿景的贡献联系起来。当王五提出内部审计负面结果时，他将从愿景角度解释其影响。每个管理级别、每个经理每年都有无数的交流机会可将愿景引入其中。

（五）言行一致

领导者以身作则是责无旁贷的，以身作则可以让变革所需的价值和文化变得形象，这是任何文字语言都无法做到的。如果不出意外，高级管理人员在谈话中会讲到关于愿景的故事并引发关于愿景的讨论，这是一个非常强大的工具。由此得出一个结论，告诉人们一件事而做相反的事会发出一个明确的信息，那就是愿景并没有那么重要，紧要关头时可以忽略，没有什么比指导联盟的资深成员不符合愿景的行动更能破坏变革愿景和努力了。

（六）信息管理环境中的示例

在信息管理环境中，导致"言行不一"可能很简单。例如，高级经理通过不安全或未加密的电子邮件发送包含客户个人信息的文件，这违反了信息安全策略，但没有受到处罚。

言行一致也可能很简单，主导信息治理项目的团队将他们要求企业中其他人员采纳的原则和严格要求应用到自身活动、信息处理、报告以及对问题和错误的响应中即可。

如果团队要将元数据标准和实践应用到自己的内部项目记录中，请考虑元数据管理项目实施过程中的影响。如果没有其他，这将有助于他们理解变更的实用性，也将为其他人提供一个良好的证明，证明正确标记和分类的记录与信息是有好处的。

（七）解释不一致

有时，解释不一致的情况难以避免。可能出于战术或操作的原因，或者仅仅是为了在整个企业系统内推动事情进展，变革推动者可能采取的行动与所述愿景发生不一致的情况。发生这种情况时，必须小心处理和解决，即使需要"绕弯路"，也要确保愿景得以持续。出现不一致的例子，可能包括当企业寻求降低成本或减少人手时雇用外部咨询人员，人们会问："为何一边限定打印纸使用量，一边却要采购这些昂贵的人力资源呢？"有两种方式可用于处理明显不一致的情况：一种会毁了企业愿景；另一种给你一个努力的机会，使事情重回正轨。

第一种选择是忽略此问题，或者进行防御性反应，"解决"提出问题的人。这是一种令人尴尬的结束方式，不一致的地方的确被消除了，以一种对损害变革长期目标的方式结束了。第二种选择是深入问题并解释不一致的理由，解释必须简单、清楚和诚实。例如，引入顾问的企业这样回答比较好："我们明白，当我们在其他地方削减成本以实现精益、可持续利润的愿景时，在顾问身上花钱看起来很奇怪。然而，为了使成本节省可持续，我们需要打破旧的思维习惯，学习新的技能。这需要我们投资知识。当我们内部没有这种知识时，我们必须在短期内购买它，并利用这一机会为未来在内部积累知识。每个顾问都会分配到某个特定项目。每个项目团队的任务都是通过跟踪顾问，尽可能多地了解他们的新职能并用于正规培训。通过这种方式，我们将确保今后有可持续的改善。"

关键是要清楚不一致，明确解释为什么会产生不一致，如果不一致仅仅是暂时情况，那么这种情况将要持续多久。

（八）信息管理场景中的示例

解释不一致是一个很好的例子，说明了数据治理模型的重要性。这些模型为决策制定确定一致的规程，并促进对异常规则加以正式识别和采取控制措施。

例如，如果治理标准不允许用实时生产数据进行测试，但某个项目要求这样做来验证数据匹配算法，以证明数据清理进程的有效性，那么必须对这种超越预期标准的偏差有清楚明确的解释。这通过适当的治理控制可以实现。如果该项目在缺乏适当的标准和风险评估时使用实时数据执行测试，那么就应该有惩戒措施，或者不适用于惩戒的依据也应同样明确清楚地加以解释。

（九）倾听和被倾听

史蒂芬·柯维建议："希望变得高效能的人士首先去理解他人，然后才是被理解。"换句话说，倾听别人，你才能被别人倾听。

领导团队往往没有很好地理解愿景，或者他们遇到了障碍或瓶颈，但如果他们能得到更好的信息，就可以避免这些障碍或瓶颈。缺乏信息会导致代价高昂的错误，并削弱对愿景的认同和承诺。双向对话是识别和回答人们对变革或变革愿景关注的基本方法。客户的声音对于愿景的定义和发展与数据本身的任何质量指标一样重要。如果每一次谈话都被视为讨论愿景和非正式反馈的机会，那么，在非正式的情况下将人们召集到会议上，就有可能进行数千小时的讨论，进一步理解愿景，并有效地执行它。

（十）信息管理场景中的示例

在信息管理场景中，最能说明双向沟通的情况是，IT 职能部门认为关键业务相关方所需的全部数据都能及时、适当地提供，但业务相关方对于在获取工作所需信息方面的延迟一直都表示失望，因为他们在基于数据集市和电子表格的报告上加入了大量手工操作。如果改善信息管理和治理能力的愿景，无法识别和解决 IT 职能部门和业务相关方对信息环境理解的差距，将会不可避免地出现问题，并且缺乏开展可持续的有效变革的广泛支持。

第五节　创新扩散和持续变革

从根本上说，要在企业中实现可持续的信息质量和数据管理变革，培训和教育必须到位。实施变革需要了解新的想法是如何在企业中传播开来的，这个过程称为创新扩散。

创新扩散是一种试图解释新思想和新技术如何、为何以及何种速度在文化中扩散的理论，于 1962 年由著名传播理论家埃弗雷特·罗杰斯提出。这一理论与营销大师 Seth Godin 创意裂变的流行文化概念有关。创新传播一直被广泛应用于各个领域，从医疗处方、农牧业方法的变化到消费电子产品的选用等。

创新扩散理论认为，变革是由占比很小的创新者引起的。创新者通常年轻、社会地位高、经济上有足够保障，可以承担错误选择带来的损失。他们接触技术创新者，且具有较高的风险承受能力。然后是占比 13.5% 的早期使用者，他们与创新者有共同的特点，对风险的容忍度比创新者低。早期使用者了解如何获得正确选择，可以帮助他们保持在社会中受到尊重的核心角色。接受创新的是人口中的最大群体，即占总数 68% 的早期和晚期大众人群。落伍者往往最后才使用创新内容，如图 11-2 所示。

创新者是首批发现有更好的方法解决信息质量问题的人群，他们冒着风险尝试开发数据剖析、构建临时计分卡并开始将业务所体验到的状况转换为信息管理语言。通常，这些创新者将使用自己的资源来获得信息并发展关于最佳实践的技能。

早期使用者是第二部分最快接受创新的人群，他们是在其他采纳者类

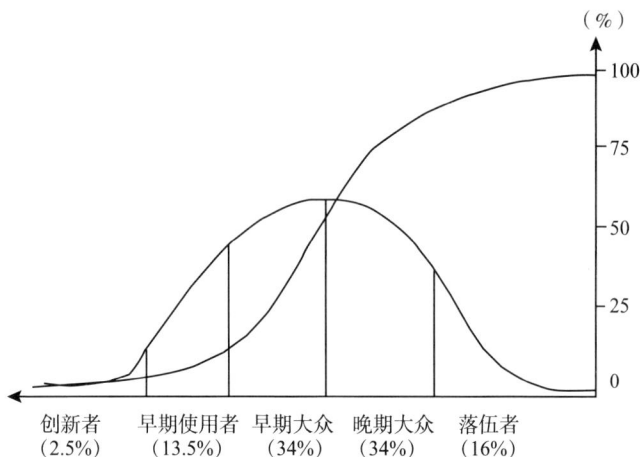

图 11-2　埃弗雷特·罗杰斯的创新扩散理论

别中拥有最高级别的意见领袖，被认为是有远见的管理者（或有经验的管理者，或负责紧急业务战略领域的管理者），已意识到信息质量问题阻碍了成功。通常，他们依靠创新者的初始工作开发业务案例，并开始正规化信息实践。

早期大众将比早期使用者花费更长的时间来采用某项创新，早期的采用过程往往较慢。早期大众的社会地位高于平均水平，与早期使用者接触，很少在某个系统中担任意见领袖的位置。他们可能位于组织的"传统核心"领域，数据质量低下的影响被掩盖为"业务成本"。

晚期大众对创新抱有高度的怀疑态度，在大多数人接受了创新之后，他们才接受。晚期大众的社会地位通常低于平均水平，大部分人财务不清晰，与其他晚期大众和早期大众人群接触，很少有意见领袖。从信息管理的角度来看，这些可能是组织中预算紧张的部分，同时也可能是对提议的变革产生阻力的怀疑论者。

落伍者是最后采用创新的人群，这类人很少或没有意见领袖。他们是典型的厌恶变化的人，而且年龄偏大。落后者倾向于关注"传统"。在信息管理中，这些术语通常是业务部门的人员或区域，他们之所以抵制这些术语，是因为"新事物"意味着必须用全新方式或完全放弃"旧事物"。

一、随着创新扩散而需克服的挑战

随着企业中的创新扩散，将面临两个关键的挑战：

第一个挑战是突破早期使用者阶段。这一阶段需要仔细管理变革，以确保早期使用者能够确定他们对现状的不满达到一定程度并坚持变革。这一步是很必要的，要达到"引爆点"，在创新的使用者足够多后就会成为主流。

第二个挑战是当创新从晚期大众进入落伍者阶段，团队需要接受的是他们不必让 100% 的人接受新的做事方式。一定比例的群体可能会持续抵制变革，企业需要决定如何对待这一群体。

二、创新扩散的关键要素

研究创新如何在企业中扩散，需要考虑四项关键要素：

（1）创新。个人或其他采纳方认为是新的想法、新做法或新目标。

（2）沟通渠道。信息从一个人传到另一个人的途径。

（3）时间。创新被社会成员采纳的速度。

（4）社会系统。为实现共同目标而共同解决问题的一组相互关联的单元。

在信息管理的背景下，创新可以是一些简单的东西，如关于数据专员角色的想法，以及数据专员需要跨职能工作处理常见的数据问题，而非传统的竖井思维。

创新扩散的过程，以及最有效地扩散创新的渠道，是必须加以考虑和管理的。

社会系统的概念是作为一组相互关联的单元，正朝着联合经营的方向发展。这让人想起了戴明所描述的系统，它必须作为一个整体进行优化，而不是一片接一片地单独进行优化。一项创新如果不能扩散到业务部门或者团队之外，就不能算是成功的创新扩散。

三、创新采纳的五个阶段

任何变革的采纳都遵循五步循环过程：从个人意识到创新开始，到被说服相信创新的价值以及与他们的相关性，最后达到对他们与创新的关系做出决策的程度。如果他们不拒绝创新，就会采取行动实施创新，并最终确认创新的采纳，如表 11-4 所示。

表 11-4　采纳创新的五个阶段

阶段	定　义
知悉	在知悉阶段，个人首先接触到创新，但缺乏有关创新的信息。在此阶段，个人还没有被激励去寻找更多关于创新的信息
说服	在说服阶段，个人对创新感兴趣，并积极寻求有关创新的信息
决策	在决策阶段，个人权衡创新的利弊，并决定采用或拒绝。罗杰斯指出，这一阶段的个人独特性，使其成为最难获得经验证据的阶段

阶段	定　义
实施	在实施阶段，个人采用创新并确定其有用，搜索有关创新的进一步信息
确认	在确认阶段，个人最终决定继续使用创新，并充分挖掘其潜力

当然，由于总是有些创意被拒绝不被采纳，所以早期采用者和早期大众的临界点至关重要。

四、接受或拒绝创新变革的影响因素

人们在接受或拒绝一项创新或变革时，基本上都会做出理性选择。问题的关键是，相对于以前的做事方式，创新总是有任何相对优势。

以现代智能手机为例。与老款的智能手机相比，其明显优势在于易于使用、外观时尚，并有可快速方便地扩展产品功能的应用程序商店。同样，与手动更新数据密钥、定制编码或资源密集型的手动数据搜索和数据探索活动相比，数据管理工具、技术的实现具有相对优势。

例如，许多企业都可能会遇到对简单文件和内容管理变革的抵制。然而，在支持安全控制、保留计划以及信息搜索和检索等简单任务方面，元数据的运用反过来也提供了相对优势。将标记的麻烦与节省的时间联系起来，这些时间要么用于搜索信息，要么用于处理缺乏授权的共享或信息公开问题，有助于证明这种相对优势。

一旦人们看到所提的改进方案，就会询问改进方案是否与他们的生活、工作方式相兼容。再回到智能手机的例子，它将高质量的 MP3 播放器、电子邮件、电话等功能组合在一起，这意味着它匹配目标用户的生活方式和工作方式。

为了理解兼容性，消费者会考虑几个因素。例如，变革的复杂性或简单性。如果创新太难使用，那么创新采纳的可能性就比较小。同样，智能手机和平板电脑平台的发展过程中，充满了未能实现简单用户界面目标的失败尝试。而成功做到这些的公司则重新定义了市场的期望，并激发了其他设备使用相似的用户界面。

（1）可测试性。可测试性指消费者对新工具或新技术进行验证的难易程度。由此，为工具提供了免费模式，越容易上手，用户越有可能采用新工具或创新。此时的重要性在于，这有助于理解相对优势、与企业生活方式和文化的兼容性以及变革的简易度。作为实现变革愿景的第一步，迭代的原型设计和与相关者的"尝试"和"测试"是必不可少的，有助于巩固指导联盟，并发展出一批早期使用者。

（2）可观测性。可观测性是指创新可见度。可观测的创新有助于通过正式或个人网络来推进交流，引起或正面或负面的反应，须就负面反馈制订处理计划。让人们体验到使用新技术或以特定方式处理信息，有助于更好地对体验进行沟通反馈。

第六节 持续变革

"启动变革"需要清晰并且令人信服的愿景、明确且快速的第一步、对现状的不满或紧迫感、指导联盟，以及避免变革推动者在开启变革之旅时可能落入陷阱的计划。

然而，信息管理计划的一个常见问题是，它们是为了响应企业中一个特定的驱动因素，或解决局部能力的某些症状而启动的。随着这些症状被解决，不满足感和紧迫感会随之减轻。这样一来信息管理项目就更难获得政策或财务方面的持续支持了，特别是在与其他的项目竞争时。

一、紧迫感／不满意感

保持紧迫感非常重要，但由此产生的结果是，要警惕企业中出现新的不满意领域，以及信息管理变革如何帮助支持改进工作。

例如，为支持数据隐私法规要求而实施的数据治理计划，其范围可以扩展到解决个人数据的信息质量问题。这与计划的主要范围有关。随着多数的数据隐私规定都将包含数据质量的部分，并获得访问个人数据的权限，质量不佳的数据将面临被暴露的风险。然而，这也为数据治理项目提供了更广阔的愿景，可以将信息质量方法和实践包含在内，一旦核心数据的保密管控已经落实到位，就可以把它们列入"第二波"行动计划实施。

二、构建愿景

最常见的误区是将项目范围与变革愿景混为一谈。实现一个愿景可能需要诸多项目。重要的是在设定愿景时要允许采取广泛的行动，这样在最初的"容易实现的目标"项目交付后，就不会为变革领导者建造出一条死胡同。

有关愿景的一种说法是"我们将为个人数据实施结构化的治理框架，以确保遵循数据隐私监管法规"；另一种说法是"我们将在管理关键信息资产的可重复和可扩展方法与手段方面引领行业，以确保利润、降低风险、提高服务质量，以平衡我们作为个人信息管理者的道德义务"。

第一种说法仅仅是一个目标，第二种说法则为企业指明了方向。

三、指导联盟

如果将指导联盟的成员限制在只包括那些能够受到最直接影响的利益相关方，那么将限制变革的有效性。与愿景一样，重要的是不要将监督具体可交付成果交付的项目指导小组与指导和发展企业变革愿景的联盟混淆。

四、相对优势和可观测性

虽然变更计划的具体应用或焦点范围可能很窄，但在大多数情况下，应用的原则、实践和工具可能会转移到其他计划。证明这种方法能够为企业中的其他项目带来相对优势，有助于扩大指导联盟，并确定变革项目能够支持新的紧迫性或不满意领域。

例如，在公用事业公司中，数据质量剖析和评分卡的方法与工具实现的单一客户视图可直接移植到监管计费合规项目中，特别是人工数据清理等局部最佳方法可能成为计费数据的默认选项时，将两者联系起来有助于企业数据质量计分卡相关的数据治理和整改举措。

第七节　数据管理价值的沟通

帮助企业了解数据管理的重要性，通常需要一个正式的企业变革管理项目计划。这样的计划有助于企业认识到其数据的价值以及数据管理实践对该价值的贡献。然而，一旦建立了数据管理计划，就必须有持续的项目支持，而持续的沟通能够促进对项目的理解和支持。如果沟通是双向的，那么沟通计划可以通过让利益相关方分享关注点与想法来加强合作伙伴之间的关系。这种沟通工作需要提前做好规划。

一、沟通原则

任何沟通的目的都是向接收者传递消息。在计划沟通时，需要考虑到消息本身、用于传递消息的媒介以及消息的目标受众。为了支持这一基本结构，无论主题是什么，某些通用原则对于任何正式的沟通计划都是适用的。因为许多人不理解数据管理对企业成功的重要性，故掌握这些原则对人们在沟通数据管理时非常重要。总体沟通计划和每个单独的沟通计划都应该：

（1）有明确的目标和期望的结果。

（2）由支持所需结果的关键消息构成。

（3）为受众/利益相关方量身定制。

（4）通过适合受众 / 利益相关方的媒介传达。

虽然沟通可能涉及一系列主题，但沟通的总体目标可以归结为：

（1）通知。

（2）教育。

（3）设定目标或愿景。

（4）定义问题的解决方案。

（5）促进变革。

（6）影响或激励行动。

（7）获得反馈。

（8）获得支持。

最重要的是，为了清晰地沟通，有必要与人们分享实质性的信息。如果数据管理团队了解数据管理实践的当前状态，并且有一个将数据管理实践的改进与企业战略目标直接联系起来的愿景和使命声明，那么有关数据管理的总体交流将更加成功。数据管理沟通应致力于：

（1）传达数据管理项目的有形价值和无形价值。

（2）描述数据管理职能如何为业务战略和最终成果做出贡献。

（3）分享数据管理如何为企业降低成本、增加收益，降低风险或提高决策质量的具体示例。

（4）进行基础数据管理概念的教育培训，以提升企业内部对数据管理的认知。

二、受众评估与准备

沟通规划应包括利益相关方分析，以帮助识别将要进行沟通的听众。根据分析的结果，结合利益相关方的需要，使内容更具相关性、更有意义、更适用。例如，如果沟通计划的目标是为一项倡议寻找赞助，那么要将沟通目标对准最有影响力的人，通常是那些希望了解他们所资助项目的底线收益的高级管理人员。

在说服他人参与的沟通过程中，要采取多种方法让人们看到其利益与项目目标一致。

（1）解决问题。信息应描述数据管理工作将如何帮助解决与利益相关方需求相关的问题。例如，个人贡献者的需求有别于管理者的需求，IT 人士的需求有别于商务人士的需求。

（2）解决痛点。不同利益相关方的痛点不同。在沟通材料中囊括这些痛点将有助于让听众认识到提议的价值。例如，负责合规的利益相关方会对数据管理项目如何降低风险感兴趣，负责营销的利益相关方会对数据管理程序如何帮他们获得新的商机感兴趣。

（3）视变革为改进。很多时候，引入数据管理实践，要求人们改变他们的工作方式，沟通需要激励人们对所提出的变革充满期望。换句话说，他们需要认识到变革意味着改进，他们都会从中受益。

（4）成功愿景。描述未来的生活状态，使利益相关方能够了解该项目的影响。分享成功的展望，有助于受众了解数据管理项目的好处。

（5）避免专业术语。数据管理的专业术语和对技术的过分强调，会让人避而远之并忽略掉信息传递的内容。

（6）分享案例。描述数据管理项目的有效方法是使用形象的类比和例子，可以加深听众的印象。

（7）变恐惧为动力。有人因恐惧而振奋。告知数据失控的后果是体现数据管理价值的方式。数据管理实践的缺失对业务单位产生负面影响的例子将会引起共鸣。

有效的信息传达还包括观察受众对信息的反应。如果给定的策略不起作用，应调整并尝试其他的方式。

三、人的因素

关于数据管理计划的事实、例子和故事并不是影响利益相关方对其价值的看法的唯一因素，人们还会受到同事和领导者的影响。出于这个原因，沟通应该使用利益相关方的分析来发现团体在哪里有类似的兴趣和需求。随着对数据管理工作支持力度的不断提高，支持者可以帮助在同事和领导层间分享这些信息。

四、沟通计划

沟通计划包含很多计划要素，好的计划可以作为指导工作实现目标的路线图。沟通计划要素如表 11-5 所示。

表 11-5 沟通计划要素

要素	描　　述
信息	需要传达的信息
目标/目的	传达消息或消息集的预期结果（如传达消息的原因）
受众	沟通面向的群体或个人。沟通计划要为不同的受众制定不同的目标
风格	信息的正式程度和详略程度都应因人而异。与负责项目实施的团队相比，高级管理人员需要更少的细节。风格也会受组织文化的影响

续表

要素	描　述
渠道、方法、媒介	采用信息传递的方式和格式不同（如网页、博客、电子邮件、一对一的会议、小组或大组演讲、午餐和学习会议、研讨会等），媒体类型不同，沟通效果也不同
时机	消息的接收方式可能会受到接收时间的影响。与周五下午最后一封邮件相比，员工更容易阅读周一早上第一封邮件。如果沟通的目的是在预算周期之前获得支持，那么应该针对预算周期进行时间安排。有关即将发生的流程变更的信息应在变更发生之前及时共享
频率	大多数信息都需要重复，以确保所有相关者都能听到。沟通计划应安排消息共享的时间表，以便使重复既有助于信息的传递，又不会成为听众的烦恼。此外，应根据商定的时间表发布正在进行的沟通情况（如时事通讯）
材料	沟通计划中应明确列出执行计划所需的各种材料。例如，短版本和长版本的演示文稿和其他书面沟通、电梯演讲、执行摘要，以及海报、马克杯和其他视觉品牌宣传的营销材料
沟通者	沟通计划应明确负责发起沟通的人员。通常，信息的传达者对目标受众有着深远的影响。利益相关方对数据管理的发起人或其他高级管理人员传递的消息和较低级别的经理传递的消息的响应将会有很大差别。要根据消息的目的，决定由谁向哪些相关方传达发布哪些消息
预期反应	沟通计划应预测不同的利益相关团体，或是某些利益相关个人对沟通的回应。这项工作可以通过预先提出问题或针对反对意见提出预案来完成。思考潜在的反应是一种很好的方式，有助于阐明目标并建立强有力的信息来支持它们
指标	沟通计划应包括衡量其自身有效性的度量指标。目标是确保人们理解、愿意并且能够按照计划中的信息采取行动。这可以通过调查、访谈、焦点小组和其他反馈机制来实现。行为的改变是沟通计划成功的终极考验
预算和资源计划	沟通计划必须说明在一定预算范围内实现目标所需的资源

五、保持沟通

数据管理是一项持续的工作，而不是一次性的项目，需要衡量支持数据管理项目的沟通工作，以确保持续的成功。

新员工被雇用，现有员工的角色就会发生变更。当变化发生时，沟通计划也需要被更新。随着数据管理项目的成熟，利益相关方也会有所变化。人们需要时间来吸收信息，多次听取信息有助于利益相关方记住信息。随着时间的推移和理解的深入，沟通信息的方法也需要更新。

资金竞争从未停止过。沟通计划的一个目标是提醒利益相关方数据管理计划的价值和好处，展示进展和庆祝成功对于获得持续的支持至关重要。

有效的计划和持续的沟通将展示出数据管理实践对企业的影响。随着时间的推移，对数据重要性的了解会改变企业的数据思维方式，而成功的沟通有助于更好地理解数据管理从信息资产中产生的业务价值，并对企业产生深远的影响。

参 考 文 献

［1］成娅辉.企业大数据应用研究［M］.北京：中国原子能出版社，2017.

［2］成娅.大数据背景下企业人力资源管理研究［M］.北京：新华出版社，2019.

［3］程旺.企业数据治理与 SAP MDG 实现［M］.北京：机械工业出版社，2020.

［4］戴国强，赵志耘.科技大数据［M］.北京：科学技术文献出版社，2018.

［5］段效亮.企业数据治理那些事［M］.北京：机械工业出版社，2020.

［6］顾生宝.数据决策：企业数据的管理、分析与应用［M］.北京：电子工业出版社，2020.

［7］惠志斌.数据经济时代企业跨境数据流动风险管理［M］.北京：社会科学文献出版社，2018.

［8］姜晓菲.大数据背景下中小企业品牌推广研究［M］.北京：中国商务出版社，2018.

［9］李晓燕.基于数据包络分析法的企业标杆管理研究［M］.北京：中国社会科学出版社，2019.

［10］李颖.数据时代面向知识共享的企业文件与档案管理研究［M］.北京：人民出版社，2019.

［11］吕兆星，郑传峰，宋天龙，等.企业大数据系统构建实战：技术、架构、实施与应用［M］.北京：机械工业出版社，2017.

［12］任菊香.企业大数据系统构建与实战研究［M］.北京：中国商务出版社，2018.

［13］王小沐，高玲.大数据时代我国企业的财务管理发展与变革［M］.长春：东北师范大学出版社，2017.

［14］肖冠宇.企业大数据处理：Spark、Druid、Flume 与 Kafka 应用实践［M］.北京：机械工业出版社，2017.

［15］徐炜.大数据与企业财务危机预警［M］.厦门：厦门大学出版社，2019.

［16］杨杨，杨晓倩.大数据时代企业所得税税收冲击及应对研究［M］.北京：科学出版社，2019.

［17］尹隽.企业信息系统数据复杂性的度量及应用［M］.镇江：江苏大学出版社，2018.

［18］张康宁.企业经营统计学之大数据统计［M］.北京：中国社会科学出版社，2019.

［19］张帅，贾如春，王小英.企业级数据安全与灾备管理［M］.东营：中国石油大学出版社，2019.

［20］支丽平.物联网产业专利数据挖掘与企业技术创新研究［M］.北京：科学技术文献出版社，2019.

［21］周召安.给新手的企业数据分析实战［M］.北京：电子工业出版社，2020.